진리와 수사학

– 수사철학의 관점과 이해 –

이희용 지음

목차

프롤로그

"우리는 말을 통해서만 사물을 알고 있다. 언어를 조절하는 힘을 가지지 않은 사람은 어쩔 수 없이 근시안적으로 될 수밖에 없고, 사물에 대해 판단할 때 현혹당하기 쉬우며 어리석다." (에라스무스)

진리를 탐구하는 철학과 탐구된 진리를 전달하려는 수사학, 둘은 그리스에서 발생한 이후 다양한 관계 방식을 맺어 왔다. 상호조화와 일치의 관계, 서로서로 갈등과 긴장관계, 대립과 비판적 관계, 그리고 상호 협력 등 다양한 관계 방식이 그 둘 사이에 있어 왔다. 둘 사이의 긴장은 첫 번째로 플라톤과 소피스트들 사이의 논쟁에서 나타나서, 사유의 역사 과정에서 언제나 다시 반복된다. 그 갈등은 철학에 있어서 본질적인 것이고, 동시에 그것에 한계를 설정한다.

이 연구는 두 가지 목표를 가지고 있다. 하나는 진리와 수사학의 관계 역사를 단순히 조망하는 것이 아니고, 오히려 서구 사상사의 여러 시대에서 드러났던 진리탐구와 수사학 사이의 많은 관계 국면들을 기술하는 것이다. 이 관계 국면의 중심에는 이성, 언어, 학문 그리고 주체의 지위가 있다. 다른 하나는 '말해지고 쓰여진다면, 도대체 거기서 무엇이 일어나는가?' 라는 근본물음과 함께 수사학과 철학의 갈등과 긴장의 관계를 넘어 그 둘을 제대로 연결시킬 수 있는 실마리를 찾아내는 것이다.

이제 우리는 진리를 객관적이고 합리적으로 탐구하는 입장에서뿐만 아니라 수사학적 관점에서 진리 탐구의 길을 배울 때가 되었다. 그 이유는 두 가지다. 하나는 인간은 감정을 배제하고 논리만으로 진리를 탐구할 수는 있어도, 오로지 논리만으로 진리를 경험할 수도 또 진리이해에 따라 살 수도 없기 때문이다. 또 다른 하나는 언어 없이는 알려지지 않은 진리에로의 접근은 사실상 어렵기 때문이다. 즉 진리를 탐구하는 사유 작업에는 언제나 언어적 역할이 반드시 동반하고 있다는 점이다.

서양정신의 두 근원은 헬레니즘과 헤브라이즘이다. 헤브라이즘은 종교와 지혜의 길을 개척하며 태어났다면, 헬레니즘은 사유하는 길과 표현하는 길에서 지혜를 따르려고 노력해왔다. 사유하는 길과 표현하는 길, 즉 철학과 수사학은 개와 고양이처럼 경쟁적 동반자로 함께 지내왔다. 그들은 서로 경쟁은 했으나, 언제나 서양의 사상과 문화에 공존하면서 영향을 미쳤다는 사실을 새롭게 인지해야 한다.

공존의 이유를 인지하지 못한 철학과 수사학의 역사는 치열한 사상적 투쟁의 장이었다. 엄밀한 지식을 추구한 철학은 수사학의 도움을 받으면서도 그 역할을 의심하였다. 수사학은 단순한 견해(doxa)에 근거해서 말만 잘하는 기술이다. 이것은 수사학에 대한 단순한 이해임과 동시에 가장 오래 지속되어 온 큰 편견이다. 그래서 엄밀하고 확실한 지식을 탐구하고 지키기 위해 철학자 플라톤은 소피스트들과 끝없는 논쟁을 벌였다. 플라톤은 견해(doxa)와 설득의 모든 형식에 대해 불신의 태도를 취했고, 모든 수사적 위력을 의식적으로 그리고 명시적으로 비판하고자 했다. 그러나 플라톤은 소피스트 수사학의 영향력을 비판하면서도, 수사학 자체를 거부하지 않고, 오히려 수사학을 철학에 편입시키려고 했다. 이런 플라톤의 입장은 철학이 일반적으로 수사학을 폄하하고, 평가절하시키는 결과를 초래했다. 플라톤 이래 거의 모든 철학자들은 철학이 수사학

> ***rhetoric (noun)***
> using language effectively to please or persuade; a style of speaking

과 별 관계가 없거나 무관한 것으로 여기거나, 기껏해야 철학에 의존된 실천 영역의 한 분야로만 인정했다. 이런 확신은 철학 영역에서 자명한 것이 되었다. 그러나 이런 자명성은 당연한 것이 아니다. 이런 자명성은 철학의 자만에서 기인하는 것이다. 니체는 철학이 오히려 수사학적이라고 말한다. 모든 철학적 문제가 결국 언어문제이고, 우리의 사유는 전적으로 언어에 의해 지배되고 규정된다. 언어는 은유적이고 환유적인, 즉 수사학적 구조를 갖고 있다. 그 때문에 니체는 수사철학 이외에 어떤 다른 것이 있을 수 없다고 말한다.

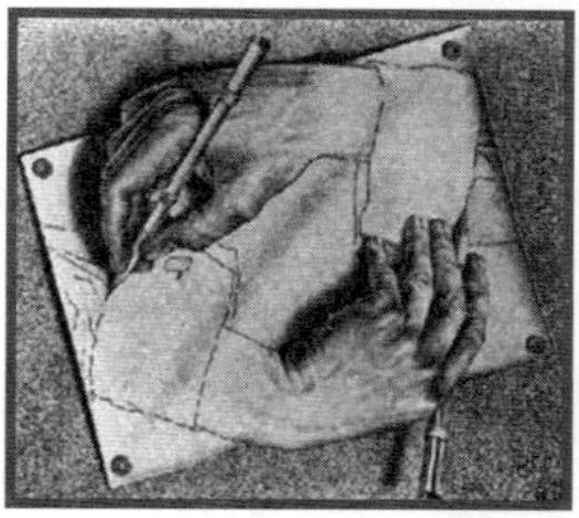

우리는 수사학과 철학의 관계를 새롭게 정리할 때가 되었다. 둘은 앞서 이야기했듯이 인정하든 하지 않든 간에 서로 함께 가는 동반자이기 때문이다. 중요한 문제는 진리인식에 있어서 그 둘이 경쟁적 동반자인가, 종속적 동반자인가 아니면 협력적 동반자인가를 규명하는 일이다. 수사학과 철학 모두 긴 역사를 가지고 있고, 그만큼 상반된 견해들이 존재한다. 그래서 이 둘을 연결시키는 학문적 작업은 상당히 복잡하고 어려울 것이다. 이 책은 수사학의 근본문제들을 고전수사철학의 관점으로 접근함으로써, 그 문제들의 내적인 의미들을 드러나게 하려는 하나의 시도이다. 이 시도를 통해 당연히 해명되어야 할 수사철학의 자릿값이 밝혀질 것이고, 그에 따라 수사학과 철학의 관계가 재정립될 것이다.

이 지면을 빌어 옆에서 한결같이 연구를 도와준 심은실 조교에게 감사하고 싶다. 지난 30년 동안 친구처럼 다정다감하게 지도자의 헌신의 길을 가르쳐주신 스승 전성용 교수님에게 존경과 감사를, 그리고 출판과 유통의 어려운 환경에서도 이 책의 출판을 기꺼이 허락해주신 연경 이정수 사장님에게 감사를 전합니다. 그리고 이 책이 나오기까지 여러 날을 밤샘 작업해준 아내 미정에게도 고마움을 전합니다.

제 1 부
수사철학의 원형

제1장
수사학의 발생

수사학이란 도대체 무엇이고, 진리와 어떤 관계가 있는가 하는 물음이 수사학 탐구의 중심을 이룬다. 수사학의 탐구는 특별한 주의력과 열린 시각을 필요로 한다. 두 가지 이유가 있다. 하나는 수사학이 다른 어떤 학문보다 긴 역사를 가지고 있기 때문만이 아니라, '수사학'이라는 말이 일반적으로 부정적 또는 편협한 의미[1] 속에서 그리고 동시에 애매하게(또는 다양하게) 사용되고 있기 때문이다. 다른 한편 수사학의 전문적인 탐구는 통일된 자기이해 없이 다양한 방향에서 논의되고 활용되고 있기 때문이다.[2] 따라서 우리는 수

---

1 올리비에 르불, 『수사학』, 박인철 옮김, 서울: 한길사, 1976, 9–13. 올리비에 르불은 수사학의 불신의 원인을 두 가지로 추적한다. 첫 번째 이유는 수사학이 남을 속이는 것은 아닐지라도 변호나 선거 위세용 전단, 변명 등이 그러하듯이 적어도 저의가 섞이고 함정이 있는 말을 통해서 사람들을 조종하는 기술로 여겨지고 있기 때문이다. 두 번째 이유는 수사학이 관습적이고 과장되고 내용 없는 말, 즉 '공허한 말'의 특징처럼 여겨지고 있기 때문이다. 그런데 실상 이 두 이유는 완전히 모순된다. 말이 공허하면서 동시에 남을 조종하는 힘을 가질 수 있기란 불가능하기 때문이다.

2 게르트 위딩, 『고전수사학』, 박성철 옮김, 서울: 동문선 현대신서, 2003, 8. 게르트 위딩은 현대 수사학의 다양한 탐구방향을 기술한다. "첫째는 20세기 초 미국에서 발흥한 '신 수사학'(New Rhetoric)이다. 신 수사학에 가까운 것이 '논증수사학'이다. 이것은 논리학, 변증법, 수사학이 결합함으로써 생겨난 것으로서, 특히 아리스토텔레스의 논증이론에 기초를 두고 있다. 둘째, '문예수사학'은 축소된 형태로라도 문체론으로서 결코 완전히 잊혀진 적이 없었기 때문에 아마 가장 꾸준히 이어져 내려온 학문일 것이다. 문예수사학은 가다머의 '해석학'을 통해 의미심장하게 확대되었다. 일종의 '윤리, 교육학적 수사학'은 위르겐 하버마스와 그의 학파가 세운 의사소통 행위 이론 속에

사학의 본질적 규정을 위해 이미 자리 잡고 있는 대중적 이해를 넘어섬과 동시에 다양한 탐구 방향들을 파악해야 한다. 게르트 위딩(Gert Ueding)은 수사학에 대한 바른 이해를 위해 먼저 대중적 이해를 검토할 것을 지적한다:

> 아무 도서 목록이나 시민대학 프로그램, 또는 진학 교육기관에서 제공하는 교과 내용을 앞에 놓고 살펴보아도 글쓰기와 말하기 분야에서 사람들이 원하는 모든 것을 줄 수 있다고 요란스럽게 약속하는 수많은 제목들을 곧 접하게 될 것이다. 가령 말을 잘하는 방법, 설득력 있게 논증하는 방법, 성공적으로 협상을 벌이거나 판매 수익을 많이 올리는 방법 따위가 그것이다. 매니저와 지도급 인사, 상인과 지역 공무원, 학교와 군대, 사내(社內) 의사소통과 교회를 위한 수사학 교과서도 있다. 이 거창한 약속의 말 이면을 들여다보면 수사학은 이 모든 응용 분야에서 많건 적건 대개 단순한 스타일로 만들어진 규칙 모음으로 축소된다……. 그렇지만 이러한 경우들은 기껏해야 수사학의 가장 낮은 단계와 관련이 있고, 잘해봤자 똑같이 널리 퍼져 있는 처세에 관한 책들과 비교될 수 있다. 이러한 책들은 대개 비슷한 수준에서 심리학의 성과들을 실생활에 맞게 손질해 놓은 것들이다.[3]

그러나 수사학의 탐구가 적합한 방향설정 속에서 진행될 수 있기 위해서는 그것의 자기이해가 선행적으로 요구되고 있다. 그런 이유로 인해 수사학의 역사적 뿌리에 대한 고찰과 고전 이론들에 대한 파악은 불가피하다. 수사학의 근원과 발전에 대한 탐구를 통해 수사학이 철학과 마찬가지로 어떻게

살아 있다. 그에 반해 '실천철학으로서 수사학'은 이소크라테스 및 아리스토텔레스와 연결되어 오스카 넥트, 헤르만 뤼베 또는 뤼디거 부브너에 와서 새로운 모습으로 나타난다. 끝으로 '기호론적 언어학적 수사학'(롤랑바르트, 움베르트 에코)과 포스트 모더니즘적 수사학(폴드 망, 자크 데리다, 장 프랑수아 리오타르)를 지적해야겠다."

3 게르트 위딩, 『고전수사학』, 7.

서구 사유의 근원과 뿌리를 이루고 있는가에 대해 바르게 이해되어야 할 것이다.

1. 수사학의 기원

역사적인 눈으로 볼 때, 인간은 보다 더 나은 생존을 위해 의사소통을 발견했고, 또 그것을 실행해 왔다. 언어적 의사소통을 통해 인간은 삶에서 부딪치는 문제들을 더 잘 처리할 수 있었고, 유익하게 행동할 수 있었으며, 따라서 더 나은 삶을 추구할 수 있었다. 그런 이유로 아리스토텔레스는 인간을 "언어를 가진 존재"로 규정한다. 언어를 가진 존재로서 인간은 언어적 의사소통을 통해 투쟁 대신 타협과 합의함으로써 공동체를 이루었고, 더 나아가 사회적인 삶을 가능하게 하였다.

한 사회를 건강하게 구성할 수도 있었고, 그와 달리 한 사회를 병들게 할 수도 있었던 그리스 수사학의 탄생은 "언어에 대한 성찰의 인식적, 교육적 가치의 발전과 인지도"[4] 와 깊이 연관되어 있다. '말함의 기술'로서 수사학은 먼저 현실적인 갈등과 문제를 해결하기 위한 실용적 관심에서부터 출발하게 되었다. 수사학은 처음에 구체적으로 정치적이고 법적인 연설과 함께 시작하였다. 이것은 그리스의 웅변문화와 밀접한 연관성을 맺고 있다. 실용

4 호세 안토니오 에르난데스 게레로 외, 『수사학의 역사』, 강필운 역, 서울: 문학과 지성사, 2001, 17.

적인 웅변문화와의 만남은 수사학의 실용적 성격을 잘 반영하고 있다.

롤랑 바르트는 수사학의 기원과 관련하여 그런 실용적 성격을 기술한다:

> 수사학은 소유권 분쟁에서 생겨났다. 기원전 485년경 두 명의 시칠리아 폭군인 겔론과 히에론은 시라큐즈(Syracuse)에 사람이 살도록 만들고 용병들의 몫으로 나누어주기 위해 강제이주와 인구이동과 토지수용을 시작하였다. 그러나 그들이 민주주의의 봉기에 의해 전복되었을 때 그래서 원래 상태로 사람들이 복귀하고자 했을 때 토지소유권이 모호해졌기 때문에 많은 소송이 발생하였다. 이런 소송들은 새로운 유형의 것이 되었다 즉 이 소송엔 저명한 민간 배심원들이 동원되었는데 그들을 설득시키기 위해서는 그들 앞에서 화술이 능란할 필요가 있었다. 이 웅변술은 동시에 민주적이고 선동적인 성격과 재판적이고 정치적인 성격을 띠면서 급속히 교육의 대상으로 설정되었다. 이 새로운 학파의 초기 선생들로는 아그리젠토의 엠페도클레스, 코락스 티시아스가 있다. 시라큐즈와 아테네에서 공동으로 권익을 변호하던 상인들의 분쟁 덕분에 아티카에서도(페르시아 전쟁 이후) 이 교육은 상당히 빠르게 이루어졌다.[5]

이처럼 말을 통한 설득의 기술로서 수사학은 현실적이고 실용적인 논쟁의 결과로써 출발하게 되었다. 수사학은 실용적 차원에서 현실문제를 해결하는 데 머물지 않고, 더 나아가 교육과 학문의 성격을 지닌 소피스틱(sophistic)과 긴밀한 연관 속에서 새로운 말기술과 도야이념의 성격을 갖추고 발전하게 되었다.

---

5 김현 편, 『수사학』, 서울: 문학과지성사, 2000, 21-22.

2. 최초의 웅변 이론가

기원전 5세기경 그리스에서 말함의 기술인 수사학의 작품을 쓴 최초의 작가는 시라쿠사의 코락스(Corax)였다. 기원전 5세기 아그리젠토와 시라쿠스의 독재자들이 무너진 후 빼앗겼던 재산을 반환받으려는 소송이 일어났다. 수사적 연설의 발전은 그런 소유권 분쟁과 밀접하게 연관되었다. "사람들은 자신의 재산을 보호하기 위해 언어에 대한 고찰을 하기 시작했던 것이다."[6] "대부분의 소송 당사자들은 논리를 위한 간단한 기술과 논쟁을 위한 실용적 방법들을 보다 간단하고 체계적으로 설명해줄 수 있는 기본서의 필요성을 절감하게 된다."[7]

그런 환경에서 코락스는 『수사술(Rhetorike Teche)』을 저술했다. 그의 작품은 소송 당사자들뿐만 아니라 일반 시민들이 법정 싸움에서 자기 자신을 변호하고 승소하는 데 도움을 주고자 하였다. 코락스가 그 작품에서 가장 중요하게 기여하는 바는 재판적 담론을 다른 장르의 담론과 분리해서 제시하고 있는 점이다. 처음 「머리말」은 재판의 배심원들의 관심과 동정을 끄는 것을 목표로 하고 있고, 두 번째 「진술부」에서는 소송 사건들 또는 행위들의 내용이 간결하게 소개된다. 세 번째 「논증부」에서는 증거들과 이것을 예증하는 "여담"이 제시되고, 끝으로 「맺음말」에서는 소송의 논점이 요약되고, 배심원의 감정과 마음을 움직이는 데 집중된다. "이 구성법은 후기 수사학 이론의 출발점이 된다."[8]

최초의 웅변가인 코락스는 시칠리아의 독재자가 무너진 후 설득력(그는 '설득'을 "청중으로부터 화자가 바라는 반응을 불러일으키기 위한 기술"로 정의한

6 같은 책., 24.

7 안토니오 게레로, 『수사학의 역사』, 17.

8 같은 책., 18.

다) 있는 웅변으로써 정치적인 영향력을 증대시키고자 하였다. 그가 연설을 통해 큰 영향력을 가지고 유명해지자, 점차 많은 사람들이 그에게 웅변을 배우게 되었다. 그중에서도 특히 지대한 영향을 받은 테이시아스(Teisias)는 웅변가로서 활동하면서, 자신의 웅변들을 모아놓은 최초의 수사학 교과서를 집필하였다. 코락스와 테이시아스에 의해 법적인 연설뿐만 아니라 권고적 연설을 의미하는 정치적 연설이 만들어지기 시작하였다.

3. 수사학의 아버지

진리인식(episteme, the true knowledge)보다는 견해(doxa, opinion), 즉 개연성에 근거한 수사학은 '심리 발현적' 수사학으로 발전하게 되었다. 그것을 주장한 이는 바로 시칠리아에 있는 아그리젠토 출신인 엠페도클레스(Empedokles, 기원전 492–432)[9]이다. 수사학의 고전적인 모범가들인 아리스토텔레스, 키케로 그리고 퀸틸리아누스는 엠페도클레스를 '수사학의 아버지'로 불렀다. 엠페도클레스는 기술적인 치밀한 논증에 의한 설득보다는, 말의 매력적 힘을 통해 청중을 감동시키는 것을 수사학의 목적으로 추구하였다. 이런 수사학은 논리적 장치를 통해 지적인 동의를 이끌어 내기보다는 감정적 공감 또는 정서적 일치를 유발하고자 하는 '심리발현적' 기술을 사용한다. 따라서 감정적 공감을 불러일으키기 위해 다양한 청중에 맞는 다양한 담론 형태들이 개발되었다. 즉 수사적 담론이 효과를 얻기 위하여 특히 심리

9 요하네스 휠스베르거, 『서양철학사 (상)』, 강성위 역, 서울: 이문출판사, 1987, 78–81. 엠페도클레스는 그리스 사상가들 중 기계론자의 범주에 속하는 철학자이면서 동시에 정치가, 의사 시인이기도 했다. 그는 다른 한편 심신의 정화를 주장하는 종교의 사제요 순회설교가이기도 했다. 그는 물, 불, 공기 및 흙을 세계를 구성하는 근본실체로 주장했으며, 사랑의 원리와 미움의 원리에 따라 이것들이 결합하거나 분리하는 운동을 한다고 가르쳤다.

발현술 기법과 관련 있는 '대조법'과 다양한 청중들로부터 감정적 공감을 얻기 위한 다양한 형태의 담론의 구성 능력인 "폴리트로피아" 등이 사용되었다.[10]

지금까지의 고찰로부터 알 수 있는 것은 소유권 논쟁으로부터 발원한 수사학이 참다운 사태인식에 근거하기보다는 '진실성'(Wahrscheinlichkeit, 개연적 사실)에 기초하였고, 더 나아가 '심리 발현술'이라는 특징을 가지고 발전하게 되었다. 이 수사학은 환자들에게 병을 치료할 수 있도록 적절하게 처방을 내리는 의학과도 같은 역할을 한다. 심리발현술은 또한 마술과도 관계가 있는데, 낱말들과 사물들의 비밀스러운 힘을 인지함으로써 놀랍고도 경의로운 결과를 창출해내는 것이다. 이것의 근원은 '피타고라스 담론'에서 시작되는데, 아리스토텔레스에 의하면, 엠페도클레스는 마술사의 명성을 지닌 철학자요, 시인으로서 수사학의 진정한 창시자로 간주되고 있다. 심리발현술적 수사학의 목적은 낱말들이 가지고 있는 거부할 수 없는 매력을 이용해 청중들을 감동시키는 것이다. 심리발현술적 수사학은 이성적인 지지보다는 감정적인 방향, 정신적인 공감을 유발하는 것을 목표로 한다.

10 안토니오 게레로, 『수사학의 역사』, 19.

제2장
진리인식과 소피스트 수사철학

1. 가장 필요한 지식

『진실을 배반한 과학자들』[11] 이라는 책에서 우리는 중요한 메시지를 얻을 수 있다. 결코 과학계는 인간의 절대적인 기준이 될 수 없으며, 그것은 과학을 다루는 주체인 인간은 절대적 진리를 소유할 수 없기 때문이다. 따라서 우리는 사유의 대가라고 할지라도 그의 견해를 맹목적으로 추종해서는 안 된다. 현명한 삶을 위해 무엇이 가장 중요하고 가장 필요한 지식인지를 열린 시각을 가지고 다시 점검하는 일은 중요하다.

1) 객관적 지식의 추구

서양철학의 창시자인 탈레스에서 데모크리토스에 이르기까지 철학자들은 객관적 지식을 얻기 위하여 외부의 대상, 즉 자연에 대한 탐구에 관심을 기울였다. "자연은 원래 무엇으로 구성되어 있는가? 자연을 구성하는 근본

11 윌리엄 브로드, 니콜라스 웨이드, 『진실을 배반한 과학자들』, 김동광 옮김, 서울: 미래, 2007.

물질은 무엇인가? 물인가 불인가 아니면 원자인가" 등. 그들의 철학적 사유는 '인식은 존재자의 본질에 대한 진리를 발견하는 것이어야 하며, 탐구하는 주관적인 인식은 객관적인 대상에 의존한다'는 전제에서 출발하였다.

예를 들어, 하나의 동일한 대상에 대해 두 개의 다른 모순적인 진술들은 그 어느 하나가 옳으면, 다른 하나는 옳지 않다는 것이다. 이것은 진술의 옳고 그르다는 판단의 척도는 사유하는 자에게 있지 않고, 그 사유의 대상에게 속해 있다는 것을 의미한다. 따라서 헤라클레이토스는 현명한 삶을 유지하기 위한 전제는 바로 객관적 의식이라고 보았다. "통찰은 최고의 덕이며 지혜란 자연에 귀를 기울이면서 진리를 말하고 자연에 맞게 행동하는 것이다." (헤라이클레이토스)

2) 소피스트의 관심

소피스트들은 자연론자들의 주장처럼 대상 또는 자연에서 객관적인 척도를 발견하지 못했다. 이런 척도는 객관적 대상에 속하지 않는다. 왜냐하면 동일한 대상에 대해서도 철학자마다 다르게 판단하고 평가할 수 있기 때문이다. 예를 들면 철학자마다 동일한 대상에 대해 다르게 판단한다. 어떤 철학자는 인간이 원래 선한 존재로 태어난다고 말하고, 다른 철학자는 인간은 본디 악한 존재라고 주장한다. 또 자연에 대해서도 자연은 본디 선하다고 보는가 하면, 반면에 자연은 본디 악하다고 주장하는 철학자도 있다.

그래서 소피스트들은 자연에서 인간의 삶으로 시선을 돌렸고, 인간의 덕과 지혜에 관심을 기울였다. 그들의 관심은 특히 인간의 사회생활 및 정신생활에 대해 관심을 기울이고 어떻게 하면 능력 있고 좋은 시민이 될 수 있는가를 문제 삼았다. 이 문제를 위해 소피스트들은 수사학을 통해 시민을 계몽하고자 하였다.

2. 소피스트는 누구인가?

소피스트는 누구인가? 오늘날까지 알려지고 있는 소피스트에 대한 대중적 편견은 소피스트(sophist)에 대한 철학자들의 부정적 판단과 평가로부터 비롯되었다. 특히 소피스트에 대한 부정적 평가는 플라톤에 의해 강력하게 수행되어졌다. "소피스트들은, 최근 문화사 기술에서 그들을 명예 회복시켜주려는 노력이 오늘날까지 별다른 소득이 없을 정도로 플라톤이 소크라테스의 입을 빌려 대대적으로 끈질기게 비방했던 바로 그 철학, 수사학 학파에 소속된 사람들이었다. '소피스트'라는 말은 아직까지도 허위연사, 기만 전문가, 조작과 거짓 선전의 대가라는 의미에서 쓰이고 있는데, 이것은 희화(戱畵)일 뿐만 아니라 역사적 사실의 왜곡이다."[12] 이런 견해와 다른 견해가 있다. 소피스트들은 진리를 왜곡시키고 대중을 미혹시키는 허위와 기만의 연사라는 플라톤적 부정적 평가와는 달리, 소피스트라는 말은 원래 '지혜로운 사람'(a wise man), 지혜를 가르치는 교사, 특히 말기술(art)과 능력에 있어서 '전문가'(an expert)를 의미했다.[13] 그들의 한계에도 불구하고, 그들이 언어적-수사적 연설을 통해 대중적 계몽을 이끌었고, 그로 인해 수사학이 교육체계로 발전하는 데 중대한 기여를 하였다는 점을 이해하는 일은 매우 중요하다.

소피스트들은 특히 어느 누구보다도 말의 가치와 중요성을 인식하였다. 철학자인 플라톤과 아리스토텔레스는 말을 내적으로 사유된 것을 외적으로 표현하고 전달하는 단순한 도구로 간주였다. 플라톤과 아리스토텔레스 언어이해와는 달리, 소피스트들은 말이 사고 작용의 불가피한 계기이고 매개체라는 점을 파악한 최초의 사람들이다. 이런 점에서 그들은 사고의 내적 작용

12 게르트 위딩, 『고전수사학』, 19.

13 Victor Ehrenberg, From Solon To Socrates, New York and London: Routledge, 1973, 338.

과 담론의 외적 구성 사이의 관계에 그 관심을 집중하고, 거기에 근거하여 수사학의 이론을 발전시켰다. 말은 소피스트들에게 "사고의 표출뿐만 아니라, 추론의 필수 불가결한 도구이기도 하다. 인간은 사물과의 관계 속에서, 그리고 타자와의 소통을 통해서 그 모습을 드러내게 된다."[14] 이것은 바로 인간을 다른 동물들과 구별시키는 것이며, 동시에 인간의 근본특징을 이루는 것이다.

개인적이고 사회적 존재로서 인간에게 말의 중요성을 인식한 소피스트들은 큰 대가를 받고 변론을 가르쳤다. 그들은 개인적인 관심사에 따라서 가르쳤을 뿐만 아니라, 제자들의 필요에 따라 가르쳤다. 그들의 가르침 중에서 결코 빠질 수 없었고, 또 등한시될 수 없었던 것은 바로 '능변'(eloquence)이었다.[15] 그들은 실제로 능변의 교사였다. 그들은 젊은 사람들을 좋은 능변가로 교육하고자 했다. 그들은 사고와 언어의 불가분리적 관계 도식에서 '말 잘하는 기술'(ars bene dicendi)을 가르치기 시작했다. 잘 말하는 기술은 그들에게 있어서, 오늘날의 의미에서 말하는 기술은 단순한 의사소통의 기술(skill)이 아니고, 도야 즉 인간다움의 증거를 의미한다. "인간은 언어 덕분에 개인적으로 완벽해질 수 있고 건전한 사회의 구성원이 된다. 여기서 웅변이 획득하는 사회적 존엄성과 결과적으로 수사학이 달성하는 학문적 중요성은 확고해지게 된다."[16] 이처럼 인간이 인간답게 사는 데 있어서 언어적 가치와 기능의 중요성을 가르친 사람이 바로 소피스트였다. 인간, 사회, 자유, 도덕 그리고 언어에 대한 관심의 증가와 함께 수사학은 교육적 체계로서 발전하게 되었다. 이런 수사학의 발전에 기여한 소피스트에 특히 프로타고라스와 고르기아스가 속한다.

---

14 안토니오 게레로, 『수사학의 역사』, 20.

15 Gomperez Heinrich, Sophistik und Rhetorik, Aalen, Scientia Verlag, 1985, 27.

16 안토니오 게레로, 『수사학의 역사』, 21.

3. 대표적 소피스트들

1) 아브데라의 프로타고라스

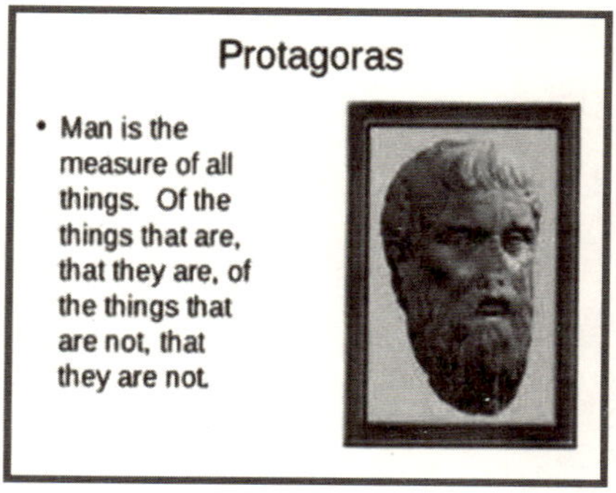

아브데라에서 출생한 프로타고라스(Protagoras, BC 480-415)는 첫 번째 대표적인 소피스트이다. 프로타고라스는 젊은이들이 학교교육대신 개인적인 삶뿐만 아니라 공적인 삶에서 명철(Klugheit)해지기를 강조하였다. 그가 자신의 강의에서 목표로 삼은 것은 가정을 잘 관리하고, 또 말과 실천을 통해 가능한 가장 좋은 방식으로 국가에서의 활동을 준비하는 것이다. 특히 그는 정치기술을 가르쳤고, 사람들을 가장 좋은 국가시민으로 만들고자 하였다. 그래서 고르기아스는 언어에 대해 가르쳤지만, 프로타고라스는 정치에 참여하는 모든 사람 특히 남자들에게 해당하는 일반적인 선, 즉 덕(Tugend)에 대해 가르쳤다.

인간 척도 사상

프로타고라스의 '인간 척도 사상'(Homo-Mensura-Satz)은 수사학에 철학적인 기초를 제공하려는 시도와 밀접히 관련되어 있다. "인간이 만물의 척도이니, 존재자에 대해서는 존재한다는 것의, 비존재자에 대해서는 존재하지 않는다는 것의 척도이다." (프로타고라스, fr. 1)

인간 척도 사상은 사물의 참다운 실존이 객관적으로 주어진 것이 아니고, 그것은 인간의 사유에서만 실존한다는 것을 말한다. 언어가 없으면 사물들의 '상'(Bild, image) 또한 가능하지 않기 때문에, 사물들은 언어 안에서만 실존한다. 언어와 사물은 동일한 것이 아니다. 언어는 사물을 인식하고 전달하는 매개체이다. 사물의 존재와 그것의 의미 파악은 언어를 통해서만 가능하다. 사물은 오로지 언어 안에서, 언어를 통해서 이해되고 알려진다. 프로타고라스의 근본 관심은 사물이 무엇인가라는 본질인식이 아니라, 그것이 어떻게 우리에게 나타나는가 즉 현상방식에 있다. 이것은 사물의 이해와 전달이 언어관련적이라는 것을 말한다. 즉 사물의 이해와 전달은 곧 언어적 표현과 불가분리의 관계에 있다. 따라서 수사학은 언어적 표현을 통해 우리의 세계를 구성하는 인식에 다가설 수 있고 그것을 전파하는 가장 좋은 매개체이다.

실천적 진리경험

프로타고라스는 '사물은 영원히 움직인다'(panta rei)는 명제를 강조하는 헤라클레이토스 이론과 인식의 감각론적 개념에서 출발한다. 어떤 주제 또는 대상에 관하여 진리의 요구를 가진 두 개의 상반된 진술이 가능하다는 그의 명제는 모순론을 주장한다. 그는 이 모순론은 차이들의 대조법을 통해 실천적인 설득적 논증상황(kairos) 속에서 그 진리가 결정될 수 있는 점을 강조한다. "차이점들을 경쟁적 견해들로 취급하여 변론과 반대 변론을 통해 검증하고, 궁극적으로 실제 활동 속에서 그에 대해 결정을 내리는 것이다."[17] 따라서 더 분명하게 말할 수 있는 화자가 자신의 청중으로 하여금 무언가를 받아들이도록 설득할 수 있을 것이다. 여기에 한편으로 수사적 승리를 통한 진리와 가치의 상대화가 놓여 있을 수 있지만, 다른 한편 변화 속에 있는 실천적 상황에서의 진리경험을 우선시한다. 그는 사물에 대한 본질적인 지식보다도, 우리에게 나타나는 현상적 지식에 더 관심을 기울였으며, 그런 상대주의

17 게르트 위딩, 『고전수사학』, 24.

속에서 자유로운 토론을 통한 협의라는 실천적인 입장을 중요시하였다.

2) 레온티니의 고르기아스

아테네와 테살리아에서 가장 뛰어난 웅변 선생과 연설가로 활동하였던 고르기아스(Gorgias, BC 485-380)는 수사학의 초기 발전에 있어서 중요한 기여를 했다. 즉 그는 "처음으로 웅변술에서 문학적 즐거움의 긍정적 가치를 부여했으며, 특히 아테네 사람들한테 수사학의 이론과 연습에 대한 흥미를 자극시켰다."[18] 고르기아스에 의하면 수사학은 사회생활 내에서 성공을 위해 필요한 능력을 지도하는 것이고, 부정적인 행위나 잘못된 판단으로부터 자신을 보호할 수 있는 설득수단을 제공하는 것이다.

고르기아스는 세 가지 명제를 통해 존재, 인식의 회의주의, 그리고 상대성을 강조했다. "존재하는 것은 아무것도 없다. 존재하는 무언가가 있다고 해도, 우리는 그것을 인식할 수 없다. 우리가 그것을 인식하는 경우에도, 우리는 그것을 표현할 수 없다." 여기에서 진리가 거부되고 있는 것 같지만, 달리 이해하자면 이런 그의 사상으로부터 언어의 중요성은 더욱 부각되고 있다. "이런 인식이론적이고, 언어이론적인 허무주의를 통해 언어는 그만큼 더 중요한 것이 된다. 왜냐하면 우리가 살고 있는 세계는 언어 안에서만 실존하고, 우리는 언어를 통해서만 우리가 말해야 하는 것을 공유하기 때문이다.

18 안토니오 게레로, 『수사학의 역사』, 23.

언어에 대한 투쟁은 사물의 실존에 대한 투쟁이다. 로고스(Logos)가 강력한 통치자이다."[19] 고르기아스에 의하면 진리에 대한 어떠한 객관적 기준도 존재하지 않는다. 다만 우리는 '의견'만을 가진다. 그 때문에 중요한 것은 인간 상호 간에 '설득'이 중요하다. 인간을 설득하는 유일한 존재는 언어이다.

엠페도클레스와 마찬가지로 고르기아스도 감정적 도구들의 설득성을 중요시하였다. 자신의 변론 중의 하나인 『헬레나의 찬양』에서 그는 특히 시적 환상의 설득능력을 강조한다. 그에 의하면 "시는 매혹하고, 설득시키고, 마음을 사로잡고, 의견을 변경할 수 있는 마술적, 환상적 매력을 가지고 있다."[20] 이런 그의 입장은 시와 시인을 비판했던 플라톤의 입장과 정면으로 대립하고 있다.

4. 소피스트에 대한 평가

소피스트들에 대한 평가는 이중적이다. 사회 문화적 측면에서, 또 수사학의 관점에서 볼 때 그들은 매우 중요한 기여를 하고 있다.

첫째, 소피스트 수사학이 그리스의 도시국가들에서 일어났던 지적인 계몽과 철저한 정치적 변화 속에서 좋은 개인적인 삶과 공동체의 삶의 추구에 기여했다. 그것은 수사학의 역사에 매우 큰 의미를 가지고 있다.

둘째, 소피스트들은 지식을 절대화시키는 것을 반대하고 지식의 상대성을 주장하였다. 사물에 관한 우리의 모든 지식은 지각(감각)에서 발생한다. 보편타당한 지식은 불가능하다. 지각은 사람에 따라 다르며, 또 같은 사람에게도 때에 따라 다르기 때문이다. 따라서 인간의 지식은 절대적인 기준이 될

19 Andersen Oivind, Im Garten der Rhetorik, WBG, Darmstadt, 2001, 166.

20 안토니오 게레로, 『수사학의 역사』, 24.

수 없고, 언제나 틀릴 가능성이 있다는 것을 알려주었다. 그래서 그들은 지식보다는 지혜를 강조하였다. 그러나 소피스트들의 수사철학적 주장들은 허무적이고 상대주의적인 것으로 간주되었고, 그 자체의 의미는 유지 발전되지 못하고, 철학자들에 의해 비판을 받거나 철학적으로 보완 계승되어야만 했다.

제 3 장
플라톤의 철학적 수사학

소크라테스여, 저는 고르기아스가 설득의 기술이야말로
다른 모든 것들을 능가한다고 주장하는 것을 종종 들었습니다.
왜냐하면 그가 말하기로 이것이 다른 모든 것들을
그것의 노예로 만들기 때문입니다.(『필레보스』, 58a-b)

1. 플라톤의 진리이해의 길

플라톤(Platon, 기원전 427-361)은 소크라테스로부터 그의 철학적 방법에 영향을 받았다. 그는 소크라테스로부터 진술과 반대진술(주장과 반대주장)을 통해 논리적 모순을 밝히며, 동시에 상생하는 대화법을 배우게 되었다. 그것은 바로 변증법적 대화이다. 변증법적 대화는 서로 다른 입

장이라고 하더라도 서로 인정하며 공동의 노력으로 진리에 도달하려는 대화이다. 변증법적 대화를 통해 대화 당사자들은 상대의 견해나 입장을 반박하거나 배제시키는 것이 아니라, 서로 상대의 견해를 강화시켜주고 참다운 지식에 이르게 해준다. 이처럼 플라톤은 소크라테스로부터 진리를 이해할 수 있는 길잡이를 배울 수 있게 되었다.

또 플라톤은 '너 자신을 알라'라는 무지의 지(docta ignorantia)[21]의 정신이 사회적인 위기를 벗어날 수 있는 출구를 제시할 수 있을 것으로 확신하였다. 당시 사회가 와해될 위기에 빠진 것은 아무도 보편적인 선이 무엇인가를 깨닫지 못했기 때문이다. 그래서 그는 개인적인 선과 공동의(보편적인) 선의 관계를 파악하고자 하였다. 그에 의하면 개인에게 선한 것이 공동의 선과 동일시될 수 없다. 개인은 사회에 의존해서 살고 사회에 봉사해야 하기 때문에 개인을 넘어서는 보편적인 선이 정립되어야 한다. 소크라테스가 개인의 선과 행복을 동시에 추구했던 것에 반해, 플라톤은 개인의 선과 사회의 선을 추구하는 데서 삶의 의미와 행복을 발견하고자 했다. 그는 보편적인 선의 추구가 억견(doxa)을 넘어서서 참된지식(episteme)의 추구를 통해 이루어진다고 보았다. 보편적인 선은 선의 이데아이다. 이 보편적인 선은 언어적 설득을 통해 획득되지 않고, 순수한 사유를 통해서만 직관적으로 획득된다. 순수 사유

21 이희용, 『고전수사철학』, 서울: 레토릭하우스, 2008, 33-34. "소크라테스 철학은 인간의 영혼을 발견하려고 하였다. 그의 철학의 출발 모토는 "너 자신을 알라이다"(know thyself) 이것('Gnothisauton')은 델피(Delphoi) 신전에 새겨진 비문으로 인간의 **그릇된 편견과 무지**를 자각하라는 의미이다. 몽테뉴는 두 종류의 무지에 대해 말했다. 하나는 A.B.C.D 문맹의 무지이고 다른 하나는 자신을 모르는 무지이다. 자신을 모른 채 많은 지식을 가진 인간은 편견에 사로 잡혀 있기 때문에 문맹자의 무지보다 더 위험한 무지자이다. 인간은 그릇된 편견에 사로잡힌 자아에서 참된 자아를 찾아야 한다. 이것이 소크라테스 철학의 주요과제이다. 왜 인간을 둘러싸고 있는 자연환경이 아니라 자기 자신을 알아야 하는가? 이것은 자연론자들의 철학이 왜 소크라테스에게 만족을 주지 못했는가 하는 문제와 관련되어 있다. 자연철학자들인 이오니아 사람들, 특히 유물론자들은 왜 소크라테스의 기대를 만족시키지 못했는가? 소크라테스는 자연철학의 두 가지 문제점을 지적하며 '자연에 관한 사색'을 거부한다. 하나는 자연철학적 사색이 독단적(dogmatic)이라는 것이고, 다른 하나는 무용하다는 것이다."

하는 자가 바로 변증가(Dialectiker)이다. 그 때문에 억견을 기초로 설득을 강조하는 소피스트 수사학은 플라톤에게 진리에 위배되는 것으로 보였다.

2. 플라톤의 소피스트 수사학 비판

소피스트 수사학 비판

플라톤의 주요 비판의 대상은 소피스트였다.[22] 플라톤은 소피스트의 사상 특히 소피스트 수사학을 두 가지 이유에서 비판하였다. 하나는, 소피스트 수사학이 추구했던 능변은 하나의 형식적인 기술(eine formale Kunst, a formal art)에 불과하다는 것이고, 다른 하나는, 그것은 참된지식(episteme)이 아니고 억견(doxa)에 근거하여 청중의 감정을 자극하고, 그들을 유혹하고 잘못된 길로 이끈다는 점이다. 전자의 경우처럼, 수사학적 능변은 옳은 것에 봉사할 수 있듯이, 불의한 것에도 봉사할 수 있고, 진리에 봉사할 수 있듯이 거짓에도 봉사할 수 있고, 또 좋은 사태뿐만 아니라 나쁜 사태를 위해서도 이용될 수 있을 것이다. 그 때문에 사람들은 한편에서 소피스트 수사학이 "정치적 조작에 사용되는 깊이 없고 한낱 도구적인 이론으로

---

22 IJsseling Samuel, Rhetorik und Philosophie, Stuttgart-Bad Cannstatt, 1988, 16. "철학과 수사학의 대결은 플라톤에게서 최고점에 달했다. 그의 입장은 명백히 수사학에 대해 부정적이었고 또 거부적이었고, 또 많은 점에서 말하자면 적대적이었다. 플라톤의 거부적인 태도는 특히 대화편 '고르기아스'(Gorgias)에서 그리고 아마 강조하자면, 대화편 '파이드로스'(Phaidros)에서 나타나고 있다.

발전"[23]하였다고 비난한다. 이런 수사학은 선동의 수사학을 의미한다.

곤살레스 베도야는 소피스트 수사학에 대한 플라톤의 비판을 다음과 같이 기술한다: "소피스트 수사학은 학문이 아니라 비도덕적 실용주의에 빠진 '속임수'에 지나지 않는다. 수사학이 학문이 아닌 이유는 이것의 영역이 사실임직한 것, 그럴듯한 것, 개연적인 것에 있기 때문이고, 또한 이것이 이성적인 것에 의존하는 것이 아니라 감성에 호소하기 때문이다. 따라서 수사학은 '기예'(Art, Kunst)가 아니라, '숙련'(skill)이라 불러야 하며, 교육과정에서 제외되어야 한다."[24]

학문적 성격 결여

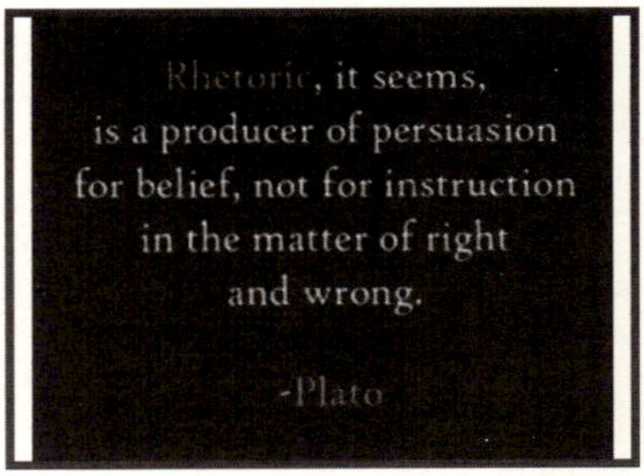

플라톤은 청중 감정의 동요만을 목표로 하는 소피스트 수사학은 학문의 성격과 기예의 성격이 결여되어 있다고 주장한다. 소피스트 수사학과 플라톤의 대결이 『고르기아스』[25]에서 핵심적으로 부각되어 있다. 거기서 플라톤은 소피스트 수사학을 치료기술이 아니라 치료기

23 게르트 위딩, 『고전수사학』, 29.

24 안토이오 게레로, 『수사학의 역사』, 29.

25 IJsseling, Rhetorik und Philosophie, 16. "'고르기아스'는 '수사학에 대하여'(Über die Rhetorik)라는 부제를 가지고 있다. 그와 마찬가지로 그 대화편은 '수사학에 반대하여'(Gegen die Rhetorik)라는 내용을 지닐 수 있다. 왜냐하면 분명히 논쟁적인 대화가 중요하기 때문이다. 대화파트너들은 우선 소크라테스와 고르기아스이다. 고르기아스는 힘이 있고 영향력이 있는 수사가이고 탁월한 소피스트이다. 대화의 첫 부분에서 소크라테스와 고르기아스는 함께 수사학을 정의하려고 한다. 수사학을 사람들로 하여금 설득을 또는 설득의 전체를 받아들이게 하는 연설하는 기술로 정의한다. 수사학은 설득시키는 기술 즉 설득술이다. 소크라테스는 그것에 대해 수사적 또는 설득적 연설은 어떠한 실제적 통찰도 그리고 사태적 지식도 야기시키지 못하고 오로지 설득들, 견해들 그리고 의견들만을 강요한다고 논평한다."

술을 사칭한 요리기술이라고 규정한다. 수사학은 단순히 연습이지 학문이나 기예가 아니다. 왜냐하면 수사학은 그것이 적용하는 대상, 그 본성에 속하는 것에 대한 통찰을 갖고 있지 않기 때문이다. 따라서 수사학은 참다운 사태를 도외시하고, 청중들에게 악영향을 끼치려 하는 단지 책략적인 수완에 지나지 않는다.[26] 이런 수사학에 대한 플라톤의 비판은 그리스 문화에서 인정받고 있었던 웅변문화와 사회정치문화에 대한 철학적 해석이자, 철저한 저항을 담고 있다. 플라톤의 수사학 거부를 올바로 이해하기 위해 우리는 수사학이 고대에 매우 높은 존경을 받았으며, 연사는 특별히 힘 있는 사람이었다는 것을 생생하게 그려내야 한다. 우리는 이것을 명료화하고자 한다.

그리스 사람들은 수사학 기술(rhetorike techne)을 참다운 기예로 간주하였다. 그것은 매우 고상한 기예였다. 그리스 문화의 다른 영역에서 그와 대응하는 것은 없었다. 수사학은 실천에서뿐만 아니라 실천에 대한 이론적 반성에서도 매우 번성하였다. 이런 비약적 발전은 의심할 여지없이 니체가 "모든 언어 중 가장 말해질 수 있는 것"으로 불렀던 그리스 언어와 연관되어 있었다. 그것은 또 그리스 사람들이 아주 섬세했으며 명백한 표현을 가지고 말했다는 사실과도 긴밀히 연관되어있다. 그들은 자신들의 언어와 그 언어의 완전한 지배를 매우 자랑스러워했다. 그들은 자신의 언어와 그 언어에 대한 지배력을 통해 자신을 다른 국민들, 특히 야만인들로부터 구별하였다. 잘 그리고 핵심적으로, 아름답고 지적으로 말하는 것을 배우는 것은 그리스 도야(陶冶)와 문화에서 즉 파이데이아(paideia)에서 전적으로 특별한 자리를 자치하였다. 수사학은 학생들이 배우는 많은 전문분야 중의 하나가 아니었다. 오히려 그것은 가장 의미 있는 것이었고, 어떤 의미에서 유일한 전문분야였다. 우

26 Platon, Gorgias, 464d–465a.

리는 말하고 아는 모든 것에 대해 말하는 것을, 심지어 철학적 문제를 말하는 것을 배워야 할 것이다.[27]

3. 수사학의 철학화

플라톤은 한편 소피스트 수사학을 신랄하게 비판하였고, 다른 한편 수사학을 철학적으로 근거 짓고자 했다. 초기 대화편인 『에우티데모스』에서 플라톤은 수사학을 암시기술(Suggestionskunst)의 한 형태로 간주하며 전적으로 거부하고 있다: "수사학은 인간에게 주문을 거는 것이다. 그것은 법정과 의회의 구성원들과 거대한 대중을 홀리게 한다."[28] 그와는 달리, 플라톤은 대화편인 『고르기아스』와 『파이드로스』에서 소피스트 수사학을 비판하면서 동시에 참다운 의미의 수사학 이론, 철학화된 수사학 이론을 제시하고 있다. 그것은 사랑의 수사학을 의미한다.

플라톤도 수사학을 설득의 능력으로 규정한다. 즉 수사학은 그에 의하면 "재판에서 판사를, 시의회에서 의원들을, 국민회의에서 시민들을 그리고 임의적인 집회에서 말로 설득하는 능력이다."[29] 여기에서 두 가지가 주목될 수 있다. 하나는 설득의 현상이 토론될 수 있다는 것이고, 또 다른 하나는 청중을 중요하게 주목할 수 있다는 점이다. 플라톤은 수사학을 바로 그 영역에만

27 Samuel IJsseling, Rhetorik und Philosophie, 20.

28 Platon, Eutidemos, 289e–290a.

29 Platon, Phaidros, 452e.

한정시킨다. 왜냐하면 연설가는 "재판이나 집회에서 다른 사람에게 옳은 것과 불의한 것에 대해 가르치지 못하고, 대신에 그가 가르치는 것을 단지 믿기만"[30] 할 수 있기 때문이다. 따라서 수사학은 지식 없이 믿음만을 제공한다.

나쁜 수사학과 좋은 수사학은 구분된다. 나쁜 수사학은 니시아스의 학교처럼 웅변학교에서 배운다. 그런 수사학은 오직 개연적인 것(doxa), 확신, 설득하는 것과 착각적인 것만 관계한다. 그에 반해 좋은 수사학은 자신의 기초를 철학에 가지고 있다. 오직 그 수사학만이 진리와 통찰과 관계한다. 그것은 철학적이고 변증법적인 수사학이고, 말의 도움으로 목표로 이끌고 서로 서로의 대화에서 진리에 이르는 기예이다.

플라톤이 그렇게 생각하듯이, 일반적인 국민에게 짧은 시기에 비유적인 언어를 가르치는 것은 어쩌면 의미 있을 수 있다. 이런 목적을 위해 여러 예들이 명료화되고 본받게 되며, 의사결정적인 특징들과 그것의 논증들이 언급되고, 전통과 전승이 재수용되고, 신화와 역사가 얘기될 수 있다. 그러나 이 모든 것은 어떠한 참다운 지식도, 참다운 통찰도 초래하지 못하고, 단지 한 꾸러미의 다소 막연한 신념들만을 불러일으킨다. 여기에서는 본래 무언가를 배우지 못하고, 오직 설득시키고 기분을 전환시키는 것만이 중요하다. 참다운 지식 대신 설득과 믿음이 문제가 된다. 강연의 이런 독백적 방식은 결국 비생산적이고 게다가 매우 위험할 수 있을 것이다. 왜냐하면 그 어느 누구도 설득의 진리를 위한 유일한 범주를 가지고 있지 않기 때문이다.

따라서 플라톤은 이런 독백적 수사학을 다음의 조건에서만 사용해야 한다고 주장한다: 강연자 또는 연사가 이미 실제적인 통찰과 참다운 학문을 소유하고 있다. 사물들에 대해 참답게 통찰하는 것과 실재를 참답게 인식하는 것은 철학자의 특권이다. 그는 대화를 통해 담화, 변증법을 통해서만 통찰에

30 같은 책., 454d.

이를 수 있다. 그래서 이런 변증법은 유일한 참다운 수사학이다.[31]

플라톤이 수사학을 비판하는 결정적인 이유는 수사학이 사태지식(참다운 지식, episteme)과는 무관하고, 단지 가상적 지식에 근거하기 때문에 결국에는 청중들을 진리로 이끄는 대신 미혹시킨다는 데 있다. 이것은 플라톤의 소피스트 비판의 핵심과 같은 의미를 지닌다. 플라톤에게 있어서 소피스트적 수사학은 아직 학문에 속하는 것이 아니다. 따라서 그런 종류의 수사학은 "전문지식이 아니라, 통찰력(Scharfsinn), 솔직(Freimut) 그리고 인간과의 교제에 있어서 숙련됨(Gewandtheit)을 필요로 하는 하나의 일이다. 그것을 감언이설(Schmeichelei, kalokakeia)이라고 부른다."[32] 그 때문에 본래적인 의미에서 수사학은 그 자체로는 지탱될 수 없고, 철학적 근거를 가진 즉 변증법에 의거했을 때만이 가능하다.

그러면 변증법(사유의 방법과 기술)이 어떻게 수사학을 근거 짓고, 그것의 버팀목이 될 수 있는가? 이것은 수사학의 철학화를 시도하는 플라톤이 풀어야 할 절박한 수사학적 과제이다.

플라톤에 의하면 참다운 사태에 근거하지 않고, 형식적 기교에 근거한 채 설득적 기술을 통해 청중을 유혹하는 수사학은 속임수라는 오명을 벗어나야 하는 절박한 과제를 가지고 있다. 이것을 위해 수사학은 사고를 계발하고 진리를 추구하는 철학의 근거 위에서 세워져야 한다. 플라톤에 의하면 참다운 의미의 설득은 오직 "그 자신이 정당하고 정의를 추구하는"[33] 연설가 또는 진리인식을 추구하는 변증가에만 허용되어 있다. 그런 연관성에서 플라톤은 소피스트 수사학을 비판함과 동시에 참다운 의미의 수사학을 규정하고자 한다. 그의 후기 작품에 속하는 『파이드로스』에서 플라톤은 한편에서 "개연

31 Samuel IJsseling, Rhetorik und Philosophie, 18.

32 같은 책., 463a.

33 Platon, Gorgias, 508b.

적인 것(das Wahrscheinliche)이 참인 것(das Wahre)보다 더 낫고, 말의 힘을 통해 더 작은 사태를 더 큰 것으로, 반대로 더 큰 사태를 더 작은 것으로 만든다는 생각"[34] 을 멀리하였다. 그는 다른 한편에서 말기술의 좋고 올바른 사용 가능성을 허용하고 있다. 그러나 그것을 위해 연설가는 말기술의 규칙 이외에 주제 내용과 청중의 영혼 상태를 인식해야 한다.

존재에 바탕을 두고 있는 변증법은 사고의 철학적 인식을 제공하는데, 플라톤은 그것을 바로 "담론을 통해 영혼을 사로잡는 기예"라고 규정한다. 그는 "법정에서뿐만 아니라 개인적 담화에서도, 그리고 사소한 문제뿐만 아니라 중요한 문제에서도 언어를 통해 영혼을 움직일 수 있다면" 진정한 기예라고 말한다.[35]

『파이드로스』 제2장에서는 수사학의 세 가지 근본문제가 다루어지고 있다. 수사학이 "기예"(art)로 간주될 수 있는 권한, 소피스트 수사학의 진정한 목표, 그리고 마지막으로 철학적 수사학의 내용 규정이 그것이다. 플라톤에 의하면 수사학이 비난을 받는 이유는 언어의 사용 자체에 있는 것이 아니라, 그 언어를 잘못 사용하고 있기 때문이다. 좋은 웅변가 또는 연설가는 사건 또는 주제 내용을 정확하게 파악하며, 또 인간 자체에 대해 정확하게 인식해야 한다. 가상과 개연성에 근거하고 감언이설을 통해 청중의 감정적 동요만을 추구하는 소피스트 수사학과는 달리, 플라톤의 철학적 수사학은 진리 인식에 근거하며, 그것을 통해 영혼을 교육하려는 목적을 가지고 있다. 전자는 담화의 기예를 목표 삼으나, 후자의 목표에는 사고의 기예 연습도 포함되어 있다.

이런 변증론적 훈련을 거친 웅변가는 플라톤적 의미에서 진리를 인식하고 청자의 심리발현술까지 통달한 철학자(변증가)를 말한다. 이런 철학자인

---

34 Platon, Phaidros, 266d-267d.

35 같은 책., 261a.

연사는 자신의 충분한 논리를 가지고 신들까지 설득할 수 있고, 일반 청중들도 설득할 수 있다. 이것이 바로 플라톤이 의도하는 진정한 수사학이 될 수 있고, 철학적 수사학을 통해 본래 목표하는 바이다.

제 4 장
이소크라테스와 로고스의 능력

1. 이소크라테스의 문제의식

플라톤이 수사학을 비판하고, 그것을 철학에 종속시키는 수사학의 철학화를 시도하였던 것과는 달리, 이소크라테스(Isocrates)는 수사학을 옹호했을 뿐만 아니라, 그점을 넘어서서 수사철학을 적극적으로 주장했다. 그는 왜 그런 노력을 기울였는가? 이 물음은 우리 탐구를 이끄는 중요한 길잡이 역할을 할 것이다. 이소크라테스는 플라톤과 동시대에 살았다. 이소크라테스는 연설가로서 그리고 언어예술가로서 소피스트 수사학 대표자인 고르기아스의 제자였으며, 그 당시 플라톤의 강력한 경쟁자였다. 또 그는 교육적이고 정치적인 활동에 있어서 프로타고라스를 많이 닮았다. 그는 특히 사람들을 선하게 행동할 수 있는 능력 있는 시민으로 교육하고자 하였다. 이소크라테스는 고대 그리스의 일반교양(paideia)과 수사학적 전문교육(Ausbildung)에 지대한 영향을 끼쳤다. 이소크라테스는 소피스트의 수사학적 계몽이념을 현실화하고자 하였다.

플라톤의 대화편인 『에우티데모스』에서 이소크라테스는 "경쟁자로서 철학을 모욕하고, 철학과 정치학에 대한 전문적인 지식 없이 그 자신은 그 둘의 중간에서 있는 사람으로 묘사되고 있다.[36] 그러나 이소크라테스는 말함과 행위함에 대해 직접적 유익을 주지 못하는 연구는 철학으로 명명해서는 안 된다고 말한다. 그는 실생활로부터 동떨어진 이론적인 철학사상을 논박한다. 이론적인 철학사상 연구는 정신 연습이고 철학의 준비단계일 뿐이다. 무엇보다 제일 중요한 것은 문제에 대해 말하고 실천적 삶에서 결의하는 능력을 개선하는 일이다.[37] 이소크라테스는 수사철학을 삶의 중심요소로 간주한다. 그것은 철학자들의 사변적 이론과 변증법적 탐구도 아니고, 사유하고, 말하고, 그리고 결단하는 행위의 도구인 수사학을 말한다. 이런 그의 수사철학은 "삶의 현명함"과 거의 같은 의미를 지닌 '소피아'(sophia)의 전통적 개념에 기초하였고, 실천과 정치로 향해 있었다. 키케로는 "옛 그리스 사람들은 생각하고, 자신의 사상을 표현하는 능력을 '지혜'(sapientia)라고 불렀다. 그 능력은 리쿠르그, 피타코스, 솔론, 코르운카르니우스, 파부리키우스, 카토 그리고 스키피오와 같은 현자들을 배출하였다."[38]

2. 로고스의 능력

그리스 연사와 소피스트들의 저작에서 로고스의 능력에 대한 찬사들이 반복해서 나타난다. "로고스"(logos)라는 말은 많은 의미들을 지니고 있다. 소피스트와 연사에 대한 찬미에서 그것은 특히 언어와 말과 같은 것, 즉 말들로 이루어진 사슬 또는 조직, 텍스트, 이야기, 논의, 말함 또는 연설을 의미한

36 Platon, Eutidemos, 304d.

37 Isokrates, Antidosis, 261–267.

38 Cicero, de orator– Über den Redner: Mit ausführlicher Einleitung hrsg. von H. Merklin, Stuttgart, 1997, III, 56.

다. 로고스에 대해 잘 알려진 연설문 「찬사」는 이소크라테스의 저서인 『니코클레스(Nicocles)』에서 재독될 수 있다. 「찬사」는 그 이후의 많은 작가들에게서 호응을 얻었고 계속해서 다시 수용되었다. 그것의 의미를 위해 그리고 그것이 많은 숙고를 할 수 있도록 계기를 제공할 수 있기 때문에, 우리는 이 자리에서 이소크라테스를 상세하게 인용할 것이다. 그는 다음과 같이 쓰고 있다: "즉 우리가 소유하고 있는 나머지를 통해 우리는 다른 피조물 앞에서 두각을 나타내지 못하고, 속도, 강함 그리고 나머지 특성에 관련하여 많은 것들에 있어서 불리한 대우를 받는다. 그러나 서로를 설득하고 우리 자신을 규명하려는 재능이 우리에게 생겼기 때문에, 우리는 동물의 방식에 따라 사는 것을 단념하였을 뿐만 아니라 회합을 통해 도시를 세웠고, 법칙들을 제정하였으며, 기예들을 고안하였다. 우리가 명석함과 기예를 가지고 실현시킨 모든 것은 언어의 도움으로 가능하였다. 왜냐하면 언어는 옳은 것과 옳지 않은 것, 치욕적인 것과 고상한 것에 대해 법규와 규정을 제시하기 때문이다.

우리는 언어들 없이 서로 함께 거주할 수 없다. 우리는 언어를 가지고 나쁜 것을 견책하고, 좋은 것을 칭찬한다. 우리는 언어를 통해 몰이해적인 것을 가르치고 영리한 것을 시험해 본다. 왜냐하면 그렇게 해야 하듯이, 우리는 말하는 것을 올바른 사유의 가장 좋은 기호로 간주하고, 참답고, 적법하고 그리고 올바른 언어는 선하고 성실한 마음의 반영이다. 우리는 언어와 함께 의심스러운 것에 대해 논쟁하고 미지의 것을 탐구한다."[39]

---

39 Isokrates, Nicoles, 5–9: Samuel IJsseling, Rhetorik und Philosophie, 재인용. 이소크라테스는 언어를 통한 바른 탐구의 이유를 제시한다. "우리는 말하는 것을 올바른 사유의 가장 좋은 기호로 간주하고, 참답고, 적법하고 그리고 올바른 언어는 선하고 성실한 마음의 반영이다. 우리는 언어와 함께 의심스러운 것에 대해 논쟁하고 미지의 것을 탐구한다. 왜냐하면 우리가 말할 때 다른 사람을 확신시키는 바로 그 증명수단을 또한 숙고할 때 사용하기 때문이다. 우리는 대중 앞에서 말할 수 있는 사람들을 웅변가라고 부른다. 그러나 우리는 사물을 가장 잘 평가하는 사람들을 매우 뛰어난 사람으로 간주한다. 이 능력에 대해 말해야 하는 경우, 언어 없이는 어떤 숙고도 이루어질 수 없다는 것, 언어는 모든 행위와 사상의 기초가 된다는 것 그리고 이성적인 사람 대부분이 언어를 사용한다는 것을 우리는 알게 될 것이다." 이소크라테스는 다음과 같이 부언한다: "그러므로

초기 기독교 신학에서 로고스(logos)인 신적인 말(요한복음 1:1)은 신의 인격적이고 창조적인 사상으로 간주되었다. 이런 관점에서 로고스는 결국 존재하는 모든 것의 마지막 근거(ratio essendi)로 이해되어야 한다. 라이프니츠는 필연성과 창조를 신적인 체계에 통합하고자 한다. 그는 또 영원한 필연성과 근거 짓는 원리 이외에, 로고스를 또한 합법칙성을 발견하는, 현실을 근거 짓는, 모든 사물의 연관성을 인식하는 그리고 모든 주장을 비판적으로 책임지는 이성적 능력으로 파악한다.

이소크라테스는 로고스의 주도권에 대한 자신의 찬미에서 말해지고 쓰여진 말, 말함과 대화를 주제로 다룬다. 그는 확실히 플라톤적으로 사유하지 않는다. 오히려 그의 사유작업은 소피스트적 사유의 범위 내에서 이루어지고 있다. 이소크라테스는, 무수한 그리스 시인들과 플라톤이 스스로 거리를 둔 사유가들에게서 이끌어 온 생생한 언어를 가지고 표현한다. 또한 플라톤에 앞선 자들 또는 더 잘 말하면, 비플라톤주의자들은 인간의 로고스에 대해, 신의 로고스에 대해 그리고 세계의 로고스에 대해 주장한다.

그러나 그들은 그 가운데서 무엇을 이해하는가? Ramnoux는 많은 텍스트의 분석에 근거하여 하나의 중요한 결과를 제시하였다. 인간의 로고스는 우선 인간에 대해 말해진 신탁이다. 그것은 인간 스스로 결코 자신에게 주지 못하는, 그러면서 자신에게 주어진 이름에서 구체화된다. 이 이름은 인간에 대해 이야기되는 모든 것이다. 그것은 인간의 탄생에 앞서 이미 그에 대해 퍼졌고, 그의 죽음 후에도 살아남아 있는, 그의 전기(die Lebensgeschichte)이고 또는 성담 전설(die Legende)이다. 이런 이름은 길조 또는 흉조일 수 있고, 명예 또는 비난을 가져올 수 있다.

신의 로고스에 대해 유사한 것을 말할 수 있다. 그것은 신의 이름, 즉 신

능변에 대한 강의와 그것의 연구에 전념하는 사람들 중에 해롭게 말하는 사람들은 신의 성전을 제 것으로 만드는 자들과 마찬가지로 혐오스럽다."

들에 대해 이야기되는 것이다. 신의 로고스는 신들의 장엄, 영광, 광채이고 명예이다. 이 모든 것이 가능한 것은 신들의 찬미 덕택이고, 또 그들의 행위의 선포 덕택이다. 공적인 대변자들은 이 목적을 위해 세워졌었다. 그리스인들의 신들에 대해 여기서 말하는 것은 부분적으로 유대-기독교적 전승의 신에 대해서도 타당하다. 여기서 또한 신의 로고스는 그의 이름이고 그의 영광이다. 그 로고스는 계시(Offenbarung)이다. 기독교 공동체에서는 그를 찬양하고, 그의 기적의 역사를 이야기한다. 세계의 로고스는 세계에 대해 이야기되는 역사이다. 그 로고스는 세계에 대해 말해지는, 모든 말함에, 사물들에 대해 완성되어진, 말들의 조직망에, 또는 존재하는 모든 것에 주어지는 해석들의 체계에 있다.[40]

로고스에 대한 이런 표상과 말의 힘의 문제를 이해하고자 한다면, 수사학이 그리스에서 어떤 자릿값을 가졌었는지를, 플라톤이 무엇에 반대했었는지를, 그가 무엇으로부터 헤어나려고 했었는지를 파악해야 한다. 이런 말의 근본적인 이중성으로 인해, 말함 또는 말이 참다운 것인지 또는 아닌지를 결정하기 위한 시금석의 추구가 필요하다.

지금 진리가 어떻게 있는가? 진리의 문제가 어떤 방식으로 제기되는가? 플라톤의 시대 이후 우리 시대에까지 철학자들은 언제나 다시 그리고 많은 뉘앙스와 함께 시인, 작가, 연사와 예언자, 권력가와 대변자가 인간, 신들 그리고 세계에 대해 말한 모든 것은 억견(doxa) 그 이상일 수 없다고 주장한다.

억견은 여기서 모든 종류의 신념, 견해, 의견, 무비판적 관점, 전승된 통찰, 선입견 또는 이데올로기적 사유의 형식들을 가리킨다. 이런 경우들에서 말해진 것은 적어도 불확실하다. 그것은 의심을 물리치지 못한다. 그것은 쉽게 독단론에 빠지고, 그 때문에 인간적 자유에 대한 위험을 나타낸다. 철학자

---

40 같은 책., 36-37.

는 근본적으로 회의적인 태도를 취하고, 모든 주장들을 비판적으로 검토하고, 책임지고, 확고히 하고, 검증하고 그리고 결정할 것을 요구한다. 이런 책임짐과 결정함은 철학적이고 학문적인 말함의 근본구조에 속한다.

그 밖에 이것은 또한 문체의 문제이다. 왜냐하면 문체적 특징들의 도움으로 철학적이고 학문적인 텍스트들은 비철학적이고 비학문적인 텍스트들로부터 구분되기 때문이다. 우선, 구조적으로 보자면, 어떤 방식으로 이런 책임짐, 근거지움, 증명함 그리고 결정함이 행해지는가 하는 물음은 큰 의미가 없다. 이런 과정은 다양한 형식들을 취할 수 있고, 역사에서 사실적으로 많은 형태로 나타났다. 사람들은 주장들을 제일 원리들을 통해, 즉 자명함, 경험, 이성, 논리성, 보편성, 일반화 가능성 그리고 다른 그 이상의 것을 통해 근거짓고자 하였다. 과거에는 이런 근거지움 형식들 중 어느 것이 정당한 것인가에 대해 자주 격렬하게 논쟁하였다. 그 경우는 아직 오늘날에도 마찬가지이다. 모든 철학들은 그들 각각이 원칙적으로 타당성을 획득하려는 점에서 일치하고 있다. 요약해서 말하자면 그렇게 선택할 때 비철학적이고 비학문적인 말함은 결국 억견(doxa)에 이르고, 그에 반해 철학적이고 학문적인 말함은 에피스테메 즉 보편타당하고 확보된 인식에 도달하려는 시도를 통해 특징지어진다.

그러나 이것은 그 문제의 단지 한 측면이다. 수사학의 시각에서 보면 진리의 문제는 전혀 다르게 드러난다. 로고스의 주도권의 확신과 그것의 모든 다양한 형식과 형태에서 말함의 찬미는 또한 철학과 학문에 대한 다른 견해를 전제한다. 그것의 명료화를 위해 하이데거가 필요하다. 그는 로고스와 억견에 대해 반복해서 말하고 있고, 많은 점에서 옛 그리스의 플라톤 이전, 비형이상학적인, 수사학적이고 소피스트적인 전통과 밀접하게 연관되어 있는, 언어이해와 진리이해의 편을 든다.

'로고스'는 하이데거 사유에서 근본말(Grundwort)이다. 그것은 근원적 사건을 지시한다. 즉 그것은 먼저 말함에서 수행되는 발견과 숨김, 비은폐와 은폐, 벗겨냄과 덮어씀을 가리킨다. 말함은 진리의 작품 안에 정립함(ein Ins-Werk-Setzen)이다.[41] 말은 진리를 표현하지 않고, 진리를 건립한다. 말은 사물들, 인간들, 신들 그리고 세계를 비은폐함 속에 현전하게 한다. 비은폐함 속에 현전하게 함(das In-der-Unver borgenheit-anwesen-Lassen) 또는 드러남은 동시에 은폐함 속으로 다시 돌아감(ein In-die -Verborgenheit -Zurückdrängen) 또는 감추임이다. 이런 드러남과 감추임은 하나의 유일한 사건이다. 말함은 한번은 드러남이고 다른 때는 감추임이다. 말함은 드러남으로써 본질적으로 감추임이고, 감추임으로써 본질적으로 드러남이다. 진리의 사건 자체가 거기에 있다. 드러냄과 감추임은 이중적 운동에서 일어난다. 말함은 한편에서 구별이고 분할이다.

말은 숨기고, 그것이 드러내는 것보다, 더 많이 종종 가린다. 그 점을 넘어서서 이 모든 것이 결국 전적인 자의로 끝나는지 묻지 않을 수 없다. 시인과 가인은 그들이 원하는 것을 아무런 문제 없이 - 모든 결과와 함께 - 말할 수 있는가? 그 때문에 참다운 말과 참답지 못한 말, 아마 정당한 말과 정당하지 못한 말이 분명하게 구분되어야 하는가? 하이데거는 옛 그리스의 전통과 관련하여 이 어려움에 답한다. 로고스 밖에서는 어떠한 진리도 없고 어떠한 법도 없다. 말이 없으면 오직 어둠만 있다. 어느 것도 현상하지 않는다.

말함이 없으면 어느 것도 구별될 수 없고, 어느 것도 의미를 갖지 않는다. 언어적 기호체계 밖에서는 어느 것도 따로 떨어져서 두각을 나타낼 수 없다. 이런 로고스는 진리와 정당성에 대한 어떠한 보증도 아니기 때문에 우리 인간은 본질적으로 방황하게 된다. 우리가 본성상 방황하는 자이고, 우리가 나아가는 길은 철저히 "그릇된 길"(Irrweg)이다. 그 경우에 중요한 것은 전도

41 Martin Heidegger, Holzwege, Klostermann, Frankfurt a. Main, 1957, 50.

된 길의 의미에서 과오가 아니고, 또 망각함과 잘못된 통찰의 의미에서 과오가 중요한 것이 아니다. 이것은 적어도 그럼에도 불구하고 올바른 길이 있다고, 그럼에도 불구하고 로고스 밖에 참다운 세계가 존재한다고 가정할 것이다. 오히려 그것은 우리가 어느 것에서도 최종적인 근거를 소유하지 못한다는 것을, 어느 것에서도 우리가 매달릴 수 있는, 마지막 심급기관이 없다는 것을 의미한다. 그러나 이것은 결코 사람은 자신이 원하는 것을 단순히 주장할 수 있다는 것을 포함하지 않는다. 말함은 모든 경우에 엄격한 규칙들과 연관되어 있다. 그것은 문법과 이해가능성의 규칙을 따라야 한다. 그것을 넘어서서 말함은 특히 로고스가 우리에게 말해야 하는 것과 말하도록 내맡긴 것에 귀를 기울여야 한다. 그러나 말이 미래를 개시하고, 전망과 가능성을 허용하고, 자유를 초래한다면, 그런 경우에만 참다운 말과 실제적인 말함에 대해 말해질 수 있다는 것은 더 큰 의미가 있다. 말함과 알리고자 함(Sagen)이 새로운 길을 봉쇄하고 비자유와 소외를 발생시킨다면, 그것은 참다운 것이 아니다. 이런 연관성에서 시간의 차원이 매우 중요한 것은 당연한 일이다. 왜냐하면 사람은 말이 또는 말함이 참인지 아닌지를 결정하기 위한 어떠한 확실한 기준도 소유하지 못하기 때문이다. 대부분의 경우에서, 말이 무언가를 개시하는지 또는 차단하는지에 대한 직접적인 암시는 나타나지 않는다. 오로지 시간만이 이것을 결정할 수 있고, 최종적인 방책을 제시한다.[42]

3. 수사철학은 무엇인가?

이소크라테스의 수사철학에 있어서 중심 개념은 카이로스(kairos)이다.

42 Samuel IJsseling, Rhetorik und Philosophie, 38–40

그의 수사철학은 로고스와 함께 작업하는 것으로서, 카이로스에 따라 생각하고, 말하고 그리고 행동하는 능력을 말한다. 이소크라테스에 의하면 특정한 상황을 다루는 기술은 실제로 주어진 가능성의 적절한 평가에 의거해야 한다. 왜냐하면 그것에 대한 참다운 지식을 제공하는 일은 하지 않기 때문이다. 그때마다의 상황에 주목하고, 그것을 파악할 수 있는 자는 자주 올바른 것과 마주친다. 이소크라테스는 행할 것과 말할 것을 알 수 있는 기준이 되는 참다운 지식(episteme, true knowledge)의 획득 가능성을 인간 본성에게 허용하지 않는다. 그에게 있어서 유용하지 않은 것에 대한 정밀한 지식을 가지는 것보다 유용한 일에 대해 이성적인 견해(타당한 지식)를 제시하는 일이 더 가치가 있다.[43]

그런 점에서 볼 때, 이소크라테스는 "과학과 철학의 추상적 경향에 대해 '의견의 중요성'을 회복시킴으로써 상식의 진실들을 제안하였다."[44] 그는 그리스 전통적인 의미에서 참다운 지식(episteme)에 대한 추구는 가능하지 않은 것으로 간주한다. 파르메니데스나 플라톤에게 견해(doxa)는 존재인식(episteme)에 비해 낮은 등급의 것이었다. 심지어 플라톤에게 전자는 소피스트가 모든 것을 설명하는 근거이며 따라서 허위와 미혹의 근원으로 간주되기도 했다. 그와는 달리 이소크라테스에게서 견해 또는 개연성의 가치와 중요성이 부각되고 있다. "어떠한 낮은 가치도 견해에 수반되어 있지 않다. 그것은 건전한 인간오성과 같은 어떤 것이다. 그것의 표지(標識)점은 구체적이

43 Andersen Oivind, Im Garten der Rhetorik, 183.

44 안토니오 게레로, 『수사학의 역사』, 27.

고 개별적인 그때마다의 상황 속에 놓여있다. 도시공동체와 모든 그리스인들에게 유용한 것에 대해 조언하려는 것, 그것은 그에게 있어서 능변의 의미이자 목적이다.

상황연관적이고, 그때그때마다 의미를 갖는 견해의 중요성에 대한 그의 강조는 수사학적 사고의 본질적 특성을 말하고 있다. 그의 수사철학은 아리스토텔레스의 수사학의 체계화와 로마 수사학의 철학적 기초에 큰 영향을 미쳤다. 특히 『파나테나이코』에서 이소크라테스는 수사학의 방법과 교육의 모범을 제시하고 있다. 거기서 그가 제시하는 '문체 모델'은 수사학의 이론과 연습에 크게 기여하고 있다. 특히 그의 문체 개념은 문어체적 작품의 미학적 특성과 구두적 연설의 미학적 특성이 통일을 이루고 있다.[45]

45 같은 책., 29.

제 2 부
수사철학의 발전

제1장 고대 수사학의 체계화 : 아리스토텔레스의 수사철학

1. 이상에서 현실로

『아리스토텔레스의 철학』에서 조요한은 아리스토텔레스를 서양철학의 형성 초기에 제기되었던 철학적 물음들에 답하기 위하여 온 정열을 쏟으면서 진리 추구의 큰 길(hodos)을 제시한 철학자라고 평가한다. 이런 의미에서 아리스토텔레스는 우리에게 더욱 큰 의미가 있다. 아리스토텔레스의 철학은 이론철학과 실천철학 크게 두 부분으로 나뉜다. 전자에는 제1철학(신학, 존재론, 형이상학), 수학 그리고 자연철학이 속하고, 후자는 윤리학, 정치학 그리고 수사학을 포함한다. 진리에 대한 탐구와 그 탐구된 지식의 실천은 아리스토텔레스에게는 언제나 함께 가는 가장 기본적인 두 길이다.

플라톤과는 다른 길

아리스토텔레스는 플라톤의 가장 뛰어난 제자였다. 그도 플라톤이 열망했던 사상인 이데아인 형상(eidos)에 대한 이론을 추구하였다. 그러나 플라톤 사후, 아리스토텔레스는 점차 플라톤의 최대의 사상적 논적으로 부각되었다. 플라톤은 내적인 성격의 사람이었고 외적인 세계, 감각적 세계에 대해 부정적이었다. 그래서 플라톤은 인간의 감각(sense)은 실재(reality)를 드러내게 하는 통로가 아니라고 하면서, 감각을 넘어설 때만 영혼이 참다운 사유를 할 수 있다고 보았다.

플라톤과 달리 아리스토텔레스는 경험을 중시하여 경험적 사실의 탐구뿐만 아니라 경험의 전 영역을 탐구하였다. 현실적 경험을 중시함으로써 그는 경험을 넘어선 독립된 형상들의 세계가 있다는 플라톤의 사상에 정면으로 반기를 들었다. 아리스토텔레스는 운동과 변화의 현상에 대한 설명에 있어서 이데아인 형상의 원인은 아무런 도움을 주지 못하는 것을 보았다. 즉 이데아인 형상들은 거기에 참여하고 있는 구체적인 사물들과는 따로 떨어져서는 어떤 실재적 존재성을 가질 수 있다는 점을 인정하지 않았다.

대상(res) 안의 형상

플라톤은 구체적인 현실에 넘어서 있는 이상의 세계를 동경하며, 그 세계에서 본질적 가치를 찾고자 하였다. 그래서 플라톤은 '세계가 이데아 안에 있다', '형상은 세계에 앞서 있다'(ante rem) 사상을 강력하게 제시하였다.

그와 달리 아리스토텔레스는 모든 인식과 철학의 출발점을 경험적으로 주어진 존재자 안에서 보았다. 그래서 아리스토텔레스는 '형상이 세계 또는 개별적 대상인 존재자 속에 있다'(in re)고 주장하였다. 즉 인간이라는 보편개념은 '살아있는 구체적인 인간 속에' 들어 있다는 것이다.

그처럼 플라톤은 개별자보다는 보편자(이데아, 형상)를 중시했고, 그에 반해 아리스토텔레스는 보편자보다는 개별자를 중시했다. 그에 의하면 보편자는 개별자를 떠나서 따로 존재하는 것이 아니라 개별 속에 존재하지 않으면 안 된다. 인간이란 보편적 개념은 항상 '구체적으로 살아 있는 인간' 속에 들어 있지 않으면 안 된다. 그는 개별자 속의 보편자를 본질이라고 불렀고, 이 본질은 자기 속에 실현하면서 존재하는 개별자(실체, ousia)이다. 이 세계는 불변하는 실재(참다운 존재)의 덧없는 모상이 아니다. 오히려 이 세계는 그 자체가 실재하며 실체적인 것이다.

2. 현실적 진리론

1) 형상–질료론

아리스토텔레스는 실체는 구체적인 한 개별자로서 질료(hyle)와 형상(eidos)으로 구성되어 있다고 말한다. 여기서 질료는 개별자가 만들어진 재료의 측면이고, 형상은 개별자로 하여금 바로 그러한 개별자가 되게 하는 그 어떤 것이다. 책상을 예로 들자면 책상의 질료는 목재이고, 형상은 그 책상의 본(pattern)을 말한다.

목재는 책상뿐만 아니라, 걸상 등 다른 것의 재료가 되게 한다. 걸상을 걸상 되게 하는 것, 책상을 책상 되게 하는 것은 질료가 아니라 '형상'이다. 개별자는 항상 질료와 형상으로 이루어진 실체(ousia)이다. 아리스토텔레스에게서 형상은 플라톤의 '이데아'(idea)와 비슷하지만, 다른 점은, 이미 언급했듯이, 질료를 떠나 독자적으로 존재하는 것이 아니라 실체 속에서 질료와 결합되어 있다는 점이다. 아리스토텔레스는 플라톤의 이데아–현상의 관계를 형상–질료의 관계로 전이시킴으로써 이데아론의 결함을 보충하고자 하였다.

2) 열망의 사상(the idea of aspiration)

아리스토텔레스는 목적론적 관점에서 세계를 보았고, 실재성은 질료가 아니라 형상에 있다고 확신하였다. 소크라테스는 사물들의 참된 원인과 설명을 그 시초에서가 아니라, 바로 그 목적에서 추구되어야 한다고 여겼다. 아리스토텔레스는 이런 목적론적 사상을 받아들이고, 그도 역시 사물들의 궁극적 원인(목적인)에 관해서 탐구를 하였다.

자연의 목적론적 세계관

자연은 목적 없이는 아무것도 하지 않는다. 자연은 우연적인 세계가 아니라, 목적을 향해 움직이는 세계이다. 목적론적 세계는 구체적인 개별자 안에서 설명될 수 있다.

질료와 형상의 실체는 가능태(dynamis)에서 현실태(energeia/actuality)이다. 예를 들면, 참나무의 '형상'은 도토리 속에 가능적으로 존재한다. 도토리는 참나무가 '될 수' 있으며, 그리고 어떤 다른 나무도 될 수 없다. 오직 도토리의 참 목적은 참나무가 되는 것이다. 이것이 자연의 합목적인 것이다.

이런 자연의 합목적은 인간의 인위적인 목적과 대립한다. 인간은 도토리를 자신들의 목적과 수단으로 사용한다. 예를 들면, 인간은 도토리의 목적을 참나무로 보지 않고, 도토리묵으로, 도토리 전으로 생각한다. 이것은 자연의 합목적이 아니고, 인위적인 목적에 불과하다. 도토리는 참나무가 될 목적을 가진 가능태로서 존재한다.

존재의 4 원인설

어떤 것이 존재하기 위해서는 4가지 원인이 있어야 한다.

① 질료인(causa materialis): 책상이 존재하기 위해서는 우선 목재라는 질료가 필요하다.

② 형상인(causa formalis): 무수한 목재 중에서 책상이 되는 것은 책상이라는 형상이 작용하고 있기 때문이다.

③ 동력인(causa efficiens): 엠페도클레스는 물, 불, 흙, 공기를 원질로 보고, 사랑과 미움을 동력인으로 보았다. 아낙사고라스는 nous(이성)을 동력인으로 설정하였다. 그러나 아리스토텔레스는 우주의 총체적인 동력인보다 개별자 즉 실체에 연관되는 동력인을 강조한다. 목재가 책상으로 만들어지기 위해서는 목수라는 동력인이 작용해야 한다고 보았다.

④ 목적인(causa finalis): 목수가 책상을 가지고 있을 때는 어떤 목적을 가지고 만든다. 공부를 하게 할 목적을 책상에서 실현한다.

아리스토텔레스는 4원인을 구분하고 있지만, 질료인을 제외한 나머지는 형상인에 속하는 것으로 본다. 인공의 힘이 가해지지 않은 자연에서 동력인은 형상인이고, 목적인은 제1형상이다.

그러므로 모든 생성과 변화는 질료인과 형상인이 작용한다. 즉 질료가 형상을 향하여 움직이는 관계로 환원시킨다. 아리스토텔레스는 사물과 인간을 구분하지 않고, 존재의 4원인이 모든 존재자에게 해당한다고 생각하였다. 그와 달리 현대의 철학자 하이데거는 인간의 존재방식과 사물의 존재방식을 구분하고, 고정된 존재방식을 가진 사물과 달리, 인간 현존재는 실존으로 자기를 이해해 가는 방식으로 존재한다고 보았다.

3) 아리스토텔레스 윤리학

아리스토텔레스 사상의 특징은 이론적 탐구에서 끝나지 않고, 실천적인 길을 모색하는 것이다. 그는 "인간의 모든 활동이 지향하고 있는 최고선의 개념을 규명하는 것이 윤리학의 근본과제이며, 최고선은 행복에 있다"고 말한다.

윤리학의 목표

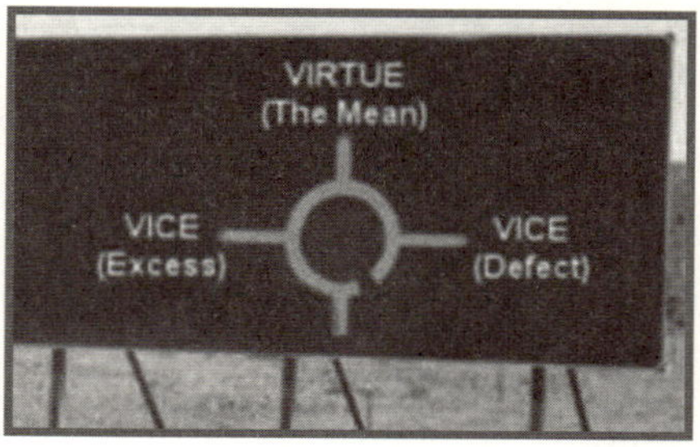

덕(arete, 훌륭함)이 무엇인지를 알게 되는 것이 아니라, 우리들이 덕스럽게(훌륭하게) 되는 것이다.

덕(사람으로서의 훌륭함, 사람다움, 덕)

두 가지로 나뉜다. 하나는 지적인 것이고, 다른 하나는 도덕적인 것이다. 그러나 '덕은 지식이다'는 소크라테스 주장과 달리 아리스토텔레스에 의하면 '덕은 상태다'.

행복

덕(arete)에 따른 활동 내지 활동태 또는 상태다. 행복은 인간 자체의 활동 내지 활동태(energia)이다.

아리스토텔레스에 의하면 행복은 가장 완전한 자산이다. 행복은 다른 것을 위해 선택하는 것이 아니라, 행복 그 자체를 위해 선택하는 것이다. 행복이 그 자체로 충분한 것이라는 말은 행복이 성공적인 삶을 잇는 요소로서 충분하다는 것을 의미한다. 행복은 가장 선택할 만한 가치가 있는 자산으로 간주된다. 쾌락과 명예 또는 도덕적 덕성 등은 내적으로 선택할 만한 가치가 있지만, 언제나 행복을 위해 선택될 것들이다. 아리스토텔레스는 다른 모든 자산들보다 두 가지 덕성의 소유를 강조한다. 하나는 지적 덕성인 소피아(sophia)이고, 다른 하나는 실천적인 덕(phronesis)이다.

도덕적인 덕(훌륭함/arete)

선택과 관계되는 마음의 상태. 즉 중용상태를 갖는 것이다. 중용은 이성적인 원칙에 의해서 결정된다. 두 극단적인 것들의 중간점이다. 용기는 비겁과 무모함의 중용이고, 절제는 금욕과 방종의 중용이고, 관후함은 인색과 낭비의 중요, 그리고 적절한 긍지는 비굴과 오만의 중용이다.

중용은 엄격한 산술적 평균적인 것이 아니다. 중용은 '우리들과의 관계에 있어서의 중용'으로서 상이한 기질들의 그리고 상이한 처지들의 사람들에 대해 달라지는 것이다. 덕은 훌륭함인데 이것은 지식으로 정의될 수 없는 어떤 것이다. 덕은 하나의 상태이고, 유덕한 행위는 유덕한 상태로부터 나오지 않으면 안 된다. 마치 그 나무에서 그 열매를 맺는 것과 같은 이치다. 유덕한 행위는 유덕한 상태에 있는 사람에게서 생기지 않으면 안 된다. 이러한 상태에 이르는 방법은 습관의 형성이다. 그래서 아리스토텔레스는 습관을 제2의 천성으로 부른다.

결론적으로 경험을 넘어서 완전으로 향하려는 플라톤적 열망과 경험으로부터 출발하여 원인을 향해 가려는 아리스토텔레스적 열망은 접근 방향은 다르지만 그 목적에 있어서 하나이다.

3. 수사철학의 기본이해

수사철학의 논쟁은 수사학의 시대인 지금도 계속되지만, 수사철학의 발생지인 고대 희랍에서도 마찬가지로 격렬하였다. 많은 논쟁 가운데 있었던 수사철학을 1차적으로 정리하고 체계화했던 인물이 바로 아리스토텔레스이다. 이점 때문에 오늘날에도 아리스토텔레스의 수사철학을 가치 있게 평가하는 것이다.

1) 수사학의 학문적 체계화

고대 희랍에서 수사학은 플라톤과 아리스토텔레스와 같은 철학자들이 이것에 대한 분명한 입장표명을 해야 하는 사회적 관심거리로서, 당시 정치와 교육 등 사회 전반에 걸쳐 영향력이 매우 큰 분야였다. 당시 수사학은 가장 중심적인 전문 분야로 인정받았다. 플라톤은 자신의 몇몇 대화편에서 수사학의 역할과 이론 체계에 대한 물음을 제기하며 수사학의 개혁을 시도했다. 이와 같은 플라톤의 개혁 수사학은 아리스토텔레스 수사학 숙고의 출발점을 형성한다.

플라톤은 수사학을 철학적인 방법으로 얻어진 합리성과 진리를 인간의 삶의 현실과 함께 전달해 주는 것, 즉 철학적 진리 기준에 엄격하게 결합시킨 것으로 이해했다. 그는 수사학을 '대중의 감정에 호소하여 설득을 이끌어 내는 대중 조작의 수사술' 정도로서 학문으로 인정할 수 없음에 대한 입장을 분명히 했다. 반면 아리스토텔레스는 수사학의 문제를 수용하여 합리적으로 체계화하고자 하였다.

수사학은 학(Art)인가 아니면 실천기술(practical technique)인가?

아리스토텔레스는 먼저 수사학이 학문의 자릿값을 가진 것인가 또는 실천적 기술에 불과한 것인가 하는 질문을 던진다.[1] 이 질문을 통해 그는 수사

1 고대 희랍에서 수사학은, 플라톤과 아리스토텔레스와 같은 철학자들이 그것에 대한 입장표명을 하지 않을 수 없을 정도로 큰 관심을 불러일으켰고, 정치와 교육 등 모든 방면에서 지대한 영향을 미쳤다. 그처럼 수사학은 여러 전문분야 중의 하나가 아니라, 가장 중심적인 전문분야 자체를 의미하였다. 플라톤은 자신의 몇몇 대화편에서 수사학의 문제를 다루었고, 특히 《파이드로스》에서 수사학의 역할과 이론체계에 대해 물음을 제기하고, 수사학의 개혁을 시도하였다.
이런 플라톤적 '개혁수사학'은 바로 아리스토텔레스의 수사학 숙고의 출발점을 형성한다. 플라톤이 동시대 수사학과 시학을 비판하였던 것과는 달리, 아리스토텔레스는 이 둘을 자신의 예술 탐구 속으로 수용하고 합리적으로 체계화하고자 하였다. 그의 수사학적 관심의 근본목표는 수사학의 문제를 수용하여, 그것을 정초시키고 체계화하는 일이다. 수사학을 합리성을 가진 전문분야로 정초하

학이 내포하고 있는 진정한 학문으로서의 가치를 선언하고자 했다. 당시 수사학은 재판소나 정치적인 모임에서 정당한 위치를 차지하고 있었다. 재판이나 정치적 모임은 객관적인 사태와 주관적인 당파이해 사이의 대립 속에서 시민들의 판결이나 결정이 요청되는 자리였다. 하지만 이 문제들은 시민들에게는 매우 낯선 문제들이었다. 따라서 시민들은 연사가 표현하는 사태적 내용에 주의를 기울일 수밖에 없었고, 이런 자리에서 수사학의 분명한 자리매김이 가능했다. 아리스토텔레스는 실천 수사학의 사회적–의사소통적 기능으로부터 그것의 정치에 귀속되어짐을 본다. 그처럼 그에게 있어서 수사학의 이론은 변증법과 정치학의 부차적인 추진력이 아닐 수 없다.

아리스토텔레스의 새로운 관점

아리스토텔레스는 수사학의 학문성에 대한 질문에 체계적으로 대답함으로써 수사학을 자립적인 전문분야로 봤다. 그는 수사학을 "전문지식이 아니라, 통찰력(Schar fsinn), 솔직(Freimut) 그리고 인간과의 교제에 있어서 숙련됨(Gewandtheit)을 필요로 하는 하나의 일이다"[2]라고 정의했던 플라톤과는 다른 관점, 즉 수사학의 전문성에 대한 새로운 관점을 제시한 것이다. 그렇다면 우리는 어디서 수사학의 전문적인 내용을 확인할 수 있는가? 아리스토텔레스는 그의 저서 수사학을 다음의 문장으로 시작한다. "수사학은 변증법에

고자 하는 아리스토텔레스는 수사학에 대해 근본적으로 제기된 3가지 질문에 대답하고자 하였다.

2 Platon, Phaidros, 463a.

대응하는 것이다" [3]수사학이 하나의 자립적인 전문분야로 인정받기 위해서는 변증법이 갖는 유사한 특성을 가진 전문분야로써 파악되어야 한다. 수사학이나 변증법은 모두 미해결적인 사태, 문제 상황에 집중한다. 두 분야 모두 사람들이 일정한 방식으로 인식이 가능하지만 특정한 과학적 인식에 한정되지 않은 어떤 것을 다루기 때문에, 두 학문 모두 자신들이 검토한 논증을 의지하고 방어 또는 고소한다. 이와 같은 방식은 각자의 학문을 방법화하면서 탐구하도록 한다. 그러나 이 둘의 문제 해결을 위한 방법은 다르다. 변증법은 대화적으로 작업하고, 삼단논법을 사용한다. 반면 논의되는 문제들을 하나의 결론으로 통합할 수 없고, 논리적 추론을 할 수 없는 청중들을 대상으로 하는 수사학은 독백적 연설에서 생략삼단논법(Enthymem)을 사용한다. 연역적 수사학적 추리는 합리적이나 덜 엄격한 절차로서, 엄격한 추리절차인 변증법적 삼단논법처럼 절대적인 필연적 전제로부터 도출될 수 없다. 왜냐하면 사법적이고 정치적인 조언에 따라서 결정해야 하는 인간적인 행위가 문제가 되는 경우, 사람은 자명한 확실성을 벗어난 영역에서 움직여야 하기 때문이다.

아리스토텔레스는 수사학을 다음과 같이 규정한다. "수사학은 매 사태에 내재하는 확신적인 것(pithanón)을 인식하는 능력을 기술한다. 다른 어떤 학문도 이런 과제를 가지지 않았다."[4] 그는 연설가를 통해 모든 사람들이 사태에 대해 말하는 것이 가능하다고 본다. 수사학이론은 성공적인 의사소통의 가능성을 지닌 통찰의 방법적 근원이기 때문이다.[5]

---

3 Aristoteles, Rhetorik, Stuttgart, Übers. und hrsg. von Gernot Krapinger. 1999, 1.1 1354a.

4 Aristoteles, Rhetorik, 1.2.1.

5 Knape, Allgemeine Rhetorik, 32. 수사학에서 우선 중요한 것은 대가를 위한 소피스트적 설득이 아니다. 아리스토텔레스는 모든 사람들이 사태에 대해 말할 수 있는 것을 탐구하도록 연설가를 이끌고 싶어한다. 이런 사태는 하나의 연설에서 협상의 테마로써 그에게 위탁되어진 것이다. "그런 경우에 수사학이론은 성공적인 의사소통의 가능성에 대한 통찰의 방법적 근원이다."

아리스토텔레스의 실용주의적 입장

플라톤은 이론적 입장에서 수사학을 철학에 엄격하게 근거 짓고자 했다. 반면 아리스토텔레스는 실용주의적 입장에서 수사학을 논의한다. "아리스토텔레스는 수사학을 위해 플라톤의 원칙적인 실체주의적 시각에 이의를 제기하지 않는다. 그 대신 그는 수사학에 의해 특정하게 주제화되는 변증법적 진리와 관련하여 실용주의적 입장을 정당한 것으로 여긴다."[6]

아리스토텔레스는 플라톤이 소홀히 했던 수사학의 이론들을 제시하였다. 그는 수사학적 수단 즉 설득방식들(písteis)을 제시한다. 3종류의 설득수단들은 '에토스, 파토스, 로고스'이다. 에토스(Ethos)는 화자에 대한 특정한 견해를 불러일으키는 것, 파토스(Pathos)는 청자에게서 특정한 심리적 성향을 불러일으키는 것, 로고스(Logos)는 사태 안에서 논리적–논증적 증명하는 것으로 3종류의 설득수단은 연설의 구성요소가 된다. 따라서 수사학자는 진술을 믿게 만드는 과정에서 증명을 위해 논리적 논증을 하면서, 경쟁자의 잘못된 결론을 드러낼 수 있어야 한다. 또한 심리적인 통찰들까지 사용할 수 있어야 한다. "이 모든 것은 표현능력과 결합 속에서 성공적인 연설가의 더 높은 본문능력의 증명이다."[7]

2) 수사학에 대한 규정

이미 살펴본 것처럼, 아리스토텔레스는 수사학에 합리적인 학문성을 부여했다. 그런 점에서 학문적 자립성을 가진 수사학은 자체적으로 정의와 근본과제를 함축하고 있다. 일반적으로 말 잘하는 기술 또는 설득의 기술로서 이해하는 수사학의 기본목적은 말을 잘하여 청자를 설득시키는 것이다.

---

6 Knape, Joachim, Allgemeine Rhetorik, Stuttgart, 2000, 33.

7 같은 책., 35.

하지만 아리스토텔레스 수사학은 그런 일반적인 목적을 넘어 유용한 수단을 동원하여 설득하되 청자의 판단에 영향을 미치는 연설에 목적을 둔다. 무엇보다 그는 논증(logos)에 중점을 두면서 수사학의 실천적인 측면을 강조한다. 아리스토텔레스가 말하는 수사학은 사태에 내재된 확신적인 것(pithanón)을 인식하고, 그것을 설득의 매개를 통해 상대방에게 전달하는 능력이다. 즉 이런 의미에서 수사학의 목표는 필연적인 진리나 개연적인 것을 발견하는 것이 아니라 진실한 것에 입각하여 청중을 설득시키는 것이다. 따라서 그의 견해에 따르면 단순히 좋은 말을 통해서 청중을 설득시키는 것이 아니다. 청중을 설득시키기 위해 사태에 내재된 것을 파악하는 것 즉 확신하는 것이야말로 바른 설득의 기초가 된다.

3) 수사학의 주요내용 분석

(1) 수사학적 장르 이해

아리스토텔레스도 전통적인 연관성에서 수사학의 설득을 위한 장르를 크게 세 가지로 다룬다.

① 조언적 연설장르 – 정치적 장르(genre deliberatif)

이것은 미래 또는 일어나야 하는 것과 연관이 있고, 유용한 것의 질서에 해당된다. 정치적 집회에 모인 사람들에게 충고를 주는 데 목적이 있으며, 주로 예증법을 사용한다. 이는 긍정적인 것은 하도록 권고하고, 부정적인 것은 하지 않도록 권고한다.

② 법적인 연설장르 – 사법적 장르(genre judiciaire)

과거 또는 이미 일어난 것과 연관이 있고 법질서에 해당된다. 법정에서 상대방을 고발하거나 자신을 변호하는 데 목적을 두며, 정당함이 기준이다. 주로 생략삼단논법을 사용하며 긍정적 관점, 즉 변호와 부정적 관점과 변명을 포함한다.

③ 선전연설–첨언적 장르(genre epidictique)

현재 또는 존재하는 것과 연관이 있고, 미적인 것의 질서에 해당된다. 대중들 앞에서 찬사를 하는 데 목적이 있으며, 아름다움이 기준이다. 과장(amplification)법을 사용하며 긍정적인 시각의 칭찬과 찬미, 부정적인 시각의 비난과 조롱이 있다.

⑵ 연사의 직무

모든 연사들이 수사학적 능력을 발휘하기 위해 이행해야 하는 다섯 개의 직무(officia oratoris)가 있다. ① 창안법, 즉 연사는 주장할 것을 발견하거나 또는 찾아야 한다. ② 배열법, 즉 발견한 것을 배치해야 한다. ③ 문체론(elocutio), 즉 말로 파악한 것을 공식적으로 표현해야 한다. ④ 기억술, 즉 암기하는 것. ⑤ 발표술, 즉 말로 표현해야 한다.

① 창안법(inventio)은 말하고자 하는 사태의 모든 면들과 시각들이 파악될 수 있는 자료들을 통합하는 것이다. 창안은 사용될 수 있는 다양한 논증들을 찾아내는 일이다. 창안에서 소위 토피카(topica)는 중요한 역할을 한다. 토포스(locus)는 논증을 발견할 수 있는 장소이다. 그것은 물을 길을 수 있는 일종의 우물과 같고, 또 모든 필요한 것들을 꺼낼 수 있는 병기실, 저장실 그리고 금고와 같다. 토피카는 텅 빈 형식으로 구성된 일종의 사고체계(Raster)인데, 이것은 논증들을 발견할 때 도움이 될 수 있다. 고전적인 예는 라틴어의 격언이다: 누가, 무엇을, 어디서, 어떤 수단으로, 왜, 어떤 방식으로 그리고 언제(quis, quid, ubi, quibus auxiliis, cur, quomodo, quando)하려고 하는가?

연설을 작성하거나 탐구하려고 한다면, 그렇다면 이런 물음들은 소재를 모으기 위한 고갈되지 않는 가능성들의 원천이다. 아리스토텔레스적 토피카는 논리학에서 큰 의미가 있다.

② 배열법(dispositio)은 발견한 것을 배열하는 것과 관계한다. 다양한 논증들이 순위와 서열로 가져오는 소재를 배열해야 하고, 도식을 세우고 연설을 정리해야 한다. 연설의 구성 또는 구조와 관계하는 모든 것이 그런 배열법에 속한다. 아리스토텔레스가 지정한 배열법의 규칙들을 그를 따르는 많은 저자들이 계속해서 완성시켰고 더 정확하게 규정하였다. 그것들은 당연히 다양한 연설형식들을 고려하여 각기 다르게 나타났다. 국회연설, 대학 강의, 에세이 그리고 학문적인 출판물은 다르게 구성되었다. 그러나 그것들 모두 전문적이고 엄격한 요구들을 정당하게 평가해야 한다.

③ 문체론(elocutio)은 발견된 소재를 말로 파악하고 주장내용에 문체적인 형태를 부여하는 것이다. 문체론은 문체의 문제이다. 연사는 자신의 연설에 적합한 형식을 제시하고 그것에 적합하고 매력적인 표현을 추구해야 한다. 언어는 문법적으로 틀리지 않아야 하며 또한 어떤 우아함과 아름다움을 가지고 있어야 한다. 아리스토텔레스는 문장구성을 위한 일련의 실천적인 지시들을 제시하는데, 그것들은 문장리듬, 비유언어, 수사적 문체, 정확하고 적합한 말 선택 그리고 연설의 주제와 문체의 일치이다.

아리스토텔레스의 학생인 테오프라스토스(Theophrast-es)는 상실된 작품에서 특히 이 문체론을 완성시켰다. 테오프라스토스에 의하면 문체는 먼저 언어의 규칙과 일치하고, 둘 분명하며, 셋 주제에 적합하고, 넷 아름답고 우아하고 기품이 있어야 한다. 그밖에 그는 세 가지 문체종류를 구분하였다: 첫째, 단순한 문체(genus subtile), 둘째, 평범한 문체(genus medium), 셋째, 고상한 문체(genus sub lime). 문체론은 후세에 글쓰기 분야와 연관해서 수사학의 더 중요한 요소로 유지된다.

3가지 핵심직무 이외에도 탁월한 연사는 작성된 원고를 완전히 이해하고 암기해야 하며(④ 기억, memoria), 확신 있게 표현(⑤ 발표술, actio)할 수 있어야 한다. 특히 현대 수사학은 표현술에 초점을 맞추고 있다.[8]

(3) 설득의 수단들

아리스토텔레스는 그의 수사학에서 3종류의 설득 수단을 제시한다. 첫째 화자에 대한 특정한 견해를 불러일으킴(에토스), 둘째 청자에게서 특정한 심리적 성향을 불러일으킴(파토스), 셋째 사태 안에서 논리적-논증적 증명(로고스)이다. 설득수단은 세 종류의 연설구성요소에 근거되어 있다. 그 때문에 연설가에게 3가지가 요구된다. 첫째, 연설을 파악하면서 특히 논리적 추리절차를 이해해야 한다. 둘째, 연사와 관련하여 사회구조 내에서 인격적인 자기

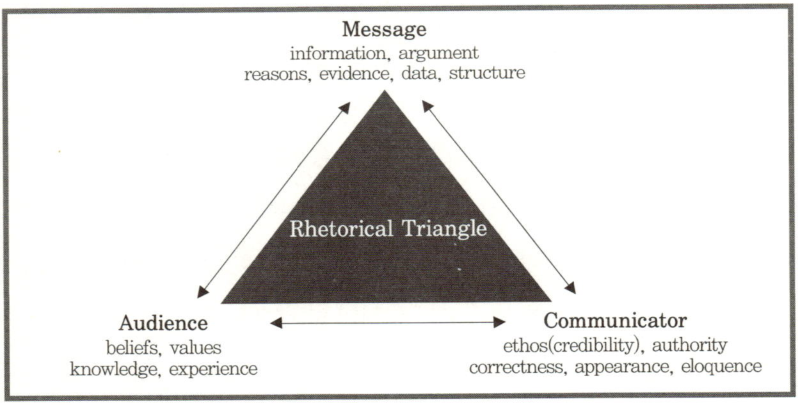

8 박성창, 『고전수사학』, 서울: 문학과 지성사, 2000, 41-42. 박성창은 수사학의 직무에서 암기술과 연기술 또한 구술 문화시대에 중요한 역할을 했던 것을 지적한다. 기억술은 "작성된 담론을 청중들에게 이야기하기 위해 그 프로그램을 보다 효과적으로 기억해두는 데 필요한 기술을 뜻한다. 이는 수사학과 구술 문화와의 연관성을 시사해주며 기억술은 구술 문화에서 문자 문화로 이동되었을 때 제일 먼저 퇴색해버린 수사적 기술이다." 연기술은 "변론가에 의한 전반적인 담론의 연출에 관계되며 변론가가 취해야 할 동작이나 목소리, 억양 등에 대한 상세한 기술을 담고 있다. 여기서 변론가는 마치 배우와도 같은 역할을 수행하며 연기술은 수사학의 이러한 '현장성' 또는 '연극성'을 잘 대변해준다."

기술의 특질에 대해 즉 인격적인 통합과 지성에 대해 물어야 한다. 셋째, 청중과 관련하여 사회적 구조 내에서 감정 심리학(Affektpsychologie)의 물음에 대한 인식을 획득하는 일이다. 이 세 가지를 다음에서 각각 살펴볼 것이다.

① 에토스(Ethos = ethical appeal, 자기책임)

에토스란 연사와 연사가 전하는 메시지의 신뢰성을 말하는 것으로 화자 또는 작가의 인격을 의미하는 동시에 의사소통이 일어나고 있는 사회 구성원들이 공통으로 갖는 관습 및 가치관 등을 의미한다. 예를 들면 연사가 연설하는 내용에 대해 충분한 경험과 전문성을 가지고 주장할 때 청중은 연사의 말에 쉽게 공감하게 된다. 그 밖에 연사의 언어 선택과 비언어의 활용 등에 따라 신뢰성이 달라질 수 있다.[9]

② 로고스(Logos = rational appeal, 매개역할)

아리스토텔레스에게 설득 수단 중에서 가장 중요한 것은 논증 자체에서 오는 수단(Logos)이다. 수사학에서 설득을 가리켜 일종의 증명이라고 하는가 하면, 수사추론이 곧 수사논증이라고 말하는 것을 볼 때 아리스토텔레스는 기본적으로 설득 수단 중에서 수사추론[10]을 유일하게 참된 설득의 수단으로 간주한다고 볼 수 있다. 수사논증은 실례(paradeigma)와 수사추론 생략삼단

9 Knape, Allegemeine Rhetorik, 39. 우리가 생각해볼 수 있는 것은 장황스러운 연설에서 특히 중요시되는 한 인격의 덕성은 오로지 간접증거를 통해 나타날 수 있다는 점이다. 논증의 성공 여부는 연사의 언어적 선택에 달려 있다. 연사는 믿을 가능성을 위태롭게 하지 않기 위해 생략삼단논법의 발견술을 주의 깊게 다루어야 한다. 그는 수용될 수 있는 진술 즉 그때 그때마다 실제 사태와 관련된 기본문장들 또는 출발명제를 필요로 하는데, 이런 명제들은 개연성을 자시을 위해 연설의 계기 속에 가지고 있다. 크나페(Knape)에 의하면 이 점이 바로 아리스토텔레스의 논증이론의 중심 사상이다.

10 Bubner Rüdiger, "Was ist ein Argument?", in: Klassische Rhetorik, Tübingen 1998, 118. 뤼디거 부부너(Rüdiger Bubner)의 주장에 따르면 "모든 논증은 수사학의 구조 안에 속해 있고, 거기에 또한 근원적으로 보존되어 있다."

논법(enthymema)으로 대표된다.

하나, 실례(paradeigma)는 예증(Beisipiel)의 방법으로서 아리스토텔레스에 따르면 실제적일 수도, 허구적일 수도 있다. 실제적인 예증들은 역사적인 사건들 또는 인물들 그리고 사실적인 상황들과 사고들이다. 예를 들면 우리는 종교개혁적 사건을 통해 말씀으로 돌아가야 하는 중요한 통찰을 얻을 수 있다. 허구적 예증은 비유들, 우화들이다. 이것들은 아리스토텔레스에 따르면 설명과 명료화, 모방, 반복으로 사용된다. 이런 식의 예는 성서에 나오는 탕자의 비유 등으로 허구이기는 하나 사실적인 사건들 못지않게 설득력을 가지고 있다.

둘, 아리스토텔레스는 수사추론 생략삼단논법(enthymema)[11]을 수사학의 핵심으로 평가한다. 생략삼단논법은 수사학의 실천적 대상영역인 청중의 지적 상태를 감안한 논증의 방법으로 대전제, 소전제, 결론 중 하나를 생략하는 방법이다. 예를 들면 다음과 같다.

---

11 이희용, 「철학적 해석학과 수사학의 내적 연관성」, 『해석학 연구 제19집』, 한국해석학회, 2007, 10. "그러면 근원적 의미에서 수사학적 추론을 어디에서 찾을 수 있는가? 이에 대한 답변은 아리스토텔레스에게서 가능하다. 그의 수사학에서 가장 핵심을 이루고 있는 것은 "생략삼단논법(Enthymema)"이다. 이 Enthymema는 아리스토텔레스의 논리적 용어로 하나의 추리이고, 또 결론이 논리적 강요와 함께 전제를 따르는 삼단논법으로도 여겨진다. 거기서 전제는 과학과 비교해 볼 때 확실하고 참다운 명제들이 아니고, 건강한 인간이성에 납득될 수 있는 일상적 지혜의 차원에 속한다. 이 전제는 참인 것이라기보다는 개연적인 것이다. 이런 개연적인 것은 일상세계 즉 생활세계의 실천적인 문제와 긴밀히 연관되어 있다. "삶에 필요불가결한 전제는 결코 과학이론의 정확성과 확실성 기준에 의해 침해되어서는 안 된다."(Bubner, 120) 사람은 두 가지 영역, 과학적 영역과 선과학적 영역 둘 다에서 진리를 추구한다. 전자는 엄밀한 방법을 통한 필연적 또는 필증적인 추론 또는 증명과 관계하고, 후자는 개연적인 것에 기초한 추론과 관계한다. 아리스토텔레스가 자신의 『명제론(Perihermeneias)』에서 언급하듯이, 필증적인 추론은 옳으냐 그르냐를 검증할 수 있는 진술들의 단과만 관계한다.(Aristotles, Peri Hermeneias, 17a 4ff) 그러나 후자는 두 가지 가능성을 포함한다. 아리스토텔레스는 변증론과 밀접한 관계에서 『수사학』 2권에서 참된 수사학적 추론과 거짓된 수사학적 추론을 열거한다. 거기서 "개연성에 기초한 수사학적 추론은 대부분 적합하거나 또는 적합하게 보이는 일들에 의거한다"(Rhetorik, 1402 b 15)는 견해가 중요하다. 개연적인 것은 '언제나(immer)'가 아니고 '대부분' 적합하기 때문에, 그것에 기초한 추리는 "언제나" 반증 제시에 의해 반박될 수 있다. 그러나 반박은 종종 가상적이며 언제나 참인 것은 아니다."

삼단논법

우리는 가장 강하다.
어느 누구도 우리를 이길 수 없다.
고로, 우리는 이길 것이다.

가장 강한 자는 승리한다.
우리는 가장 강하다.
고로, 우리는 이길 것이다.

생략삼단논법

우리는 가장 강하기 때문에 승리할 것이다.

③ **파토스**(Pathos = emotional appeal, 청자책임)

연설가는 청중의 심리상태를 점검해야 하며 거기에 맞는 연설을 해야 한다. 즉 청중의 감정 상태에 맞는 맞춤형 연설을 해야 하는 것이다. 가능한 청중들을 효과적으로 설득하기 위하여 연설가가 반드시 알아두어야 할 청중의 심리적 상태 및 성향들을 총칭하는 파토스는 감정이나 정서들로 구성되는 정념(passion)이다. 아리스토텔레스는 정념에 대해 우리를 변화시킴으로써 우리의 판단에 차이를 만들어내고 고통과 즐거움을 수반하는 것으로 정의한다. 그가 수사학에서 강조하는 정념들은 분노와 평온, 우정과 증오, 불안과 신뢰, 수치심과 파렴치, 친절, 동정, 분개, 선망, 경쟁심과 경멸이다.

설득의 성공은 청중의 감정적 경향에 어느 정도 의존할 수밖에 없다. 왜냐하면 모든 사람은 슬플 때나 즐거울 때 혹은 우호적일 때나 적대적일 때에 어떤 것에 대한 같은 방식으로 판단하지 않기 때문이다. 감정은 그만큼 사람의 판단에 작용할 만한 힘을 가지고 있기 때문에, 연설가는 감정을 불러일으키는 데 신경을 써야 한다.[12] 아리스토텔레스는 이 점을 잘 지적하고 있다. 그

12 James L. Kastely, Rhetoric & Emotion, in: A Companion To Rhetoric and Rhetoric Criticism, Ed by Jost & Olmsted, 224. 제임스 카스텔리는 다음과 같이 지적한다. 청중이 논증의 바름을 인정하

러면 어떻게 연설가가 청중을 어떤 감정에 이르도록 하는 것이 가능한가?

아리스토텔레스의 기술은 위에서 말한 바와 같이 본질적으로 모든 중요한 감정을 정의하는 지식에 의존한다. 이를테면 분노에 대해 생각해 볼 때 자격이 없는 사람으로부터 경멸을 당했다고 믿을 때, 화가 났다는 정의를 받아들인다면, 사람들이 화를 낼 상황을 추론하는 것은 가능하다. 이러한 능력을 사용하는 연설가는 청중이 분노할 수 있는 상황을 만들어 낼 수 있다.[13]

연사의 도덕적 성품, 청자의 감정, 연설 자체 등 이 세 가지가 상호작용을 함으로써 성공적인 설득력을 가져올 수 있는데, 왜 아리스토텔레스는 연설 자체가 가지는 논리적 설득 수단(로고스)에 더 강조점을 두었는가? 그는 연설 자체 즉 로고스의 중요성을 강조한다. "우리들은 도덕적으로 훌륭한 사람을 다른 사람들보다 쉽고 완벽하게 신뢰한다. 이 점은 일반적으로 어떠한 문제에 관하여서건 사실이다. 더욱이 정확한 확신이 불가능해서 의견이 불분명한 경우에는 절대적으로 들어맞는다. 이러한 종류의 설득은 여타의 설득처럼 연설자가 연설을 시작하기 전에 사람들이 그의 인품에 대해서 어떻게 생각하느냐에 의해서가 아니라 그가 말하는 내용에 의해서 성취되어야만 한다."[14] 아리스토텔레스가 로고스[15]에 강조점을 두었지만, 설득의 성공은 3가

지만, 논증의 근거에서 행동하도록 감동을 받지 못하면, 논증은 수사학적으로 실패한 노력이다. 수사학적으로 논증이 작동되는 것은 청중들이 감동을 받아 행동하는 그런 방식으로 청중과 관계해야 한다. 즉 논증은 특수한 상황에 윤리적이고 감정적인 투자와 관계해야 한다. 연설가는 연설문의 작성 시뿐만 아니라, 연설할 때 청자의 감정적 상황을 전적으로 고려해야 한다.

13 게르트 위딩, 『고전수사학』, 45. "아리스토텔레스가 생각하는 이상적인 연설가란, 어떻게 결론을 이끌어내고 토포스를 이용하여 논증할 수 있는지 알고 그것을 넘어서서 인간 본성을 고려할 줄 아는, 다시 말해 인간을 동물로부터 구별시켜주는 특성, 즉 지각이 인식에 이를 수 있는 감정이 윤리적 행위를 규정하기까지 한다는 것을 이해하고 있는 변증가이다."

14 Aristoteles, Rhetorik, 1355a5-10.

15 정기철, 「리쾨르의 해석학과 수사학」, 『해석학 연구 제22집』, 2008년 가을, 230, 정기철은 해석학이 새로운 수사학을 필요로 한다는 것을 리쾨르의 독서 수사학을 통해 입증하고자 한다. 정기철은 그에 앞서 고전수사학에서 뿐만 아니라, 해석학에서 로고스가 주제가 되어왔다는 점을 소개한다.

지 수단이 상호작용으로 이루어질 수 있다는 그의 생각에는 변함이 없다.

아리스토텔레스는 수사학을 일관된 전체 안에서 이론화시키고 체계를 부여하여 학문다운 결정적인 모습을 갖추도록 했다. 그는 플라톤의 수사학 비판으로부터 수사학을 구출하여 철학적이고 논리적인 방법론으로 수사학의 위치를 세웠으며, 그 실용적인 방안에도 힘을 쏟았다.

제 2 장 철학의 수사학화 : 키케로의 수사철학

1. 그리스 철학의 매개자

그리스에서 정치적 변화 즉 그리스 도시국가들의 몰락과 유일하고 거대한 헬레니즘적 제국의 등장으로 수사학은 자신의 실제적인 힘을 점차적으로 상실한다. 그러나 아직 살아 있는 그리고 상승하고 있는 로마는 그리스적 선생들에게 이미 곧 새롭고 중대한 임무분야를 제공해야만 했다. 그들은 상당수 로마로 가서 로마인들에게 자신들의 기술을 가르쳤다. 처음에 그들은 굉장한 저항에 부딪혔고 그들의 강의는 종종 토론을 불러일으켰다. 그리스인과는 달리 로마인은 말이 적은 사람이었다. 그러나 곧바로 로마인들은 수사학이 어떤 큰 의미를 가질 수 있는지를 파악하였다. 그들은 모든 중요한 일들을 공개적으로 논쟁하고 토의하였다. 그래서 그들의 관심사는 하나의 사태를 정확하게 기술하는 것이었다. 로마인들은 어느 누구도 꾸미지 않은 진리만으로 만족하지 않는다는 것을 알 정도로 매우 실용주의적이었다. 그 진리는 매개되어야 한다. 이런 실용주의적인 입장과 수사학의 힘으로부터 성장

하는 의식으로 인해 키케로와 같은 인물이 등장하였다.[16]

키케로(Cicero, 기원전 106-43)는 역사가 알고 있는 가장 위대한 연사였을 것이다. 그는 수사학을 명백히 주제로 삼은 일련의 저서들을 남겼다. 그는 철학자들에 의해 매우 높은 존경을 받지는 못했다. 이탈리아 인문주의자들과 르네상스 철학자들 대부분이 그를 매우 존중했듯이, 그가 그리스 철학의 본질적인 의미를 로마 세계에 전하게 했다는 데서 그의 가치와 중요성이 나타난다. 그 외에도 그는 철학과 수사학의 대결의 배경에서 매우 중요한 저자이다.

키케로의 위대한 수사철학적 이상은 철학자, 정치가 그리고 연사를 오직 하나의 인격에 통일시키는 것이다. 그는 철학, 수사학 그리고 정치의 통합을 열망하였다. 철학자가 되는 것은 그에게 연사가 큰 관심을 기울인 철학의 깊은 지식을 소유하는 것을 의미한다. 그가 기술하는 바에 따르면, "어느 누구도, 그가 모든 학문과 중대한 문제들에 대한 근본적인 지식을 갖추지 못한다면, 말의 참다운 의미에서 연사가 되어서는 안 된다."[17] 그래서 철학은 그에게 의미가 있을 것이다. 그러나 그것은 연사가 정통하고 자유롭게 구사해야 할 여러 영역들 중 하나에 불과하다. 철학자들은 철학이 지식의 대상 즉 사람이 자유롭게 구사할 수 있는 영역인가라고 자문할 것이다. 플라톤은 틀림없이 철학을 그와 다른 것으로 간주할 것이다. 많은 철학자들은 사람은 어떠한 철학도 배울 수 없고 철학함만을 배울 수 있다는 칸트의 주장에 동의한다. 키케

16 Samuel IJsseling, Rhetorik und Philosophie, 54.

17 Cicero, de Orator. 1, 20.

로는 그와 다르게 생각한다. 철학은 그에게 인간이 탈취할 수 있는 문화적 성과이다.

키케로는 젊은 시절부터 자신의 수사학적 연구의 구조 안에서 철학 탐구에 매진하였다. 그의 수사학적 연구의 목표는 그리스 도야를 해명하는 것이다. 특히 그는 스키피온학파의 도야이상에 관심을 기울였다. 그러나 그 당시 에피쿠르거인 패드루스(Phädrus)가 그에게 깊은 감동을 주었다. 키케로는 자신의 수사학 연구에 깊이 몰두하고 쉴 새 없이 정치적이고 법적인 활동 속에서 철학적 탐구를 위해 조금도 짬을 낼 수 없었다. 그러나 그가 정치에서 물러난 몇 년 동안은 점점 더 철학에 전념하였다. 그는 의식적으로 시간을 내서 그때그때마다 철학문제를 집중적으로 탐구하였다. 특히 시민전쟁이 발생하기 전에 그는 정치철학 서적들과 수사학 서적들을 더 깊이 탐독하였다. 시이저의 통치 기간 동안에, 그리고 옥타비아누스와 안토니우스가 결합한 후에 키케로는 철학 저서들에 더욱 몰두하였다. 『콘솔라티오(Consolatio)』, 『호르텐시우스(Hortensius)』, 『선악의 척도』, 『투스쿨라의 대화들』, 『신의 본질에 대하여(de natura deorum)』, 『예언에 대하여(de divinatione)』, 『우정에 대하여(de Laelius)』 등이다. 키케로는 그리스 철학과 신학 그리고 수사학의 탐구를 통하여 자신의 수사철학을 세울 수 있는 준비를 하였다. 그의 수사철학에는 그리스 사상이 이미 녹아 있었다. 키케로의 위대한 이상은 철학자, 정치가 그리고 연사를 오직 하나의 인격에 통일시키는 것이었다. 그는 철학, 수사학 그리고 정치의 통합을 열망하였다. 철학자가 되는 것은 그에게 연사가 큰 관심을 기울인 철학의 깊은 지식을 소유하는 것을 의미한다. 그가 기술하는 바에 따르면, "어느 누구도, 모든 학문과 중대한 문제들에 대한 근본적인 지식을 갖추지 못한다면, 말의 참다운 의미에서 연사가 되어서는 안 된다."[18]

18 같은 책., 1, 20.

뛰어난 연설가이자 수사학자로서 키케로가 "웅변술 연습과 수사학 이론에 기여한 공헌도는 그 질과 분량에 있어서 의심할 여지가 없는 것이며, 수사학사에서 그의 명성은 큰 획을 이루고 있다."[19] 그는 고대 그리스의 수사학 전통을 적극적으로 수용하여 철학, 윤리학 그리고 정치의 결합으로써 통합적 수사학을 세우고자 하였다. 그는 수사학에 관한 그의 소작품들인 『주제 설정법』, 『최고의 변론 장르』, 『토피카』 그리고 『담론의 체계적 주제 분할』에서 그리스 수사학 전통과의 강한 유대성을 보여주고 있다. 특히 그는 아리스토텔레스의 수사학 이론을 수용하여[20] 교육 체계의 의미에서 그것을 부각시키고자 하였다. 그런 의도와 의미가 가장 잘 반영되어 있는 저서가 바로 로마 수사학이론의 걸작품으로 인정받는 『웅변가에 대하여(De oratore)』이다.

키케로는 『웅변가에 대하여』를 정치가로서 실패한 후 그리고 추방으로부터 돌아온 후 즉 정치적 역정을 끝낸 후(55 기원전) 쓰기 시작하였다. 이 작품은 대화의 형식으로 쓰인 것으로, 거기에서 키케로는 그리스 사람들이 제기했던 수사학의 기초에 대하여 지속적인 관심을 나타내고 있다. 그러나 그는 거기에서 그리스 수사학 전통을 넘어서서 "로마의 지도적인 연설가들에 의해 이끌려진 토론상태의 기술에 더 많은 관심과 가치를 두었다."[21] 그의 형 퀸투스에게 헌정된 이 작품은 3권으로 구성되어 있는데, 제1권은 완벽한 연설가를 논하고 있고, 제2권은 주제 설정법, 배열법, 암기법을 전개하고 있으

19 안토니오 게레로, 『수사학의 역사』, 62.

20 Ijsseling Samuel, Rhetorik und Philosophie, 52. "아리스토텔레스 수사학의 체계는 3백년 후에 로마에서 키케로와 퀸틸리아누스를 통해 여러 자리에서 보충되고 개정되었다. 후세에 여러 작가들은 일련의 특정한 관점들을 더 신중하게 완성하였다. 그들 중 많은 사람들은 창안법과 토피카에 전적으로 주의를 기울였고, 다른 사람들은 상당한 관심을 가지고 배열법(연설의 구성과 논증들의 질서)에 또는 표현법(문체론)에 몰두하였다. 많은 사람들은 연설의 설득적 관점들을 완성하였고, 다른 사람들은 미적인 관점들을 완성하였다. 특히 문채들은 특별히 큰 관심을 받았다. 그러나 그의 근본구조에서 아리스토텔레스 수사학의 체계는 유지되었고 그것의 견실함을 그런 방식으로 입증하였다."

21 Knape, Joachim, Allgemeine Rhetorik, 93.

며, 그리고 제 3권에서는 미사여구법과 발음법이 다루어지고 있다.

2. 완전한 연설가는 누구인가?

키케로 수사철학의 핵심은 연설가의 관점에 따르고 있다. 키케로는 이점을 부각시키기 위해 우선 연설가의 정체성, 그의 능력 그리고 그의 활동 영역을 규정한다. "그는 수사학적 이론형성의 근본 물음들과 수사학적 체계의 상세한 논의들을 다루지 않고, 그것들을 연사에 대한 논의와 연관시킨다."[22] 자신의 저서 『연설가에 대하여』에서 그는 수사학의 역할에 대한 이론적이고 일반적인 생각과 협소한 실천적인 시각 사이에서 자신의 수사학 논의를 진행한다. 전자는 크라수스(Crassus)가 대변하고, 후자는 안토니우스(Antonius)가 대변하고 있다. 그는 물음을 제기한다. 모든 세대들, 시대들 그리고 나라들에서 적은 수의 실제적인 연사들만이 기억되는 이유가 무엇인가? 그 이유는 바로 연사의 복잡하고 어려운 과제 때문이다. 즉 실제적인 연사는 자신의 인격 속에서 한 분야의 전문적인 특수능력뿐만 아니라, 언어능력과 실제 능력까지 갖추어야 하기 때문이다.

1) 키케로의 완전한 연설가 구상

키케로는 이런 완전한 연설가(orator perfectus)의 구상 문제를 제기한다.[23] 그는 이런 구상을 연사는 자연적인 소질과 연습의 산물이라는 특정한

---

22 같은 책., 95.

23 키케로, 『수사학』, 안재원 편역, 서울: 길, 2007, 30–32. 키케로는 이상적 연설가(orator perfectus)론을 통해 자신의 고유한 수사학을 세우려고 하였다. "키케로는 이상적 연설가 구성에 필요한 세

견해와 대립시킴으로써 부각시키고자 한다. 여기서 연사는 특정한 능력을 가진 연사이기보다는, 복합적인 정치적–문화적 수행연관 속에 있는 연사이다. 그의 구상은 사회 윤리적으로 책임적 의식을 가지고 있고, 동시에 – 마치 철학자가 옳은 것을 원하고, 수사학적 수단을 사용할 줄 아는 것처럼 – 말하

가지 조건을 제시한다. 첫째 구성 조건은 편협한 특정 분파의 전문 지식이 아니라 모든 영역을 두루 꿰뚫어보는 지적 능력이다. 왜냐하면 연설가는 어느 상황에서, 어떤 주제로 연설하든지 광범위한 분야에 대한 지적 준비를 하고 있어야 하기 때문이다. 여기에는 철학이 매우 중요한 역할을 한다. 왜 철학이 연설에 중요한 역할을 했는지는 당시의 학문 분류 체계를 잠시 살펴보면 분명해진다. 당시 모든 학문의 어머니로 간주되었던 철학은 그 하위 분야로 논리학(logica), 자연학(physica), 윤리학(ethica)이 있었는데, 이 분야들은 연설가에게 중요한 설득방법과 연설 주제들의 저장소 역할을 한다. 논리학은 삼단논법과 귀납법 등의 설득 수단과 방법들을 제공하고, 아울러 토피카는 논거들을 모아놓은 창고 같은 것으로 논리 전개에 결정적인 기여를 한다. 자연학도 마찬가지로 중요한데, 예컨대 연설에서 감정 표현 수단인 운율과 리듬, 즉 음악적 논의들도 당시에는 자연학의 하위 범주에 속한 것이었으며, 신화적 세계관에 사로잡혀 있는 청중들에게 자연 현상들, 예를 들면 천둥, 번개, 일식, 월식 현상 등을 합리적으로 해명하기 위해서나 연설의 필요에 따라 그것들을 이용하기 위해서는 반드시 알고 있어야 할 내용들이었다. 마찬가지로 연설 주제 대부분은 윤리학적 내용들이다. 예를 들어, 덕과 악덕, 명예와 불명예, 이익과 손해, 아름다운 것과 추한 것 등은 연설의 주요 테마들이다. 이런 사실 때문에 이상적 연설가는 반드시 철학을 공부해야만 했다. 이 첫째 구성 조건은 사실 수사학자들을 겨냥한 것이었다. 왜냐하면 키케로 당대의 수사학자들은 주로 법률 수사학에 필요한 기교들에만 관심을 기울였던바, 이런 경향은 공화정의 미래와 관련하여 매우 큰 위험을 내포하고 있는 것이었기 때문이다.

둘째 구성 조건은 공동체에 대한 의무감이다. 정치 활동, 곧 공동의 일에의 참여를 키케로는 중요한 의무라고 생각하였다. 공동의 일에의 참여는 그러나 말을 매개로 가능하다. 따라서 그에게 연설은 정치 참여의 중요한 수단이었다. 이러한 이유로 그는 수사학을 무시하거나 포기해서는 안 되는 학문이라고 생각했다. 이 조건은 한편으로 수사학을 멸시하고 무시했던 철학자들을, 다른 한편으로는 공동체의 일에 정치적 참여를 꺼려하고 사회적 의무를 방기했던 당대의 지식인을 비판하기 위한 것이었다.

셋째 구성 조건은 주어진 상황과 주제를 파악하고, 이에 따라 연설을 효율적으로 조절할 수 있는 능력이다. 이에 따라 이상적 연설가는 각각의 연설 내용과 연설 장소, 청중에 따라 그에 맞게 표현할 수 있는 능력을 지닌 인물이다. 섬세한 주제는 정밀하게, 무거운 주제는 장중하고 숭고하게, 일상적 주제는 가볍고 부드럽게, 그때그때의 상황에 따라 표현 가능한 조절자가 바로 이상적 연설가다. 이 셋째 구성 조건은 아티카주의자들을 겨냥한 것이다. 즉 이 조건은 키케로가 브루투스의 공격을 방어하고 자신의 문체를 옹호하기 위해 제기한 것이다. 키케로 자신의 문체는 경우에 따라 아티카주의자들이 비판하듯이 아시아적인 면도 있지만, 그것은 그 상황과 주제에 따라 행한 것이므로 그것이야말로 이상적 기준에 적합하고, 따라서 정당화될 수 있다는 것이다. 오히려 상황과 주제에 관계없이 언제나 똑같은 어투로 말하고 정형화된 틀에 사로잡힌 아티카주의자들이야말로 이상적 연설가 기준에서 보면 잘못되었다는 것이다."

는 것을 정통한 인간을 지향하고 있다. 키케로에게 있어서 '선한 인간 이상(vir-vonus-Ideal)'이 바로 하나의 정치적 이상이다. 그런 이상은 바로 연사가 공화국에서 참다운 실재와 진리 인식 가운데서 책임 있게 행동해야 하는 것을 말한다. 키케로가 좋은 연사를 진리의 행위자로 기술하고 있는 경우, 그 진리는 구체적인 정치적-사회적 상황에서 언제나 새롭게 발견될 수 있고 동시에 관철될 수 있는 것을 의미한다.

우리는 키케로의 완전한 연설가라는 구상을 여러 가지 물음과 함께 파악할 수 있을 것이다. 연설가의 복합적인 능력에서 어떤 귀결들이 나올 수 있는가? 그의 완전한 연설가의 구상은 어느 정도 유효범위를 가질 수 있는가? 그렇다면 수사학적 이론은 어디에 기초하는가? 키케로는 두 개의 다른 입장을 통해 이 문제에 답하고자 한다.

2) 크라수스의 견해

크라수스(키케로의 저서 『웅변가에 대하여』에서 완전한 웅변가의 위치를 대표하는 인물)는 보편적으로 교육을 받은 연설가라는 통합적 생각을 강조한다. 그의 이런 생각은 보편적 원칙에 의거한다. 이런 보편적 원칙은 그의 숙고의 출발점이 되는 인간의 언어성을 말한다. 그것은 인간학적인 근본상태와 사회적인 결합의 힘을 의미한다. 그는 모든 공적인 의사소통의 영역을 파고드는 언어의 역할, 문화를 창출하는 기능 등 언어의 보편성으로부터 사회적인 삶에서 가장 잘 언어를 지배하는 연설가의 우위성을 부각시킨다. 말함의 능력은 인식능력과 밀접하게 연관되어 있다. 키케로에 의하면 "연설가가 연설의 대상을 지배하지 못하는 경우, 연설에 있어서 어떠한 대가다움도 있을 수 없다."[24] "나의 견해로는 모든 중요한 대상들과 학문들에 관한 지식을 습득하지 못한다면, 그 어느 누구도 최소한 모든 관점에서 완벽한 연설가가 될 수 없을 것이다. 왜냐하면 능변이란 바로 사태인식으로부터 전개되어 흘러나와야 하기 때문이다. 만약 연설가가 사태를 제대로 파악하고 인식하지 않았다면, 그의 발표는 한낱 공허한 지껄임일 수밖에 없고, 나는 이에 대해 유치한 잡담이라고까지 말하고 싶다."[25] 크라수스가 대변하고 있는 완전한 연설가는 탁월한 언어능력과 지식능력 즉 사태인식 능력에 정통한 철학자인 연설가를 말한다. 이런 견해는, 키케로가 강조하듯이, 바로 '레스'(res, 대상 또는 내용)와 '베르바'(verba, 말 또는 표현)의 불가분리성과 깊이 연관되어 있다. 사태의 진리를 제대로 파악하고, 그것을 청중들에 맞게 이해시킬 표현에 정통한 인물이 바로 완전한 연사이다.

3) 안토니우스의 견해

크라수스와 달리 안토니우스(크라수의 상대 대화자인 정치가)는 연설가에 대한 한정된 견해를 갖고 있다. 그는 이중적 능력을 가진 완벽한 연설가라는 크라수스의 견해를 거부하고, 말함의 영역에서 기술적 능력을 가진 연설가의 상을 제시한다. 한편에서 그의 주장에 의하면 수사학적 능력에 대한 고려 없이도 다양한 지식 영역에서 자립적인 비연설가적 전문 이론가들이 있다. 다른 한편에서 경험론자이고 현실주의자인 그는 만능주의자로서 정통하고 모든 지식분야에 대해 공적으로 말하고자 하는 소피스트적 연설가들이 있다는 점을 부정하지 않는다. 그는 그들을 플라톤적인 방식으로 판정하지 않는다. 오히려 크라수스와 함께—그의 보편적인 이중 능력의 이상적인 연설가

---

24 Cicero, de Orator, 1, 48.

25 같은 책., 1, 21.

의 상을 따르지 않고－하나의 공통분모를 발견하고자 한다.

키케로는 산문텍스트를 3개의 기능적 그룹으로 구분한다: 선동적인 산문, 이야기 산문 그리고 설명적 산문. 그 중에서 선동적인 산문이 가장 우선적으로 연설가의 활동영역이다는 점은 그 둘 사이에서 일치되고 있다. 그 외에도 안토니우스는 사회적으로 중요한 이야기 산문의 장려가 연설가의 과제에 속한다고 지적한다. 크라수스도 이점에 동의한다. 논쟁점은 해명적 산문, 즉 현실사태를 기술하는 전문 산문이 어느 정도까지 연설가의 과제에 속하는가 하는 점이다. 수사학적 의사소통이 존재명제 그리고 당위명제와 관련되어 있는가 하는 문제가 여기에서 중요하다. 안토니우스는 존재명제와 수사학의 관련을 의심스러운 것으로 본다. 왜냐하면 그것을 판단할 때 어떠한 개인적인 견해들이 있어서는 안 되기 때문이다. 그에 반해 그는 공적인 토론에서 해명될 수 있는 당위명제들 또는 개연성을 가진 명제들을 연사들의 활동영역으로 간주하고, 그것들을 수사학의 대상으로 규정한다. 플라톤과 마찬가지로 그의 입장도 지식(scientia)과 견해(opinio)라는 2원적 도식에 기초하고 있다.[26]

그러나 크나페는 안토니우스에게 크라수스가 제시하고 있는 이상적인 연설가 상이 전적으로 배제되지 않고 있다고 지적한다. “만능주의적 연사들이 그들의 주제에 대해 정통한 경우, 그는 그들을 묵인할 것이다. 그리고 그가, 그의 저자 키케로 자신처럼, 보편적 이중 능력을 가진 이상적 연설가에게 가까이 다가가는 누군가를 알게 된다면, 그도 확실히 기뻐할 것이다.”[27]

26 같은 책., 2, 30.

27 Knape, Joachim, Allgemeine Rhetorik, 105.

3. 수사철학의 핵심이론

수사학에 대한 키케로의 숙고들은 행동하는 주체인 연설가로부터 출발한다. 그러나 그는 처음부터 그 대화 속에서 이론적이고 체계적인 숙고들을 동반해서 다루고 있다. 이런 숙고들은 수사학 이론의 근원, 의미, 목적, 그것의 방법적 획득, 그것의 수행 가능성 그리고 한계들과 연관되어 있다.

1) 수사학은 과학인가?

키케로는 수사학을 경험적으로 안정 장치된 이론형성을 가진 과학으로 본다. "규칙들을 지키는 연설가들이 연설기술에서 명예를 요구했다는 점에서가 아니고, 일반적 사람들이 능변가들이 이미 스스로 행했던 것을 관찰하고 통합했다는 점에서 나는 모든 규칙들의 본래적 업적을 본다. 그래서 능변은 이론적 체계로부터 발생된 것이 아니고, 거꾸로 이론적 체계가 능변으로부터 형성되었다."[28] 이미 그리스인들은 다른 학문들 속에서 특히 합법칙성의 인식과 확보된 인식을 중시하는 엄격한 자연과학들에서 수사학 이론의 수행능력의 차이를 보았다. 그 경우에 옛 수사학 이론은 텍스트 행위이론, 언어 행위이론 그리고 태도이론의 문제들과 직면하였다. 키케로는 그리스인들에게서 토론된 하나의 관점을 제시한다. 그 관점은 다음의 내용을 의미한다: 수사학에는 자연과학에서처럼 어떠한 확실한 진술이 있을 수 없기 때문에, 수사학은 엄격한 의미에서 학문이 아니다. 그의 이용에 의하면, 실제로 과학이론(ars, Science)은 점차적으로 알려지고, 하나의 목표로 설정되어 있고, 그리고 끊임없이 확실한 것으로 나타나고 있는 대상들에 의거하고 있는 것이

28 Cicero, de Orator, 1, 146.

다. 그와 달리 키케로는 수사학 이론이 다른 학문들의 특정한 요구에 실제적으로 충족시킬 수 없다고 여긴다.[29] 그 요구들은 통찰의 정확함, 대상인식의 자립성, 객관성이상, 학문적 엄격함 등을 말한다. 그러나 자연현상에서와 달리 말의 실천에서는 무수한 변화들 또는 다양한 개별사례들이 나타난다. 따라서 이런 개별사례들은 말 사용의 체계화와 추상화를 어렵게 만든다. 그럼에도 불구하고, 키케로는 수사학자의 전문적인 노력의 결과는 철저하게 하나의 학문(ars)이고, 적어도 엄격한 이론형성과 다를 바 없고, 또는 기존의 전문이론과 매우 유사하다고 크라수스를 통해 강조한다.[30]

2) 수사학적 감정론

아리스토텔레스와 마찬가지로, 키케로도 연설에서 일반적으로 인간의 머리 또는 이성보다는 오히려 마음 또는 의지에 호소하는 것이 훨씬 설득력 있다는 것을 인지하였다. 수사학적 감정론 즉 청중의 파토스의 중요성이 키케로에 의해 강조되고 있다. "청중이 연설가에게 마음이 쏠리고 스스로 깊은 감동을 받아, 판단과 숙고를 통해서라기보다는 오히려 기분의 충동과 격한 감정에 의해 이끌릴 수 있다는 것"[31]이다. 말을 통한 연설은 듣는 자에게 감동을 주어 그의 마음 또는 의지를 움직일 수 있어야 한다. 따라서 말로 나타낸 모든 것은 우선 듣는 자를 사로잡아야 하고 그 때문에 좋고 아름답게 표현되어야 한다. 모든 위대한 연사와 마찬가지로 키케로도 그것을 갈망하는 본질적 통찰이 있었다. 그는 인간의 판단이 규칙과 지식을 가진 체계의 진실을 통해서라기보다는 오히려 사랑과 미움, 욕망과 분노, 기쁨과 슬픔, 소망과 두

29 같은 책., 1, 108.

30 같은 책., 1, 109.

31 같은 책., 2, 278.

려움 또는 어떤 동기를 통해 언제나 이루어진다고 확신했다. 따라서 가르치기, 즐거움 주기, 감동시키기는 담론의 목표일 뿐만 아니라, 담론 구성 각 부분들(머리말, 진술부, 논증부, 맺음말)의 목표를 이루고 있다.

3) 수사학적 문체론

3부에서 키케로는 미사여구법과 발음법에 대해 다루고 있다. 사태인식 즉 내용(res)의 적절한 인식은 말(verba)을 통달하는 것만큼 중요하다. 우리는 말을 통하여 표현될 수 있는 것만큼만 알 수 있다. 그래서 그는 특히 미사여구법에 대해서도 많은 관심을 쏟고, 미사여구법을 특징짓는 부분들을 재정리하는데, 특히 텍스트(Text)의 비유와 문체를 이루고 있는 부분들을 다룬다.

키케로에 의하면 연설가는 단순, 평범, 고귀한 문체를 그 청중에 따라 자유자재로 구사할 수 있어야 한다. 연설가의 3대 기능(가르침, 즐거움 줌, 감동시킴)과 깊이 관련된 세 종류의 문체는 연설가의 목표일 뿐만 아니라 청중의 부류와도 연관되어 있다.

단순문체 – "청중에게 평범한 주제에 대해 가르치려는 웅변가는 낮고 치장 없는 ① **단순한 문체**를 사용한다(docere).
별로 중요하지 않은 테마를 가지고 청중을 기쁘게 해주려면 ② **중간 단계의 그럭저럭 장식된 문체**를 사용하고,
큰 테마와 관련하여 청중을 감동시키고 그의 마음을 사로잡으려면 ③ **높고 장중한 문체**를 사용한다(여호와 이레): "하찮은 것을 단순한 방식으로, 중간 정도에 속하는 것을 평범한 어조로, 커다란 것을 위엄 있게 표현할

수 있는 사람은 바로 능변을 갖춘 사람일 것이다."[32]

후대 사람들은 이점을 통해 문체론을 청중의 사회 계층성과 연관시킬 수 있게 되었다.

키케로가 열망했던 완벽한 연설가란 "언어를 직업으로 삼는 사람들의 특성적 자질들을 모두 갖추고 있어야 한다. 즉 변증가의 예리한 분석력, 철학자들의 심오한 사고력, 시인들의 언어 구사력, 법률가들의 대단한 암기력, 비극배우들의 우렁찬 목소리, 뛰어난 배우들의 표현력을 겸비하고 있어야 완벽한 연설가다. 웅변가와 철학자를 겸비한 완벽한 연설가라는 이상은 이론과 실제(실천)의 결합 또는 조화, 윤리와 정치의 결합, 교육과 공개 연설의 결합을 의미했다."[33]

또 키케로는 수사술의 남용을 방지하기 위해 덕성 교육을 통한 연설가의 에토스 형성을 주장했다. 키케로는 훌륭한 생각과 행동을 말과 통일시킴으로써 수사학을 보편적, 인문주의적 교육으로 발전시키고자 하였다. 이 교육은 수사학적 보편교육으로 이어졌고, 후에 르네상스에 이념을 제공하였다.

32 같은 책., 3, 101.

33 게르트 위딩, 『고전수사학』, 57.

제 3 장 고대 수사학의 종합 : 퀸틸리아누스의 수사철학

1. 퀸틸리아누스의 수사학 교육

키케로 이후 특히 로마수사학에서 중요한 영향력을 발휘한 인물이 바로 퀸틸리아누스(Marcus Fabius Quintilianus)다. 퀸틸리아누스는 그리스 수사학을 체계화시킨 아리스토텔레스식 수사학을 완성시키고, 그 수사학을 교육의 대상으로 삼고자 하였다. 그는 황제에 의해 수사학 교육자로 임명되었으며, 수사학 교육을 모든 학문의 기본으로 학습시키고자 하였다. 수사학 교육의 근본 목표는 단지 말만 잘하는 달변가를 양성하는 것이 아니라, 도덕적으로 훌륭한 로마시민을 육성하는 것이었다. 여기에서 수사학은 정치적 공간이나 법적인 자리에서 활용되는 것보다는 학교의 보편적 교육을 통해 자신의 역할을 하게 되었다. 그 역할은 교양을 지닌 인간화, 즉 덕을 지닌 바른 시민의식을 형성하는 것이다.

퀸틸리아누스는 탁월한 수사학 선생

이었다. 그는 『연설가의 육성(Institutio Oratoria)』이라는 저서를 썼다. 이 저서는 아리스토텔레스적으로 영감을 받았고, 젊은이, 대변자와 연사, 작가와 독자 그리고 문학에 몰두하는 모든 사람들의 문학적 교양을 위한 교과서였다. 이 책은 총 12권으로 구성되었다. 첫 번째 두 권에서는 아이들과 젊은이들의 교육이 다루어진다. 그들은 문법과 철자법을 익혀야 하고 특히 많이 읽어야 한다. 연사가 그들에게 수사학을 전수한다. 수사학은 잘 말하는 기술(ars bene dicendi)로서 또는 말 잘하는 학문(bene dicendi scientia) 즉, 잘 표현되는 기예 또는 학문으로 규정된다. 젊은 사람들은 말을 잘 하는 것을 배워야 한다. 여기서 잘(good)은 단순히 문법적으로 옳은 것 그 이상을 의미한다. 그들은 어떤 사안을 분명하고 신속하게 그리고 어느 정도 우아하게 표현할 수 있어야 한다. 퀸틸리아누스는 이런 숙련도가 마침내 교육을 통해 달성될 수 있다고 보았다.

2. 수사철학의 핵심내용

1) 수사학적 논증

『연설가의 육성』 5권에서 논증의 문제를 논구한다. 퀸틸리아누스는 합리성을 요청하는 자릿값을 다루는 것이 필요하다고 보았다. 사태와 관련된 이성적 논증이 언제나 요구되고 있다는 것은 의심할 나위가 없기 때문이다. 수사학 외적증명은 증인이고, 수사학 내적증명은 장소론(Topik)이다.

법적으로 사용될 수 있고 믿을 만한 출발명제들은 수사학적 논증을 위한 가장 중요한 기초를 형성한다. 아리스토텔레스는 그것들을 장소들(Topoi)이라고 부르고, 퀸틸리아누스는 "논증이 의거하고 있는 자리들, 장소들"(sedes oder loci argumen torum)에 대해 언급한다.[34] 퀸틸리아누스의 논증자리들은 일반적으로 아리스토텔레스적 범주론에 기초하고 있다. 그는 저서 5권에서 상투어들을 다루지 않는다. 사람은 상투어들의 도움으로 특정한 사람과 관계없이 악습에 대해 반대를 말할 수 있을 것이다.[35] 그러나 재판과정에서 특정사례에 관련된 관점들인 구체적으로 좁혀진 특정 토포이들이 필요하다.

법률가가 어떤 사건에서 오류를 피하고자 한다면, 그는 자신이 그 사건에서 정확히 어떤 토포이를 사용하는가를 알아야 한다. 발견체계학인 장소론은 사람의 법적으로 사용될 수 있는 관점들(혈통, 조국, 신체상태 등)에서 출발한 다음, 사태의 관점들(이유, 때, 장소, 기회, 도구, 방법과 방식 등)로 이행해간다. 행위에 대해 물을 때 우리는 왜, 어디서, 언제, 어떻게 그리고 어떤 수단으로 그것이 행해졌는가 하는 형식을 사용할 수 있다.

퀸틸리아누스는 삼단논법을 과장시키고, 연설을 무미건조한 논증순서의 훈련장으로 삼는 것을 끝까지 경고한다. 이점은 엄격한 철학적 논증에서는 환영받을 것이지만, 공적인 연설에서는 반생산적이다. 많은 의사소통 상황에서 연설가의 열정은 합리적 논증과 비교된다. 퀸틸리아누스는 다음과 같이 강조한다: "우리는 우리의 연설을 다른 사람의 판단에 따라서 기능하게 해야 한다. 참으로 그 경우에 우리는 종종 교육받지 못한 자들과 이런 종류의 과학을 알지 못하는 자들 앞에서 말해야 한다. 우리가 이런 사람들을 즐거운 것(재미있는 것)을 가지고 꾀어내지 못하고, 힘으로 잘못 끌어내고, 때때로 감정작용으로 혼란케 한다면 우리는 또한 올바르고 참인 것을 유지할 수가 없다."[36] 그의 확신에 의하면 연설은 넓은 영역으로 내딛어야 하고, 증명의 궁

34 Quintilianus, Institutio Oratoria–Ausbildung des Redners. Lat/dt. Hrsg. und übers. von Helmut Rahn. 2 Bde. Darmstadt 1995, 5,10,20.

35 같은 책., 5,10,20.

36 같은 책., 5,14,29.

색한 규칙성에 하찮게 매여서는 안 된다. 당연히 필요한 논증은 "명백하게 정리되고 투명"(distincta et perspicua)해야 한다. 그러나 그것은 현학적으로 보여서는 안 된다.[37] 논증은 청자의 만족을 위해 타당하게 작용해야 한다. 왜냐하면 논증은 가려지고, 그리고 동시에 "청자의 만족은 사태의 신빙성에 많은 기여를 할 것"[38]이기 때문이다.

2) 수사학적 감정론

퀸틸리아누스는 수사학적 파토스인 감정론을 중요하게 다룬다. 그는 제6권 〈감정론〉에서 개별적 감정들, 즉 두려움(metus), 질투(invidia), 미움(odium), 분노(ira), 동정(miseratio)에 대해 언급하고 있다. 그러나 아리스토텔레스와는 달리 그는 개별적 감정의 심리학적 현상론을 전개하지는 않는다. 특히 그는 자신의 관심을 수사적-기술적으로 작용물음에 집중시킨다.

감정적 작용목적

"판사의 감정에 영향을 주는 것"은 바로 연설가의 고전적인 목표이다. 퀸틸리아누스에게서 중요한 것은 바로 정확하게 목표가 설정된 영혼 인도이다. 사람들은 자신들의 목표를 중요시하고 달성하고 싶어 한다. 그러나 청자의 감정을 우리가 바라는 대로 "형성하고, 변형시키는 것"(formare et

37 Knape, Joachim, Allgemeine Rhetorik, 153.

38 Quintilianus, Institutio Oratoria,-Ausbildung des Redners. 5, 14, 33-35.

transfigure)은 매우 어려운 일이다.[39] 당연히 여기에 합리적인 논증이 중요하다. 그러나 결국 주도권을 행사하는 것은 감정을 산출하는 재능(Gabe, 달란트)이다. 그것은 능변을 지배자로 만든다. 사태적 증명이 사안으로부터 필연적으로 나타난다. 그러나 모든 것을 결정하는 감정지도는 연설가의 기술로부터 귀결된다. 지식에 따라서 판단하는데, 최종적 결정은 의지에 따르고 있다. 의지를 움직이는 것이 바로 감정이다.

내적인 감정의 작용조건들

그것들은 두 종류의 감정동요(에토스와 파토스)에 근거하고 있다. "우리가 연설에서 요구하는 에토스는 특히 연설가의 순수함과 선함으로 인해 적합한 것으로 밝혀지고 있는 감정이다. 다시 말하면 그것은 부드럽고 호의적일 뿐만 아니라 사랑스럽고 올바른 인간적 성품을 말한다. 이런 성품은 청중에게 매력적이고 쾌적한 것으로 작용한다. 그것의 중요한 장점은, 모든 것이 사물들과 인간의 자연스러운 성품으로부터 흐르듯이, 그것 또한 작용한다는 것이다. 연설가의 윤리적 태도는 자신의 말에서 나타나고 있고, 그렇게 청중의 주의를 환기시킨다."[40] 본래적인 의미에서 감정(격정)을 의미하는 파토스는 이점과 다르다. 둘 사이의 차이를 특정한 비교를 통해서 보여주기 위해 퀸틸리아누스는 에토스를 희극에, 파토스를 비극에 유용한 것으로 본다. 후자에 있어서는 아주 철저하게 분노, 미움, 두려움, 혐오, 동정이 중요하다.

감정적인 유효메커니즘

그가 말하는 유효메커니즘은 감정심리학적 동화구상이다. 화자의 측면에서 격양-흉내가 청자의 측면에 격양동화에 이른다. 퀸틸리아누스에 의하

39 같은 책., 6, 2, 1.

40 같은 책., 6, 2, 13.

면 감정자극을 일으키는 기술의 비밀은 자신이 스스로 격양에 몰입하는 데 놓여 있다. 수신자에게서 강하게 일어나야 하는 감동은 화자 자신에게서 먼저 강하게 일어난다. 화자가 청자를 감동시키려고 하기 전에 화자 자신이 감동 받을 수 있어야 한다.[41] 이것은 연설가가 그런 종류의 감동상태의 입장이 될 수 있다는 것을 이해하는 데 달려 있다. 정신적 변형은 그리스 사람들이 판타지아 불렀던 것, 즉 정신적 상들을 현재화시키는 능력에 의거한다. 이런 능력을 연마하는 사람은 연설 상황에서 모든 가능한 감정 상태를 모방할 수 있다.

3) 수사학적 문체론

8권과 9권은 다양한 요구사항을 적합하게 판단해야 하는 문체론(어떻게 말할 것인가)을 다루고 있다. 말하기 또는 쓰기는 문법적으로 올바라야 하고 좋은 라틴어이어야 한다. 특히 '전의론'(tropen) 즉 은유적 의미를 가진 말들이 논의되었는데, 이것들은 한 단어의 본래적 의미가 다른 의미로 변경됨으로써 파악된다. 본래적 의미에서 비본래적 의미로의 이행 그리고 둘 사이의 모순은 모든 수사문학에서 다루어졌다.

말과 표현의 전용된 의미연관에서 퀸틸리아누스는 자신이 정의하고자 했던 일련의 전의적 표현과 문체를 거명한다. 그리고 그는 은유적 표현에서(숨겨서 비유하는 수사법, 키 큰 사람을 '전봇대,' 옥수수밭에서 공을 차는 것과 같다) 축소된 비유를 이해한다. 즉 "과 같은" 말은 생략된다. 어떤 한 사람에게 있어서 '사자' 또는 '당나귀'라는 표현을 사용하는 경우, '~처럼 강한' 또는 '~처럼 어리석은'과 같은 비유어는 생략된다. 주어진 맥락으로부터 의도된

41 같은 책., 6, 2, 26, 28.

의미는 쉽게 파악된다.

환유(대유)는 한 이름을 다른 이름으로 대체하는 것이다(간호사: 백의 천사, 인생: 요람에서 무덤까지). 직유법은 수사법의 하나로써 직접 두 개의 대상을 비교하는 방법인데, 특히 비슷한 성질이나 모양을 가진 두 대상을 표현한다. 흔히 '…같은'과 비슷한 기능을 하는 '…처럼', '…인 양' 등이 사용된다. 퀸틸리아티누스는 담론 문체의 특성에 있어서 명확성, 질서정연함, 용어의 정확성을 강조하고, 격언과 금언의 적절한 사용을 권고하며, 아테네 풍의 수수한 문체 사용을 즐겼다.

제10권에서는 작가의 글쓰기가 다루어지고 있다. 여기서 하나의 텍스트의 집필과 편집에 대한 일련의 지침들을 제시한다. 지속적인 독서를 통해 엄청나게 많은 말들을 습득할 수 있고, 그 말들의 상당수로부터 최상의 것을 신중하게 선택해야 한다. 또한 자주 교정해야 한다. 그 경우에 성공적이기 위해서는 텍스트를 매번 얼마 동안 그대로 두는 것이 유익할 것이다. 후에 그 텍스트를 다시 착수한다면, 그것의 불완전한 요소들을 다듬을 수 있다. 퀸틸리아누스는 많은 사람들이 글을 쓰는 데 많은 대가를 치러야 하는 장애의 극복과 씨름한다. 이런 장애는 그의 견해에 따르면 오직 자주 글을 쓰는 것을 통해서만 그리고 처음에는 이미 확고해진 모델과 본보기들을 성실하게 모방함으로써 제거될 수 있다. 그는 두 개의 속도의 문제에 상세하게 주의를 기울인다. 하나는 사유 즉 사상의 속도이고, 다른 하나는 글을 쓰는, 즉 서로 정확히 표현하지 않는 손의 속도이다. 퀸틸리아누스에 의하면 글을 쓰는 자는 손의 속도를 유지해야 한다. 받아쓰게 하지 않는 것이 더 나을 것이다. 손의 정지와 완만함은 텍스트에게 고유의 아름다움과 특별한 능력을 수여할 것이다.[42]

문자성보다 구두성에 우선성을 부여했던 플라톤과는 달리 퀸틸리아누스

42 Samuel IJsseling, Rhetorik und Philosophie, 58–59.

는 쓰인 말을 매우 높이 평가하고 있다. 기존의 저술들의 강독뿐만 아니라 글 쓰는 것의 실천은 그에게 있어서 가장 고상한 인간적인 작업에 속한다. 쓰인 말은 구두적인 말보다 우위성을 가지고 있다. 그것은 퀸틸리아누스에게서 수사학이 설득의 기예로부터 점차적으로 문학이론으로 이행하고 있음을 의미한다.

3. 훌륭한 연설가 모델

12권에서는 연설가가 반드시 지녀야 하는 다양한 특성들이 다루어지고 있다. 누가 훌륭한 연설가인가? 키케로 이후로 로마적 연설가는 이론적으로 확고한 수사학적 모델이었다. 그러나 퀸틸리아누스에게서 훌륭하고 완벽한 연설가는 ① 선한 인간(vir bonus)이어야 한다. 즉 오직 도덕적으로 수준이 높고 즉 덕이 있고 정직한 사람만이 좋은 작가와 능력 있는 연설가일 수 있다.[43] 이것은 "연설가는 훌륭하게 말을 할 능력이 있는 좋은 사람이다"(vir bonus dicendi peritus)[44]는 마르쿠스 카토의 정의를 따르고 있다. 퀸틸리아누스에 의하면 연설가는 그뿐만 아니라 ② 법과 역사의 지식을 소유해야 하며, 다양한 분야에 있어서 박식해야 하는데, 특히 그는 당연히 철학의 심오한 지식을 습득해야 한다. "위대한 연설가는 철학의 대가이다. 왜냐하면 그는 현실사

43 게레로 위딩, 『고전수사학』, 62: "덕(德)이란 오랫동안의 지속적인 습관화를 통해 가르칠 수 있는 것이라고 하는 아리스토텔레스의 신념에서 출발하여, 퀸틸리아누스는 이미 어린 아이까지 포함한 아동의 언어습득이 본인 스스로 완벽하게 말할 줄 아는 유모와 교사를 통해 보장되도록 하는 교육 프로그램을 구상한다……. 수사학적 교육 내용은 언어습득 및 선을 갖추도록 하는 도덕 교육에서 시작하여 중요한 모든 지식 분야들(artes liverales)과 웅변 이론 및 실습에 대한 철저한 교육에까지 이른다. 철학, 특히 도덕철학과 자연철학 및 논리학은 준비학문으로서의 역할을 얻는다."

44 같은 책., 12, 1,1.

태를 언어로 잘 파악하고, 그것을 적합하게 표현할 수 있기 때문이다."[45]

연사는 좋은 연사가 되기 위해 철학을 통달해야 한다. 위대한 연사는 철학의 주인이고 대가이다. 왜냐하면 그는 실상(Sachverhalt)을 말로 잘 파악하고 정확하게 표현할 수 있기 때문이다. 이점은 키케로와 의견을 같이한다. 그러나 키케로와는 달리 퀸틸리아누스는 철학과 수사학을 화해시키려고 하지 않는다. 오히려 그는 철학에 대해 혹독하고 빈정대는 입장을 취한다. 그에 의하면, 오직 현실적 철학자인 경우에만 연사로 불릴 수 있는데, "그는 현실과 동떨어진 논의 속에서가 아니라 실제적인 시도와 작용 속에서 참다운 시민에 속한 사람으로 입증되는 로마 철학자이어야 한다."(XII, 2, 7) 퀸틸리아누스에 의하면 대부분의 철학자들이 연사이지 않다. 그들 중 많은 사람은 수사학적 교양이 필요하다고 생각하지 않는다. 그들은 오만하다. 왜냐하면 무언가를 소중히 여기는 철학자는 특히 잘 표현하는 것을 알아야 하기 때문이다. 연사는 바로 그것을 가르친다.

키케로가 언어능력과 지식능력 그리고 사회적-윤리적 책임을 가진 완벽한 연설가의 모델을 제시했듯이, 퀸틸리아누스도 완벽한 연설가를 '훌륭한 사람'의 모델을 통해 기술하고 있다. 이런 그의 모델은 담론 신뢰성의 조건으로 기능한다. 퀸틸리아누스는 유명한 수사학자로서 '신뢰성의 조건' 그리고 담론의 기초가 되는 도덕적 총체성의 이론인 '훌륭한 사람'의 '모델 제시'를 통해 수사학 교육 이론에 크게 기여하였다.[46] 그의 수사학 교육은 근

45 IJsseling Samuel, Rhetorik und Philosophie, Stuttgart-Bad Cannsttat, 1988, 59.

46 키케로, 『수사학』, 32. "철학과 수사학의 통합을 통해서 키케로는 이상적 연설가라는 모델을 우리에게 제시했다. 그런데 1, 2를 자세히 읽어보면 이른바 키케로의 이상적 연설가는 수사학적 모델에만 그치는 것이 아니라 일종의 보편 교양학의 교육 모델임을 알 수 있다. 이 모델은 후대의 학자들(고대 로마 제정기에서는 퀸틸리아누스와 타키투스를 들 수 있고, 르네상스 시대에 와서는 페트라르카와 로렌초 발라 등)에게 인문교양을 위한 교육 프로그램으로서 작동한다. 학식도 있어야 하고 시민으로서 의무도 다해야 하며 세련된 교양도 갖추어야 하는 자이고 사회생활을 하는 시민으로 혹은 정치가로서 한 인간이 기본적으로 알고 있어야 할 지식과 능력들을 종합한 자이기 때문

본적으로 이상적 로마 연설가(높은 덕성을 지니고 책임을 질 수 있는 능력을 가진 연설가)를 길러내는 것을 목표로 하였다.[47] 이런 연설가는 그때그때마다의 현실사태에 대한 지식을 가지며, 실천적이고 실용적인 지혜를 사용하며, 사회공동체 안에서 자신의 위치와 과제를 인식할 줄 아는 자유시민을 말한다. 퀸틸리아누스에 의하면, "완벽한 연설가는 하나의 이상이다. 그럼에도 불구하고, 훌륭하고 완벽한 연설가는 현실과 관련된 필요한 주된 표상이 아닐 수 없다."[48]

이다. 이러한 지식과 교육을 길러주는 학문 분야가 바로 인문학이다. 이 대목에서 우리는 시민 혹은 인간 교육의 한 방법론으로서 서구 인문학의 기원을 키케로에서 찾을 수 있다고 감히 말할 수 있을 것이다. 이에 대한 전거로 우리는 겔리우스를 증인으로 내세울 수 있다."

47 안토니오 게레로, 『수사학의 역사』, 74.

48 Knape, Joachim, Allgemeine Rhetorik, 172.

제 4 장 진리의 이해와 표현 : 아우구스티누스의 수사철학

1. 기독교의 수사학 수용

1) 기독교와 고전문학 사이의 갈등

기독교가 박해에서 벗어나 로마 정부에 의해 인정받고, 그 후 로마의 국교가 되면서 기독교로 개종한 사람들 중에는 교육을 받은 사람들이 많았다. 그 당시 교육은 바로 수사학을 기초로 한 교양(Paideia)교육을 의미한다. 교육을 받은 그리스도인들은 수사학적 관점에 익숙하였고, 또 그것의 장점을 잘 알고 있었다. 교육을 받은 그리스도인들은 대개 수사가로 전문교육을 받았고, 고전 문학을 의심의 여지없이 잘 알고 있었다.

다른 한편 수사학의 관점에 따라 고전문학을 읽어왔던 그리스도인들은 많은 점에서 갈등과 어려움을 겪지 않을 수 없었다. 그 갈등은 기독교 메시지와 고대 문학 사이에서 많은 점이 쉽게 서로 조화될 수 없는 데서 기인하였다. "그들 중 많은 사람들은 수사학이 전적으로 도달할 수 없는 아름다움(Schönheit, beauty)을 소유하고 있다는 것을 알았다. 그들은 문학적인 의미에서 설득의 기술인 수사학에 친숙하였다. 동시에 그들은 자신의 최고의 권위로써 성서의 원천인 신앙과 맞서게 되었다. 성서는 교육을 받은 수사가들에게 있어서 종종 불만족과 분노의 원천이 되었다. 그 외에 새로운 종교는 연사(설교가)와 작가(교사와 변증론자)를 통해 전파되었다. 그들은 자신들이 친숙했던 텍스트들의 뒷전에 다시 머물렀다."[49] 그러나 기독교와 고대 문화 사이의 갈등은 표출되지 않았지만 언제나 내재되어 있었다.

2) 히에로니무스의 수사학적 태도

히에로니무스(Hieronymus, 347-419)는 수사학적으로 훈련받은 지성인으로 그리스도교인 되었다. 그는 큰 언어능력을 가지고 있었고, 특히 탁월한 문장가였다. 많은 문학 활동을 하던 중 어느 날 히에로니무스는 그 자신이 금욕의 삶을 살고, 모든 것을 단념하고 싶다고 말했다. 그러나 그는 독서는 결코 단념할 수 없었다. 그는 금식과 참회의 수행에서도 키케로와 플라우투스(Plautus)의 저서들을 읽었다. 그가 성서를 읽을 때마다, 그것의 문체와 형식이 그에게 지나치게 방해가 되었다.

그가 병이 들었던 어느 날인가 자신을 책임지기 위해 꿈속에서 어느 재판장 앞에 서야만 했다. 히에로니무스가 말한다. "나는 그리스도인입니다." 재판장이 대꾸한다. "너는 그리스도인이 아니고, 키케로주의자이다(non

49 IJsseling Samuel, Rhetorik und Philosophie, 63.

christianus, sed cicero nianus). 왜냐하면 너의 보물이 있는 곳에 너의 마음이 있기 때문이다." 히에로니무스는 깜짝 놀라서 입을 다물고, 그런 다음 이방인의 저서들을 더 이상 읽지 않겠다고 맹세한다. 이 순간부터 그는 이방적인 시, 수사적 문학 그리고 세상의 지혜는 "악마의 음식"과 같다는 것을 확신하였다. 그 후에 그는 성서가 시적이고 문체적인 아름다움과 문학적이고 수사학적 가치를 소유하고 있고, 이런 것들은 어떤 경우에도 고전문학의 뒷전에 다시 머물러 있지 않다는 것을 끊임없이 알리고자 하였다. 성서와 고전문학을 따로 숙고하려는 그런 시도는 기독교 초기의 저자들에게 중요한 과제 중의 하나가 되었다. 그들은 종종 그런 방식으로 수사학적 문제성과 대결을 하였다.[50]

히에로니무스는 389년경부터 베들레헴에 수도원을 세우고 기독교 신앙을 보급하고, 동방신학을 서방교회에 알리는 데 힘썼다. 특히 언어능력에 탁월한 그는 최초의 라틴어 번역 성경인 『불가타(Vulgata)』의 역자로 활동하였으며, 『오리겐(Origen es)』, 『유세비우스(Eusebius)』 등 많은 독서와 저서 번역에 힘썼다. 그는 기독교 문학적 활동에 많은 노력을 기울였다.

3) 아우구스티누스의 수사학 수용

우리는 아우구스티누스가 수사학적으로 탁월한 능력(표현술과 문장력)을 가지고 있음에도, 기독교 개종 직전 수사학에 대해 부정적인 태도를 취한 아이러니를 이해할 수 있을 것이다.

50 같은 책., 64.

아우구스티누스(Aurelius Augustinus, 354-430) 또한 탁월한 문장가이고 위대한 설교자였다. 당대 그는 유명한 설교가였다. 그의 설교는 그의 생전에 이미 도처에 알려졌다. 그는 교리 교사로써 단순성과 상당한 명확성을 가지고 일반적인 사람들에게 기독교 메시지를 해석하고 매력 있게 전하였다. 그는 동시에 공적 토론에서 탁월한 논쟁가요 거장이었다. 그의 논쟁들은 매력이 있었기 때문에, 많은 사람들이 아우구스티누스의 말을 듣기 위하여 한꺼번에 몰려들기도 했었다. 그러나 그 사람들은 진리를 알고 실천하기 위해서 온 것이 아니고, 그의 설교술에 매료되어서 왔다. 여기서 그가 이미 수사학적 능력을 가진 인물임이 확인되고 있다.[51]

아우구스티누스는 신학, 철학뿐만 아니라 언어이론에도 거장이었다. 젊은 시절 아우구스티누스는 수사가로써 폭넓게 전문 교육을 받았다. 그는 고전적인 작품들을 알았고, 열성적인 키케로 찬미자였다. 공부를 마친 후 그는 자신이 "아카데미적 실업"의 문제에 질적으로 직면해 있다는 것을 알았다. 그러나 그는 틀림없이 탁월하고 공명심 있는 수사학 교사였다. 그는 32세에 그리스도교로 개종하였다. 이런 개종에 앞서 그는 철학 특히 마니교에 빠졌었고, 그 다음 신플라톤주의에 몰두하였다. 그런 다음 그는 수사학을 단념하였다. 『고백록』에서 그는 수사학에 대해 폄하적이고 조롱하는 소견을 늘어놓고 있다. 수사학은 말 잡화점, 즉 술수와 속임의 혼합물이다. 비 진리는 말들의 과잉 속에서 표현되고 빛이 난다. 수사학은 빈말로 채워진 완전히 속 빈 것을 보증한다. 여기서 수사학에 대한 그의 폄하가 플라톤보다 더 강하게 나타나고 있다.

한 때 수사학 교사이었으며, 탁월한 문장가였던 아우구스티누스도 한 때 수사학에 회의를 품었으나, 결국에는 기독교 진리를 변호하고 전달하기 위

51 Augustinus, epist 44, 1.

해 수사학을 사용하였고, 또 신앙적 진리를 전달하려는 입장에서 수사학 이론을 정립하기에 이르렀다.[52]

2. 어떻게 무엇을 읽을 것인가?

아우구스티누스는 자신이 그리스도교로 개종하기 전과 바로 개종하는 시기에 성서 읽는 것에 대해 많은 불편함을 느꼈다. 성서는 그에게 있어서 교회에 들어가기 위한 초대장이기보다는 장애물이다. 그의 화려한 수사학적인 눈으로 볼 때, 성서는 일련의 실망스러운 텍스트들로 구성되어 있고, 그것은 자신의 어머니와 같은 평범한 일반 신자에게 적합한 것이지, 자신과 같은 지성인에게는 아니었다. 게다가 성서의 문체, 언어, 형식과 구성은 그에게 많은 거부감을 주었다.

그러던 중 그는 이탈리아에 있는 도시 밀라노에서 최고의 지성인 암브로시우스를 만났다. 그는 아우구스티누스에게 마침내 성서를 어떻게 읽어야 하는지를 가르쳤다. 아우구스티누스는 틀림없이 암브로시우스로부터 깊은 인상을 받았다. 성서 텍스트를 읽을 때, '정신적인 의미'와 '내적인 진리'를 이해하는 것이 중요하다. 성서 텍스트는 문자적인 의미뿐만 아니라, 정신적인 의미 그리고 내적인 진리를 함축하고 있다. 내적인 진리는 정신에 의해서 파악되는 것이 아니라, 성령의 인도 속에서 깨닫게 되는 진리이다. 이것이 바로 성서 텍스트가 가진 본래적인 의미이다.

'잘'(gut)은 철학자마다 각각 다른 것을 의미한다.[53]

---

52 티모시 보셔스, 『수사학 이론』, 이희복 외 3인 옮김, 서울:커뮤니케이션북스, 2007, 89–90.

53 IJsseling Samuel, Rhetorik und Philosophie, 65.

철학자	잘(gut) 읽는 것의 각각의 의미
칸트	전통적인 형이상항적 텍스트들을 가상의 작용으로 읽음.
쉘링	신화들을 동일성과 차이성들의 표명으로 읽음.
막스	자신의 독서에서 특히 사회–경제적, 정치적 배경과 함축에 관심.
니체	모든 철학적 텍스트에 숨겨진 수사학이 작동하고 있는 것을 읽음.
아우구스티누스	텍스트들 속에서 정신적 의미와 내적인 진리를 읽음.

아우구스티누스는 정신적인 의미와 내적인 진리를 위한 시각을 가지고 읽었다. 그는 이런 입장에서 그의 말년에 성서해석과 수사학의 대표적인 저서인 『그리스도교 교양(de doctrina christina)』을 저술하였다. 그 저서는 4권으로 구성되어 있는데, 1–3권까지는 성서의 진리를 이해 문제에 기반해 다루고 있고, 권부에서는 발견된 진리를 전달하는 문제를 다루고 있다. 아우구스누스는 읽기 위한 이런 새로운 양식 이외에도 말하기 및 쓰기 위한 새로운 양식을 습득하였다. 『그리스도교 교양(de doctrina christina)』의 4권에서 수사학의 문제를 다루고 있으며, 그는 이 책의 말하는 문제, 즉 오늘날 의미에서 설득적 커뮤니케이션 문제를 해명하고 있다.

3. 수사철학의 근본내용

1) 수사학의 개념 규정

기독교로 개종하기 이전에 수사학 교사였으면서도 개종 이후 한 때 스스로 거부했던 수사학이란 아우구스티누스에게 무엇인가? 『그리스도교 교양(de doctrina christina)』 4권에서 아우구스티누스는 본격적으로 수사학을 규정하고, 그것을 상세하게 다룬다. 수사학에 대한 그의 규정은 목적에 따른 가치규정을 따르고 있다.

아우구스티누스는 수사적 기술 그 자체를 좋은 것으로도 나쁜 것으로도 간주하지 않는다. 모든 면에서 그것이 어떻게 쓰일 수 있는가에 달려 있다. "모름지기 언변의 능력(facultas eloquii)은 중립적인 위치에 있어서 그릇된 것을 설득시키든 옳은 것을 설득시키든 간에 매우 힘있는 것이다."[54] 수사학 자체는 중립적 수단이다. 수사학은 독일 수 있다, 그러나 치료수단일 수도 있다. 이점은 플라톤의 견해와 약간 달리한다. 플라톤은 수사학이 요리술이지 치료술이 아니다[55]라고 규정한다. 아우구스티누스는 어떤 일이든 오로지 목적만이 그것의 가치를 규정한다고 보았다. 수사학도 마찬가지이다. 수사학이 진리에 봉사하는 경우, 그것은 좋은 것이다. 즉 그것이 그리스도교 메

54 Augustinus, De doctr. chr IV, 2, 3.

55 Platon, Gorgias, 464d-465a.

시지(복음)의 전파를 위해 사용되는 경우이다. 언어적 수단이 자기 목적이 되는 순수 문학적 텍스트들을 읽는 것뿐만 아니라 쓰는 것도 아우구스티누스는 단호하게 거부한다. "나는 말한다, 그와 같은 어리석음은 우리로부터 멀리 있다."[56] 그럼에도 불구하고 연사는 진리를 전파할 때 기쁨을 일으키려고 해도 된다. 그리스도교 메시지를 아름답게, 매력적으로, 양식에 맞게 올바로 파악해도 된다. 하지만 다음의 조건하에서만 가능하다. 그것이 유용하다는 점에서, 즉 그것을 통해 들어주는 것을 알고, 주의를 일깨우고 유지하는 것을 알고, 청중을 권태로부터 보호할 수 있는 경우에만 허용된다. 아우구스티누스는 그 점에서 거장이었다.[57] 수사학에 대한 아우구스티누스의 규정은 수사학적 기술과 연설의 규칙들이 그 자체적으로 유용성을 가지고 있다는 로마 수사학자들의 견해와 차이를 보이고 있다.

『성 아우구스티누스』에서 메로우(H. I. Marrou)는 아우구스티누스의 수사학적 관점이 고전 교육에서 하나의 혁명을 기술하고 있다고 주장한다. 이소크라테스 이래로 올바른 삶과 사유와 연관된 능변의 교육은 그리스 교양(paideia)의 위대한 이상이었다. 그것은 아우구스티누스에게는 더 이상 그렇지 않았다. 좋은 그리스도인이 되기 위해 지성적 엘리트에 속해야 할 필요가 없는 것처럼, 자신의 믿음을 전달할 수 있기 위해서 반드시 수사가가 될 필요는 없었다. "우리가 알기로는 수사학의 법칙을 쓰지 않으면서도 그것을 배운 사람들보다 훨씬 능변가가 된 사람들이 많이 있다."[58]

56 Augustinus, De doctr. chr, IV, 14, 30.

57 IJsseling Samuel, Rhetorik und Philosophie, 66.

58 Augustinus, De doctr. chr, IV, 3, 5.

2) 기독교적 수사학의 특징

아우구스티누스는 신학과 철학분야에서 탁월한 거장으로 인정받았지만, 또한 언어의 거장이었다.[59] 『고백록』에서 그는 인간 정신이 명상적으로 하나님을 향하는 태도를 가장 진지한 만남임에도 불구하고 표현방식을 전개시켰다. 그의 설교(특히 요한복음과 시편해석)에서도 그는 주석적이고 신학적인 문제를 가장 적합한 방식으로 논구하였다.

설교는 기독교 수사학에서 첨가된 고유한 수사적 장르이다. 키케로가 언어능력과 지식능력 그리고 사회적-윤리적 책임을 가진 완벽한 연설가의 모델을 제시했고, 또 퀸틸리아누스도 완벽한 연설가를 '훌륭한 사람'의 모델로 기술하였듯이, 아우구스티누스도 자신의 고전 수사학 선배의 입장에서 훌륭한 설교의 모델을 제시한다: 말 잘하는 사람 즉 설교자는 가르치고(docere), 만족과 기쁨을 주고(delectare) 감동을 통해 설득하기(flectere) 위하여 말해야 한다.[60] 아우구스티누스에 의하면 가르치는 것은 말하는 내용 즉 성서의 이해에 달렸고, 그 나머지 설교자가 어떻게 말하느냐에 좌우된다. 따라서 설교자는 3가지 의무를 책임질 수 있어야 한다: "교회의 연설가는 실행에 옮겨야 할 바를 설득시킬 적에는 감화를 주어 가르치고 관심을 끌어 상대를 매료시키는 일만 가지고는 안 된다. 상대방을 끈답시고 단순히 즐겁게 해주어서도 안 되며, 또한 승리를 위해 감동을 주기도 해야 한다. 따라서 진리로 증명되어 고백을 했던 미려한 화법을 첨가하였음에도 불구하고 행동에 옮기지 않았다면 장중한 언변, 곧 (상대방이) 동의를 하게 설복시키는 일만이 남는다."[61]

---

59 Christian Tornau, Zwischen Rhetorik und Hintergrund, New York, 2006, 1.

60 Augustinus, De doctr. chr, IV, 12, 27.

61 같은 책., IV, 13, 29.

구술에 있어서 연설가의 이 세 가지 과제는 세 가지 문체의 종류에 상응한다. 전통적인 수사학에서는 세 가지 문장양식(style)을 구분해서 가르쳤다.

진술체

전달할 내용을 가르치는 것(docere)

완만체

청중을 즐겁게 하고 만족시키는 것(delectare)

장엄체

청중을 감동시켜 설득시키는 것(flectere)

아우구스티누스는 연설이나 글쓰기에서 3가지 문장 스타일이 각각 목적에 따라 구분되지만, 함께 혼용해서 쓰는 것이 바람직하다고 권유한다. 그러나 아우구스티누스는 고전적인 문체론에 머무르지 않고, 새로운 것에 한 걸음 더 나아간다. 아우구스티누스는 연설 또는 쓰인 텍스트들의 문체는 간결하고 분명하고 사실적이고 진지해야 하며 특히 성서적 영감을 받은 것이어야 한다고 말한다. 모든 진술된 것 또는 쓰인 것은 각각의 관점에서 더 이상 언어적이고 문법적으로 정당할 필요는 없다. 명백하기 위해서 성서적인 언어사용과 문법적 규칙들을 의연하게 피할 수 있을 것이다. 아름다움을 오직 그 자체를 위해서만 추구하는 것은 진지함과 사태성의 결여를 의미한다. 참다운 아름다움에 관해서 말하자면, 성서적인 언어사용은 그 점에 있어서 이방적인 저서들 배후로 다시 돌아가 머물지 않는다. 그와 반대로, 성서적인 말은 자신의 진리성에 근거하여 상위성을 경험한다.[62]

62 같은 책., Ⅳ, 6, 9.

아우구스티누스의 많은 저서들에서 경험할 수 있듯이, 그의 문체의 아름다움은 그가 말해야 하는 것을 가능한 한 매우 분명하고 간결하게, 매우 진지하고 성서의 내용에 따라 말하려고 하는 것과 긴밀하게 관련되어 있다. 자신의 큰 재능과 수사학적 교육훈련 덕택에 그는 바로 그 점에 있어서 성공적이었다. 그는 말하자면 이런 방식으로 원치 않았지만 하나의 작품을 남겼다. 그 작품은 순수하게 문학적으로 또는 수사학적으로 관심을 갖자면 예찬을 불러일으킬 수 있다. 그러나 수사학에 대한 그의 태도를 고려하여 가장 중요한 문제가 아직 다루어지지 않았다. 그것은 표현(수사학)과 진리(철학) 사이의 긴장관계의 문제다. "모든 진술된 것 배후에 여전히 다른 어떤 것, 즉 언어와 의사소통의 본질에 대한 그리고 독백적 언설과 문답적 대화의 의미에 대한 하나의 고유한 견해가 숨겨져 있다."[63]

3) 언어의 한계와 진리경험

수사학에서 아우구스티누스가 가장 중요하게 문제 삼은 것은 말들의 도움으로 어떻게 누군가에게 무언가를 가르칠 수 있는가를 이해하는 것이다. 여기에서는 실제로 기호들에 대한 이해가 중요하다. 진리 전달 문제와 관련하여 아우구스티누스는 언어의 역할과 영역을 심도 있게 다룬다. 『교사(De magistro)』에서 그는 다음의 결론에 이르렀다: 인간은 언어와 자신의 말함을 통해 무언가를 전달할 수 있고, 기억할 수 있다. 그러나 그것은 언어 자체만의 역할도 능력도 아니다. 언어 그 자체만으로는 근본적으로 무언가를 전달할 수도 가르칠 수도 없다. 왜냐하면 참다운 통찰은 말을 통해 전달될 수도 없고 취득될 수도 없기 때문이다. 아우구스티누스에 따르면 진리 자체는 간

63 IJsseling Samuel, Rhetorik und Philosophie, 67.

접적인 것이 아니다. 즉 직접적으로 언어에 의해 획득되고 전달되는 것이 아니다. 진리의 통찰은 실제적으로 내적인 조명(interior illumination)을 전제한다. 그래서 아우구스티누스는 내적교사를 이야기한다. 사람은 서로로부터 배우지 못하고, 오직 내적 교사(magister interior)로부터만 배운다. 아우구스티누스에게 내적교사는 "그리스도"를 말한다. 내적교사는 외적이고, 물질적이고, 들려지거나 읽혀질 수 있는 것을 말하지 않고, 내적이고 정신적인 말로 말한다. 인간은 그의 말(das Wort)을 신체의 귀로 들을 수 없고, 단지 자신의 마음으로만 들을 수 있고, 정신의 귀로만 들을 수 있다. 오로지 이 말만이 실제로 진리와 관련이 있다. 왜냐하면 영은 살리는 것이고, 문자는 죽이기 때문이다.[64]

따라서 아우구스티누스는 진리를 찾고자 하는 자는 자기 자신 안으로 향할 것을 요구한다. 그 이유는 진리가 인간의 내면성에 거주하기 때문이다(Redi in teipsum, in interiore hominis habitas veritas). '언어는 존재의 집'이라는 하이데거의 주장과 다른 입장에서 아우구스티누스는 존재 진리의 집은 언어가 아니라 정신이라고 주장한다. 아우구스티누스는 자신이 "하나님"이라고 부르는 비경험적으로 주어진 타자와 내적인 대화에로 향하기 위해서 연사의 독백적인 말뿐만 아니라 플라톤의 대화적인 말, 순수사유의 길도 외면한다. 인간은 결국 외적인 교사에 의해 어느 것도 배울 수 없다. 또 스스로 자신의 사유에 의해서도 참다운 것에 접근할 수 없다. 이런 점에서 아우구스티누스는 플라톤과 다른 입장을 취한다. 언어에 앞선 순수사유를 주장한 플라톤과는 달리, 인간은 어느 누구도 순수사유의 대화를 통해서 진리에 이르지 못한다. 아우구스티누스는 플라톤적인 대화와는 전적으로 다른 종류의 대화를 이야기한다. "그것은 창조주와 자기대화에로 나가는 것이다. 아우구

64 IJsseling Samuel, Rhetorik und Philosophie, 68.

스티누스에게 있어서 진리는 더 이상 소피스트들과 – 어떤 의미에 있어서 플라톤에게서도 – 마찬가지로 말의 문제가 아니다. 진리는 오히려 내적인 사건이다."[65] 성서적인 언어로 말하면, 진리 경험은 신앙을 통한 말씀사건인 것이다. 따라서 기독교 연설가 즉 충실한 설교자는 새로운 종류의 말함을 가진 사람이다. 하나님과 내적인 대화 또는 기도하고, 말을 사용하는 한, 충실한 설교자는 성서를 통해 영감을 받을 수 있고, 주님 자신이 그에게 가르쳤던 바로 그 말씀을 말할 수 있는 자이다.

"아우구스티누스가 말의 거장, 탁월한 연사, 그리고 작가임에도 불구하고, 그는 수사학에 대한 모든 찬미를 거부한다. 그리고 그는 또 진리를 언어의 작용 또는 인간 말함의 결과로 파악하는 모든 견해를 반박한다. 그에게 있어서 진리는 신적인 근원을 가지고 있다. 믿음의 확신 전체를 이룩하는 설교의 형식 안에서 설득적 역할은 실제로 자신의 권리를 보장받지 못한다. 진리를 그것의 고시로부터 떼어내고, 그것을 하나의 순수한 정신적이고 신적인 일로 파악하려는 명백한 경향이 아우구스티누스에게서 나타나고 있다. 명명하는 말은 명명을 위해 그것을 사용하는 자와 분리된다. 아우구스티누스가 위대한 연사였고, 정신적인 능변에 중요한 기여를 했음에도 불구하고, 그는 수사학의 진영보다는 철학의 진영에 서 있다. 내면성의 철학과 말들의 배후에 놓인 본래적 의미는 그 없이는 생각될 수 없을 것이다."[66]

65 같은 책., 69.

66 같은 책., 68.

제 3 부
기독교 수사학과 인문주의 수사철학

제1장
중세 수사학과 기예

그리스 수사학의 근본특징은 수사학과 철학의 관계가 서로 대립하고 상호 간에 정립되었다는 점이다. 진리 문제와 관련하여 소피스트, 교육가 그리고 철학자 사이에서 첨예한 대립을 겪었던 그리스 수사학은 아리스토텔레스에 의해 학문성을 인정받아, 기본적으로 체계가 세워졌다.

그리스의 수사학 논쟁과는 달리, 로마 수사학은 사회 정치적 현실과 밀접한 연관 속에서 발전되었다. 특히 법적, 정치적 장르가 주로 강조되었다. 교부시대에 수사학은 기독교로 수용되었다. 그 과정에서 긴장을 겪었지만 기독교화－종교전략적 이유로 즉 신앙적 진리의 변증과 변호를 위해 수사학이 무리 없이 받아들여져 활용되었다. 그러나 새로운 수사학적 장르: 전통적인 삼원장르 외에 설교적 장르가 기독교 수사학에서 확고하게 자리를 잡게 되었다. 이것은 아우구스티누스의 수사학적 영향에 힘입은 바가 크다. 이것은 신학적 작업에 있어서, 진리 이해의 해석학적 분야에서, 그리고 진리 전달의 언어학적 작업에서 두드러진 성과를 보여준 아우구스티누스가 말년에 수사학의 중요성에 대한 강조가 그대로 기독교 전통에 받아들여진 결과이다.

1. 중세수사학의 출발

초대 교회가 겪었던 기독교와 고대 문화의 갈등은 어떤 경우든 과소평가되어서는 안 된다. 복음(그리스도교 메시지)과 고전 문학은 많은 점에 있어서 서로 조화될 수 없었다. 교부들은 그 문제를 의식하였다. 교육을 받은 그리스도인들은 대부분 수사가가 되기 위해 전문교육을 받았고, 고전문학을 의심의 여지없이 잘 알고 있었다. 그들 중 많은 사람들은 그들이 문체적이고 내용적으로 거의 도달할 수 없는 아름다움을 가지고 있다는 것을 인식하였다.

그들은 문학적인 의미에서 설득의 기술인 수사학에 친숙하였다. 동시에 그들은 자신의 최고의 권위로써 성서(die Heilige Schrift)를 결과로 야기시킨 종교와 맞서게 되었다. 성서는 교육을 받은 수사가들에게 있어서 종종 불만족과 분노의 원천이 되었다. 그 외에 새로운 종교는 연사(설교가)와 작가(교사와 변증론자)를 통해 전파되었다. 그들은 자신들이 친숙했던 것들(수사학과 고전문학)의 뒷전에 다시 머물렀다.

이교문학과 기독교 신앙 사이의 첨예한 대립은 부정성으로만 끝나지 않고, 오히려 문법(지금의 언어학)을 심층적으로 연구하는 계기가 되었다. 이런 문법연구의 기초를 제공한 사람들이 바로 카르타고의 성 키프리아누스와 성 아우구스티누스이다. 그들의 영향 하에 중세 수사학이 전개되었다. 그 이유는 키프리아누스와 아우구스티누스는 언어의 표현 자체보다는 언어에 의해 표현되어지는 내용을 중시했기 때문이다. 이들은 부분적으로 플라톤의 언어관과 일치했다. 즉 언어의 속임 능력을 알아차렸고, 그래서 신의 언어가 아닌 인간의 모든 언어에 대해 지나치게 숭배하는 것을 경계했다.

이런 영향을 받은 교회의 태도는 표현의 명확성과 단순함을 강력하게 표방했으며, 표현의 형태적 미보다는 표현의 내용 즉 '믿음의 진실'을 엄격하게 표현하는 것에 더욱 관심을 기울이기 시작했다. 이런 이유로 수사학의 거의 모든 문체 사용에 대한 거부감이 싹트기 시작했다. 암브로시우스는 너무 지나친 장식된 언어를 공격하고, 성서의 단순한 문체를 변호했다. 그러나 때때로 수사학적 문식이 가지는 유용성을 인정을 하기도 했다.

2. 수사학과 자유기예(학문)

중세의 교육제도에서 자유기예(liberal arts, die freien Künste)는 중요한 위치를 차지하였다. 그 자유기예는 7학문(septennium)으로 부르는데, 그것은 3학문(trivium)과 4학문(quadrivium)으로 나뉜다. 전자는 문법, 수사학 그리고 변증법, 후자는 기하학, 대수학, 음악 그리고 천문학을 포함한다.

문법 강의에서 우선 읽는 것과 쓰는 것을 배웠다. 올바로 말하는 기예(ars recte loquendi)로써 문법은 정확하게 말하고 쓰는 것의 규칙을 포함한다. 그것은 바르게 쓰는 것, 어휘 그리고 특히 언어의 구조(주어, 술어, 명사, 대명사, 분사 등)를 다룬다. 그 경우에 대개 언어의 구조는 존재자의 구조와 개념파악의 구조에 대응한다는 것이 전제되어 있다. 이런 전제는 특히 소위 사변적 문법(grammatica speculativa)에 이르렀다. 많은 점에 있어서 중세 문법은 현대 언어학의 선구이다. 수사학은 3학문 중 세 번째였다. 이 학문은 특히 문체와 그리고 무언가를 말하는 방식과 관련되었다. 잘 말하는 기예(art bene dicendi)와 설득 기예(art persuadendi)인 수사학의 중심에 아름다

움, 매력 그리고 설득력이 있다. 말해야 하는 것을 어떻게 옷을 입히고 치장할 수 있었는가에 대한 규칙들을 제시하였다. 옷을 입히는 것과 치장하는 것은 근본적으로 부차적인 것이다. 수사학은 상당한 부분에서 오늘날의 문예학과 일치하였다. 3학문에서 첫 번째 위치를 차지한 변증법(Dialektik)에서는 개념, 판단 그리고 논증이 다루어졌다. 논증에 대한 장에서 수사학은 종종 새롭게 논구되었다. 본래적인 논증 이외에 잘못된 추론(Trugschluß), 불완전한 삼단논법 그리고 엄격하지 않은 합리적 설득이 다루어졌다. 이런 숙고의 중심에 진리, 이성성(Vernünftigkeit) 그리고 통찰이 있다.

고대와는 달리, 중세에는 7가지 자유기예들이 더 이상 철학 또는 철학적 지혜가 아니라, 신학을 위한 보조 역할을 하였다. 신학은 독립적으로 그 기예들 밖에 그리고 그것들 위에 있었고, 유일한 참다운 학문과 참다운 지혜로 간주되었다. 자유기예들(그리고 철학)은 신학의 보조물(ancilla)로, 즉 신적인 일들에 대한 앎에 이르는 길의 중간단계로 여겨졌다.

아우구스티누스와 동시대인이었던 마르티누스 카펠라(Martinus Capella)는 북아프리카 출신이며 비그리스도인이다. 그는 7 자유기예들의 분류와 그 분류의 정당화에 가장 중요한 기여를 하였다. 420년경에 그는 비유적인 책을 썼다. 그 책은 『문헌학과 메르쿠리우스의 결혼에 대하여』라는 제목을 가지고 있으며, 현대 독자들에게는 좀 특별한 내용을 가지고 있다. 이 저서는 중세에 지대한 영향을 미쳤고 가지각색으로 논평되었다. 저자는 메르쿠어(Merkur) 신과, 인간의 지식을 전체적으로 표현하는 문헌학의 결혼을 서술한다. 문헌학은 이 결혼을 통해 신들의 상태로 고양된다. 그것은 예물로써 7명의 들러리들을, 즉 자유기예들을 받는다. 그것들은 다양한 속성들을 부여받은 여자로 인격화된다. 예를 들면 문법은 늙은 여자인데, 그녀는 아이들의 발음장애를 외과학적으로 치료하기 위해 상아로 만든 작은 상자에 몇몇 칼과 줄들을 넣고 다녔다. 수사학은 젊고 아름다운 유능한 부인으로서, 그녀는 여러 가지 수사적 문체들로 치장된 옷을 입고 있다. 그것은 무기도 무장하고 있어 적대자를 공격하고 상처를 입힐 수 있다. 그리고 아름다움과 확신술을 가지고 있다. 다른 기예들 또한 유사하게 기술되었다. 중세에는 이런 비유적인 문체들에 전적으로 익숙하였다. 그 문체들은 종종 묘사되었는데, 특히 고딕식 대성당(파리의 노트르담 사원)의 정면입구에 묘사되어 있다.

중세 초에 다양한 저자들이 자유기예에 대하여 저술하였다.[1] 그들은 자신들의 저서에서 수사학을 다루었다. 그들 중 가장 중요한 사람은 이시도어(Isidor von Sevilla)였다. 이시도어는 Etymologarium libri XX 제목을 가진 대규모의 저작을 썼다. 인간 지식에 대한 이런 백과사전적 편람은 엄청난 박식함을 증명한다. 그것은 자연과 세계사에 대해 상세하게 기술하고 있다. 제2권은 수사학과 변증법을 다룬다. 카시오도어(Cassiodor)뿐만 아니라 이시도어는 고전적인 고대의 유산을 보존하고 계승하는 것을 중요시하였다. 그들의 저서들은 독창적이지는 못하고 매우 아카데미컬적이었다. 베다(Beda venerabilis)는 시학에 관해 저술하였다. 그 저서는 운(韻), 리듬, 운각(韻脚) 등등을 다룬다. 『도식과 거룩한 문서의 장소』라는 제목을 가진 소책자의 서론에서 그는 시학이 다른 모든 텍스트들에게 어떠한 손해도 끼치지 않고, 여러 점에 있어서 그것들보다 우월하다고 강조한다. 그것은 신적인 권위, 그것의 유용성, -그것은 영원하고 참다운 삶의 길을 지시한다- 그것의 시기를 고려하여 볼 때 탁월한 것이기 때문이다. 즉 그것은 다른 모든 저술들보다 더 오

1 IJsseling Samuel, Rhetorik und Philosophie, 71-72. 카시오도어(Cassiodor, 490-583), 이시도어 폰 세빌라(Isidor von Sevilla, 560-636), 베다베네라빌리스(Beda Venerabilis, 627-735), 알쿠인(Alkuin, 730-804) 그리고 노트커 나베오(Notker Labeo, 950-1022)는 De artibus ac disciplinis liberalium litterarum(P.L., LXX, S. 1149-1220)을 썼다. 2장에서 그는 수사학을 명시적으로 다루고 있다. 그는 세속문학(saeculares litterae), 세상적인 작가(mundani auctores) 그리고 세상지혜(mundi sapientia)를 높이 평가한다. 그의 연구는 성서연구를 위해 포기될 수 없이 중요했다. 그는 수사학은 특히 시민적인 일들에 있어서 필수적이고 주목할 만한 것("maxime in civilibus quaestionibus necessaria nimis et honorabilis aest imatur", S. 115)이라고 말한다. 그 점을 넘어 그는 수사학에 대해 상세하게 분류하였다.

래되었고, 말함과 문체의 방식을 고려해 볼 때 탁월한 것이다. 그는 성서의 탁월함을 나타내기 위해 그것에서 차용된 정의와 몇몇 예들을 매번 열거한다. 그는 도식들(Schemata)인 접속사, 반복 그리고 비교를 논구하고, 전의적 표현들인 비유의 오용(Katachrese), 제유(Synek doche), 완곡법(Periphrase), 비유(Allegorie), 은유와 환유를 다룬다. 은유를 '말과 사물들의 전의'(rerum et verborum translatio)로, 환유를 한 의미에서 다른 인접한 전의된 의미로의 이름 옮기기로 정의한다.

카시오도어, 이시도어, 베다, 알쿠인 그리고 노트커의 저술들은 그것들이 가진 소박한 사태성과 직접성에 근거한 어떤 매력을 가지고 있다. 언뜻 볼 때 그것들은 수사학과 철학의 긴장된 관계를 해소할 수 있는 더 나은 통찰을 제공하고 있지 않다. 그러나 이 저서들에서는 의미 있는 2가지 중요한 문제가 있다. 하나는 우리가 앞으로 살펴보듯이, 그 후에 강의를 위한 모델역할을 했던 판결이고, 다른 하나는 특히 성서의 존중이다.

성서는 하나의 텍스트 또는 텍스트들의 모음이다. 중세시대에는 이런 텍스트들이 큰 경외심과 함께 읽혀졌다. 텍스트는 상세하게 연구되었고, 미사의식에서는 엄숙하게 낭독되었다. 수사학은 강독을 위해 큰 의미가 있었다. 해석학 또는 해석은 수사학적 분석과 밀접하게 관련되었고, 미사의식의 낭독은 수사학적 교육을 전제하였다. 그 밖에 성서는 모든 점에서 탁월한 작품으로 간주되었다. 중세에는 전승된 텍스트들의 구조 내에서 분명한 계급질서가 있었다. 성서는 선두에 있었고, 최상의 권력을 나타내었으며 모든 다른 텍스트들의 진리와 가치를 위한 기준 역할을 하였다. 텍스트들은, 아직 정리되지 않았지만, 어떤 권위를 가지고 있었다. 이것들 중에도 어떤 위계질서가 있었다. 중세에 철학과 신학, 이성과 신앙, 자율적 사고와 학설, 세상적 지혜와 신적인 지혜 사이에 큰 긴장들이 있다면, 우선 이런 텍스트 위계질서 내에서 긴장 그리고 다양한 텍스트들의 존중이 중요하다. 마지막으로 수사학적 문제가 중요하다. 왜냐하면 우리가 전통 또는 기존의 텍스트들로부터 차용해오는 논증들은 실제로 "철학적인 것"이 아니라, "수사학적" 논증들이기 때문이다.

중세 전성기 동안에 소위 강독(lectio)이 학교에서 교육의 중심에 서 있었다. 그것은 일정한 권위를 가진 텍스트를 읽고 해석하는 것이다(성서, 페트루스 롬바르트 등). 해석은 특히 구별들을 해낸 철저한 해명(expositio)을 포함한다. 그 밖에 찬반 논증들을 가진 몇몇 질문들이 간명하게 표현된다. 그런 다음 이런 강독은 점차적으로 공적인 논쟁 또는 청중 앞에서 토론(disputatio)으로 대체되었다. 이런 논쟁은 일종의 응용 변증법이었다. 그런 논쟁은 실제로 수사학적으로 진행되었다. 수사학은 교훈적으로 보다는 실천적으로 행해진다. 논쟁의 수사학적 구조를 물음설정 또는 과제, 목표정립과 논거의 구성으로부터 명백히 인식할 수 있다.

3. 중세 '기예와 그 분류'

고전 수사학은 중세에 문법을 바탕으로 작가, 교육가 그리고 설교가에 의해 수용되었다. 그것은 교회영역, 정치-행정적 영역 그리고 문학 내에서 설교기예, 구술기예 그리고 작시기예로 활용되었다. 문법이 말의 기예와 문체연구, 심지어 문학작품의 분석과 해석까지 포괄적인 논의 영역을 가지고 있지만, "담론에 관한 중세 기예들의 연구는 수사학 전통에 대해 일반적인 결론을 도출해내기 전에 각각의 서로 다른 기예들을 구분해서 행해져야 한다." (머피 1986, 99)

1) 구술기예(ars dictaminis)

구술기예는 주로 정치적인 그리고 행정적인 영역 내에서 서간문을 다루는 것이다. 11세기에 수사학 내에서 가장 중요한 변화 중의 하나는 수사학을 '서간기예' 즉 '구술기예'에 그 범위를 한정시킨 일이다. ─머피에 의하면, 구술기예는 수사학의 응용된 한 범위─즉 서간 양식에 도움을 주기 위해 키케로가 구분한 담론의 여섯 단계(머리말, 분류, 진술, 논증부, 반증부, 맺음말)와 편지가 갖추어야 할 다섯 단계(인사말, 호의의 획득, 진술부, 탄원부, 맺음말) 사이에는 매우 쉽게 유사성이 설정되었다. 구술기예의 삼분법은 운문적, 운율적, 산문적 기예로 나뉜다. 구술 기예의 가장 뛰어난 업적은 시적 산문이었다. 예배 의식에 적용되고 교황령에 의해 추진된 시적 산문은 12세기 초에 기예들에 합병되었으며, 13세기 모든 구술기예에서는 이것이 드러났었다.

2) 작시술(ars poeticae)

중세에 나타난 두드러진 특징 중의 하나는 수사학과 시학의 밀접한 연관성이다. 운문과 산문 그리고 산문과 시 사이는 경계가 모호하였다. 시는 처음에 문서 작성술에 속해 있었다. 그 후에 작시술은 리듬을 취하고 문법에서 라틴어 시를 차용하며 또한 상상력의 '문학'을 지향하기 시작했다.

15세기 말경에 제1의 수사학(일반수사학)과 제2의 수사학(혹은 운문 수사학)이 구분되었고, 뒤이어 롱사르의 작시술과 같은 것들이 나타나게 되었다.[2]

2 김현 편, 『수사학』, 서울: 문학과 지성사, 2000, 46.

3) 설교기예

설교기예는 초기부터 그리스도교의 신앙 전파와 밀접하게 연관되었다. 이 기예는 특수한 의사소통 형태를 다루는데, 목적과 구성요소에 있어서 다른 담론 형태들과는 다른 양상을 보였다. 그 주된 이유는 예수 그리스도가 제자들에게 내린 지상명령에 있다. 이 지상명령은 매우 함축적인 형태로써, 그리스도의 말씀을, 이해되고 수용될 수 있는 형태로 모든 시대, 모든 민족에 구체적으로 전달해야 하는 것과 밀접하게 연관되었다.

설교술에서는 세속수사학에 속하지 않은 다른 요소를 사용하였다.

첫째, 설교자의 설득은 하나님 말씀 즉 그리스도의 지상명령의 인식을 전제한다는 것이다. 그것의 명백한 인식의 전제에서 수사적/설득적 작업이 수행되었다.

둘째, 성령(하나님의 영)의 역사와 하나님의 은총이 개입되었다. 이 둘의 근본구조에서만 수사학의 Logos/Ethos/Pathos라는 설득의 수단이 보충되었다. 설교자와 청취자 모두에게 공통된 관심과 전제로 해서만 설득의 수단이 사용되었다.

셋째, 설교자–청취자의 특수성은 신에 의해 둘 다 선택받은 또는 부름받은 존재라는 점이다.

숨겨진, 의식되지 못한 수사학, 즉 이셀링 사무엘(S. IJsseling)에 의하면 중세철학은 수사학적 구조를 가지고 있다. 비록 의식되고 못하고, 또 주목받지 못했지만, 중세철학은 철학적 언설이 가진 문체적이고 윤리적인 면을 간과하였다. 이탈리아 인문주의자들이 바로 그 점을 지적하고, 수사학적 탐구를 폭넓게 시도하였다.

제 2 장 인문주의의 수사철학

르네상의 근본 모토는 '근원으로(ad vontes) 돌아가자'는 것이었다. 이것은 고전을 재발견함과 동시에 수사학의 부흥을 가져왔다. 1416년에 인문주의자 포조 브라치올리니(P. Bracciolini, 1380-1459)가 스위스 성 갈로 수도원에서 『수사학 강론』의 완전한 필사본을 발견하였는데, 거기서 고전의 재발견의 시대와 수사학의 재부흥의 교차점의 가능성이 제시되었다. 그로 인해 퀸틸리아누스가 제시한 이상적인 연설가 상과 르네상스가 추구하는 인간상과 일치시킬 수 있게 되었다. 덕성 있고 능률적이고 활달한 능변의 연설가는 인간이 도달할 수 있는 최고의 완벽함을 지녔다. 쿠르티우스(Curtius)는 "퀸틸리아누스에 있어서 이상적인 연설가는 동시에 이상적인 인간이었다"고 강조한다.

1. 인문학의 대두

르네상스의 주요 특징은 희랍고전에 대한 연구를 통해 그것들의 가치를 재발견하는 것이었다. 중세시대에는 고전의 연구는 고전 그 자체의 가치에 대한 재발견이라기보다는 신학을 위한 철학적 이론을 가져오기 위한 것이었다. 즉 중세에는 고대의 지식이 기독교의 정당화를 위해, 성경의 주해를 위해, 설교와 선교를 위해, 그리고 주변의

이교도 세계와 대결하기 위해 활용되었다. 철학의 본래 가치는 제한되고 신의 이름 하에서 인간의 가치를 격하시키는 등 어둡고 야만적인 중세라는 오명을 받았다. 이에 대한 제대로 된 평가는 중요하지만 여기서 다룰 문제가 아니다.

인문주의자들은 고대의 가치를 재발견하고, 그 가치를 다양한 분야에 확대하기 위해 인문학을 연구하였다. 인문학 즉 인간에 관한 연구, 인간이란 무엇인가? 인간의 가치를 어떻게 발견할 것인가? 희랍적 철학적 이념하에서? 또는 신적인 이름 하에서? 이런 물음들은 세계와 자기이해에 대한 비판적 의식을 발원시켰다. 고대와의 새로운 관계에 눈을 떴고, 근원과의 재 관계를 통해 본연의 가치를 발견하고자 했다.

다른 한편 종교개혁자들은 르네상스의 모토를 수용했으나, 근원에 대한 이해를 달리했다. 즉 그들의 근원은 희랍적 철학이 아니라, 기독교 신앙의 근원인 성서였다.

인문주의적 교과과정에서 강독 순서는 역사, 시학, 수사학 그리고 철학이었다. 수사학은 다른 자유기예들과 함께 신학, 법학, 의학의 학업을 위한 준비과정의 교과로 가르쳐졌다. 또 최소한 법학과 신학을 바로 수사학적 영역에 포함시켰다. 이런 교과과정을 통해 인문주의가 바랐던 교육의 최상 목표는 능변 즉 말을 잘하는 것과 도덕적인 삶을 사는 것을 통일시키는 것이었다.

2. 이탈리아 인문주의자들

1) 프란체스코 페트라카와 콜루키오 살루타티

프란체스코 페트라카(Francesco Petrarca, 1304-1374)는 종종 이탈리아 인문주의의 창시자로 간주되기도 했다. 중세인문주의자들은 스콜라적이고 중세적인 변증법에서 거리를 두고, 의식적으로 고전적인 수사학에 의지하곤 했다. 그것은 바로 미적이고 실천적인 이유에서 그렇게 했다. 인문주의자들 특히 페트라카의 시각에서 볼 때, 중세철학은 정치적이고 사회적인 삶과의 연관은 상실했다. 그는 이런 연관성을 재건하고 철학을 정치적 실천을 위해 새롭게 생산적으로 만들고자 했다. 그들에게 있어서 법, 정치, 전통, 역사, 문화와 고전문학 그리고 언어연구는 중심에 있었다. 그들은 먼저 문헌학자로서 큰 관심과 놀라움으로 로고스(Logos) 즉 언어의 의미에서뿐만 아니라, 구조 그리고 전승된 텍스트 전체의 의미에서 다양한 학문을 연구하였다. 그 중에서도 옛 사람의 지혜에 깊은 관심을 가졌다.

페트라카는 특히 인간과 도야에 대한 키케로의 이상을 찬미했다. 올바르고 적합하게 생각하고, 살아가고, 말하도록 사람들에게 가르치는 지혜와 실천의 통일, 철학과 정치학의 통일, 로마적 법치국가와 고전적 교육의 통일은 그들을 사로 잡은 상당한 매력적인 힘이었다. 이것을 위해 언어를 지배하는 것은 거대한 힘을 나타낸다는 것을 그들은 의식했다. 그의 시각에서 볼 때, 로마 제국은 통일적이고 균형 잡힌 언어를 통해 거대해지고 강력해졌다.

균형 잡힌 언어능력을 가진 탁월한 연사는 '인간의 덕성', '함께 사는 삶의 구조' 그리고 전체 인간적 지식을 설립·유지 보존하고 전승시킨다. 이것은 res(대상, 사태, 진리)와 verbum(언어, 이해, 표현)의 통일을 기반으로 가능한 것이다. 이점을 확신한 페트라카와 인문주의자들은 변증법적 추상이고 실천적인 의미를 가지지 못한 순수한 진리보다는 말과 표현에 더욱 집중적으로 탐구했다. 구체적인 진리는 연사의 지적인 말이 동반된 행위에서 그리고 그 행위를 통해서 실제화되어야 한다. 그런 연사는 역사에 친숙하고 사태의 지식에 근거하여 말할 수 있다. 이런 점에서 인문주의의 거대한 프로젝트(big project) 수사학을 종합적인 주도 학문으로 만들고, 수사학에 정치적·실천적 차원을 재생하며, 키케로식으로 말하면 말과 도덕을 다시 살려내는 일이다. 마치 오늘날 사회생물학이 종합학문으로서 학문의 헤게모니를 쥐고자 했듯이 말이다. 페트라카는 이상적 지혜를 이상적 웅변으로 보았다. 그에 의하면 지혜, 능변 그리고 이성, 웅변(sapientia, eloquentia, ratio, oratio)은 통일체를 이루어 참된 인간적 삶을 위한 실천적 지도가 된다.

콜루키오 살루타티(Coluccio Salutati, 1331-1406)는 페트라카의 가장 탁월한 제자였다. 7개의 자유기예(artes liverales)에 큰 관심을 기울였다. 그러나 그의 견해에 따르면, 자유기예는 그 자체 독립적으로 있는 것이 아니고, 그것들 위에 '법적인 상급기관(Jurisprudenz)'이 있다. 수사학은 전적으로 법학에 봉사하는 것이다. 이런 의미에서 살루타티는 수사학이 자유기예들 중에서 가장 중요한 것으로 간주하였다. 이런 그의 입장은 이론보다 실천을 우선시하는 그의 학문적 태도와도 맥을 같이 하였다. 그는 사변적인 스콜라 철학을 반대하고, 새로운 반 스콜라적인 철학개념을 제시하였다.[3]

2) 로렌조 발라와 마리오 니졸리오

로렌조 발라(Lorenzo Valla, 1407-1457)는 새로운 철학을 구상하였다. 그

3 Samuel Ijsseling, Rhetorik und Philosophie, 83.

는 변증법 즉 논리학을 새로운 철학을 위한 하나의 보조학문으로 간주하였다. 수사학은 새로운 철학의 윤리적 정치적인 가능성에 근거하여 중심에 세워졌다. 이것은 새로운 철학과 수사학의 동일화를 강조하는 것이다. 자신의 저서 『변증법의 논쟁』에서 발라는 아리스토텔레스 학파의 순수이론적이고 교리적인 철학을 날카롭게 공격하였다. 그는 언어에 의한 이론과 실천의 통일을 주장하였고, 말함과 사유함의 통일을 강조하였다. 대상과 언어(res et verbum)는 서로 분리될 수 없이 서로서로 연관되어 있기 때문이다. 이것에 근거하여 보자면, 사물들은 말에 의해서만 인간에게 접근될 수 있고, 세계는 언어를 통해 인간에게 해명될 수 있다. 새로운 언어의 습득은 새로운 세계를 알게 되는 것이다. 또 그는 언어를 지배하는 자는 현실에 대한 일정한 힘을 획득한다고 보았다.[4] 이런 견해는 훔볼트(Karl Wilhelm Humboldt)와 19세기 언어철학자들에게 영향을 주었다.

마리오 니졸리오(Mario Nizorio, 1488-1567)도 이론철학을 거부하고, 이론과 실천의 통일성을 주장했다. 그래서 그는 철학과 수사학을 서로서로 분리시키는 전통을 비난했다. 이런 분리 때문에 소크라테스, 플라톤 그리고 아리스토텔레스는 그의 시각에서 볼 때 위대한 철학자가 아니고, 타락한 인물들이다. 당연히 니졸리오는 인류가 모든 위대함의 덕을 인류에게 제공하고 있는 인문주의적이고 수사학적인 전통뿐만 아니라 고르기아스와 이소크라테스, 키케로와 퀸틸리아누스를 지지한다. 수사학을 연구한다는 것은 그에게 있어서 자기 자신과 타자에 대한 힘을 얻는 것을 의미한다. 그 힘은 인간을 위대하게 그리고 인간적으로 만든다.

특히 언어의 중요성을 알고 수사학을 강조한 이탈리아 인문주의는 예수회의 교육이상에 지대한 영향력을 끼쳤다. 1540년경에 설립된 예수회는 그

4 같은 책., 84.

덕택에 더 높은 학제에 몰두하게 되었다. 1600년경 젊은 데카르트가 예수회 사람들에게서 교육을 받을 때, 250명 이상의 선생들이 있었고, 이들에 의해 그 당시 많은 젊은이들이 교육을 받았고, 많은 수사학 강의를 위한 저서들이 출판되었다.

그렇지만 데카르트는 예수회 동료들에게서 인문주의 교육을 받은 후에 인문주의적이고 수사학적인 도야를 반대하는 입장을 취해야만 했다. 그의 저서 『방법서설』에서 그가 cogito(나는 사유한다)의 직접적인 명증성에 근거한 새로운 과학에 도달하기 위해서 자신이 훈련받았던 수사학적 과학의 이상에서 어떻게 벗어났었는지를 기술하고 있다.

3) 잠바티스타 비코

Giambattista Vico.

데카르트의 『방법서설』이 나온 지 거의 100년 후, 이탈리아의 나폴리 철학자 비코(G.B. Vico, 1668–1744)는 위대한 이탈리아 인문주의자들의 가장 중요한 주제들을 재수용하였다. 비코는 역사가이자 법률가였다. 그는 옛 로마사의 인식에 본질적인 것에 기여하였고, 로마법 전문가였다. 그는 오랜 기간 동안 수사학 교수로 있었다. 데카르트와 마찬가지로 비코 또한 새로운 과학(scienza nuova)을 기획하고자 하였다. 그러나 데카르트와는 전적으로 다른 의미에서였다. 비코는 지식을 위한 확고한 기초와 의심할 수 없는 출발점을 추구하였다. 그러나 비코는 데카르트적 명증성(명석 판명한 지각(clara et distincta perceptio)) 이나 또 데카르트적 코기토(cogito, 사유하는 자아)의 부정할 수 없는 확실성에서 새로운 과학의 기획 가능성을 발견하지 않는다. 오히려 그는 말과 사실, 진리 그리고 사실성의 뒤바뀔 가능성과 또는 일치성에서 찾는다.

비코에 의하면 사실성은 만들어진 것(facere), 즉 인간이 완성하고 실현한 것이다. 그는 확신적으로 강조한다. "측정할 수 없는 의심의 대양 한가운데에 오직 하나의 별로 확고하지 않은 근거만이 있다: 말과 사실의 일치성."[5]

비코에게서 역사와 정신과학은 명백하게 자연과 그 나머지 과학보다 우선성을 갖는다. 즉 역사에서 사실적 세계(die faktische Welt)는 솟아오르고 지는 운동으로써 진행되는 진보적인 인간적 기획을 통해 완성된다. 모든 사실적 세계(jener faktischen Welt)에 법과 경제, 정치와 국가, 종교와 교육 그리고 또한 근대 과학들이 속한다. 비코에 의하면 무언가를 이룬 그 사람이 그것 자체를 이야기하고, 기술하고 설명하는 곳 이외에 더 큰 확실성은 아무 곳에도 없다. 이것은 또한 인간이 과학으로써 기획하는 수학과 물리학과 같은 과학들에게도 타당하다. 그것은 더군다나 인간에 의해서가 아니라 하나님에 의해 창조된 자연 자체나 자연과학의 대상에 대해서 타당하다. 그러므로 이것들에 대해 인간이 아니라 하나님이 절대적 확실성을 가질 수 있다.

국가와 정치, 도덕적이고 법적인 질서, 종교와 문화의 발생에 있어서 그리고 근대 과학의 기획을 위해 언어는 중요한 역할을 하였다. 비코에 의하면 인간적 정신(ingenium)이 언어를 형성한 게 아니라, 반대로 언어가 정신을 형성하였다(예를 들자면 수사학적 개념을 통해 수사학적 정신이 형성된다). 인간들은 언어를 서로서로 전승하고 끊임없이 정제하였다. 신화적이고 시적인 말 그리고 후에 사태적이고 합리적인 말은 우리가 그 안에 살고 있는 세계를 해명해왔다. 위대한 말을 안내하는 자들은 이런 세계를 받아들이고, 유지하고 계속해서 해체하고 변경시킬 수 있다.[6]

5 같은 책., 86.

6 같은 책., 86-87.

수사학 교수로서 자신의 취임사에서 비코는 수사학을 변론하고, 데카르트적으로 영감을 받은 과학이상과 교육이상에 대해 항의하였다. 그의 비판은 다음을 초래하였다: 데카르트트주의자들에게서와 17세기 프랑스 합리주의자들에게서, 논리학과 문법에서는 역사를 위한 또 정신과학을 위한 어떠한 자리도 없고, 또 시학뿐만 아니라 수사학을 위한 자리도 없다. 그들에게서 중요한 것은 오로지 영원하고 지속적으로 동일하게 머물러 있는 진리들이다. 고시와 변화는 그들의 시야 밖에 있다. 그러므로 이런 철학은 비코에 의하면 정치적이고 사회적인 실천과의 모든 연관성을 상실한다. 이런 실천의 내용은 세계를 변화시키는 것이다.

그에게서 또한 역사과학은 어떠한 자릿값도 갖지 못한다. 역사과학은 참다운 과학일 수 없다. 왜냐하면 그것은 항상 오로지 권위들, 우연적인 사실들, 기록들과 텍스트들에 의거하고, 이런 것들은 방법론적인 회의에 직면해서 존립하지 못하고 또 명증성의 질서에 속하지 않기 때문이다. 그러므로 역사에 대한 본래적인 과학적 인식은 가능하지 않다. 비코의 견해에 따르면 지혜 또한 정신과학과 함께 명증성의 영역에서 탈락된다. 그러나 인간은 자신의 과거에서 수집한 경험을 통해서만 현명해졌다. 이런 지혜는 그것이 구현하는 텍스트, 기록물들, 관행들과 규정들의 전체에 기록 보관되어 있다. 우리는 오직 역사를 철저히 연구함으로써만 그것을 탈취할 수 있다.

끝으로 예지성의 본래적이고 근원적 원천인 신화적이고 시적인 말이나 실재를 건립하는 말 또한 그들에게서 수사학적인 말에 대해 전적으로 침묵할 어떠한 여지도 발견하지 않는다. 시와 웅변술적인 연설은 경우에 따라서 매우 아름답고 우아할 수 있다. 그러나 그것들은 과학과는 아무런 상관이 없다. 비코에 의하면 그점과 함께 기쁨의 실제적인 가능성이 인간에게 사라진다. 그러나 인간들이 서로서로 상호 간에 높은 윤리적 수행과 성숙한 정치적 행위에로 나아가기 위해 탁월한 수단을 알아차리지 못하는 것은 더 좋지 않은 것이다. 진리 추구를 위해 사람을 얻는 것은 더 이상 가능하지 않다.

비코의 근본적인 항의에도 불구하고 데카르트적 과학이상은, 그것이 합리주의적 형식이든 또는 경험주의적 형식이든, 역사적 현실에 관철되었다. 그러나 동시에 비코에 의해 제기된 다양한 문제들이 사변적 독일 관념론 안에 창조적으로 수용되었고, 재생산되었다는 것은 결코 간과될 수 없다. 비코는 독일 철학에 즉 헤르더와 헤겔에 간접적이지만 상당한 영향력을 미쳤다. 헤겔은 아마 그의 저서를 결코 읽지 않았다. 그것은 이상한 일이 아니다. 왜냐하면 비코는 실제로 그의 생전에 결코 유명하지 않았고, 그의 죽음 후 사람들에게 바로 잊혀졌기 때문이다. 1910년경 이탈리아 헤겔주의자인 크로체(B. Croce)에 의해 비로소 그의 진가가 발견되고, 그의 철학적 의미가 지적인 영역에서 부각되었다.

제 3 장
종교개혁과 인문주의의 수사신학

여기서 중요하게 제기되는 물음은 인문주의적 수사학은 종교개혁과 어떤 연관성이 있는가 하는 점이다. 먼저 종교개혁자들의 입장을 살펴보면, 프로테스탄트인들이 믿는 바는 하나님의 말씀은 그 자신의 권위를 갖고 있다는 것이고, 따라서 위로와 지지를 위해 성서와 성령의 격려 외에 다른 권위들에 호소하지 않는다는 점이다. 그 다음 인문주의자들은 수사학의 연관성에서 신인식의 문제를 다루었다.

1. 루터의 수사학적 선포

1) 설교자의 언어에 앞선 하나님 말씀

"프로테스탄트교회는 하나님의 말씀을 능력있게 전달하는 능력에서 판단을 받아야 한다."[7] 이것으로 프로테스탄트교회에서 하나님 말씀을 전하는

7 Stephen H. Webb, Reviving the Rhetorical Heritage of Protestant Theology, in A companion to Rhetoric and Rhetorical Criticism, ed by Jost and Olmsted, Blackwell Publishing Ltd, 2004, 422,

일의 가치와 중요성을 알 수 있다. 마틴 루터(Martin Luther, 1483-1546)에 의하면 설교자의 말은 본질적으로 그 자신의 말이 아니고, 하나님의 말씀, 성령의 말씀이다. 하나님은 설교자의 입을 통해 말씀하신다. 설교자의 말은 단지 외적인 수단이다. 설교자의 말이 실제로 하나님의 말씀이 되기 위해서는 그것이 당연히 특정한 조건들을 충족시켜야 한다. 그것은 성경으로부터 전적으로 영감 받아야 하고, 하나님의 기적을 찬미해야 하며, 구원을 선포해야 한다. 그 밖에 설교자 자신이 어떤 방식으로든 공식적으로 인정받아야 되고, 공동체에 의해 부름을 받아야 한다.

설교자의 말이 하나님 말씀이기 때문에, 그것은 공동체 내에서 실제로 무언가를 실현한다. 그것이 무엇을 실현하는가? 설교자의 말은 믿음을 기부하고, 그럼으로써 하나님의 말씀을 믿는 자들을 거룩하게 한다. 먼저 그것은 믿는 자에게 있어서 본질적이다. 이것은 우리의 시선을 근본적으로 바꾸어 놓는다. 하나님 말씀의 선포에서 말씀을 듣는 청중이 우선 선택적 주체가 아니다. 말씀을 듣는 청중으로 하여금 믿음을 갖게 하는 것이다. 청중이 말을 믿어야 하는 것이 아니다. 오히려 그 말이 그를 믿게 만든다. 그것은 당연히 어떤 개방성과 수용성을 가지고 들려져야 한다. 그러나 이 전제들 자체는 설교를 통해 제공되고 세워진다. 믿음은 확고한 확신(conviction)이다. 그 확신은 설교 덕택에, 설교 덕택에만 가능하다. 설교 없이는 어떤 믿음도 없다. 선포된 말씀 저편에 어떠한 믿음의 공동체도 없다. 왜냐하면 하나님을 본 자는 아무도 없기 때문이고, 믿는 자들은 역사에서 역사에로 전승되는 이야기로부

터 그분을 알기 때문이다.[8]

2) 성스러움을 위한 설교자의 말

거룩한 능변에 대한 철학자들의 판단은 강경하다. 하지만 철학자가 사실적으로 설교자와 다른 어떤 것을 행하는가 하는 물음이 제기된다. 우리는 둘 다 원칙적으로 다른 방식이지만 동일한 것을 행한다고 주장하고자 한다. 철학자는 더 세밀하게 행동하고, 다른 양식(문체)을 사용한다. 그는 더 상세하게 고백하고, 아마 더 확신적으로 활동한다. 그러나 두 경우에서 중요한 것은 텍스트인데, 이것은 독자 또는 청자에게 앞서 유지되고, 그에게 있어서 하나의 특정한 기능 즉 하나의 특정한 의미를 가진 말로 엮어진 작품이다.

위로를 기부하는, 안전, 신뢰, 확신성 그리고 방향을 제시하는 과제가 또한 텍스트에 속해 있다. 철학의 위안의 주제는 이미 매우 오래된 것이다. 보에티우스(A. M. S. Boethius)는 그것에 대해－철학의 위안－말했고, 철학의 위로와 시학의 위로를 구분했다. 모든 철학적 체계는 십중팔구 하나의 사상구조 또는 하나의 건축물이며, 거기서 인간은 거주하는 것으로 느끼고, 모든 낯선 것이 친숙해질 수 있다. 확실성의 추구, 인간이 주장하는 모든 것의 기초세움은 철학에 있어서 특징적인 일이며, 의심 없이 발판과 안전을 제공한다.

철학은 인간에게 일련의 도식들을 넘겨주는데, 그 도식으로 그는 그의 사상을 간명하게 표현하고, 일정한 의미에서 그의 현존재를 다룰 수가 있을 것이다. 야스퍼스(K. Jaspers)는 '세계정향'으로써 철학에 대해 말한다. 철학적

---

8 IJsseling Samuel, Rhetorik und Philosophie, 112.

인 논문이나 설교는 의심의 여지없이 자신의 방식의 텍스트이고, 이것들은 적어도 문체와 구성에 있어서 서로서로 구별된다. 이런 상이함은 낮게 평가되어서는

안 된다. 그러나 그 상이함은 그것들이 두 개의 텍스트들이다는 사실을 지양시키지 않는다. 하나의 텍스트가 인간 현존재에게서 무엇을 의미하고, 무엇을 겨냥하는가가 가장 중요한 물음이다.[9]

루터에 의하면, 설교자의 말은 듣는 자를 거룩하게 하는 것이다. 그것은 거룩하게 한다. 왜냐하면 그것은 믿음을 주기 때문이다. 신앙을 가진다는 것과 거룩해지는 것은 이런 관점에서 그리고 말의 본래적인 의미에서 바로 동일한 것이다. 설교는 거룩하게 살도록 또는 선하고, 고상하고, 높은 수준을 지닌 인간이 되도록 하는 어떠한 격려가 아니다. 설교는 그 자체가 인간과 신앙공동체를 거룩하게 만든다. 설교는 선한 인간이 되는 힘과 능력을 수여한다. 설교는 은총을 주고, 그 때문에 하나의 성례(Sakrament), 즉 하나의 외적인 표지이다. 그 표지를 통해 내면성 속에서 무언가가 일어난다. 설교자의 말은 구원을 선포한다. 그 구원은 강함, 용기, 경건과 위로, 안전과 방향이다. 설교는 인간에게 길을 지시한다. 설교는 말하자면 쉐마(본보기)를 건네주는데, 인간은 그것에 따라 자기 현존재를 수행할 수 있다. 그것은 그에게 프레임(frame)을 넘겨주는데, 그 안에서 인간은 안전하게 느끼게 되고, 거주하고

9 IJsseling Samuel, Rhetorik und Philosophie, 120.

있다는 것을 알게 된다. 설교는 위안이고 신뢰를 일깨운다. 그러나 그것은 동시에 하나의 도전이고 하나의 판단이다.[10]

루터는 구체적인 인간 현존재와 관련해서 설교를 명백하게 특징짓는다. 즉 '설교자의 말은 교화적(경건한 것)이다(das Wort des Predigers ist erbaulich)'. 슐라이에르마허(F.D.E. Schleiermacher)[11]는 종교와 현존재의 교화의 밀접한 연관성을 강조한다. "종교(설교)가 그 고유의 모든 힘으로 움직이며 스스로 봉사하려는 이 운동의 흐름 가운데서 심정의 모든 능력과 함께 감동시킨다면, 그것은 종교의 분위기 가운데 호흡하고 있는 개개인의 가장 깊숙한 내면에까지 침투해 들어가기를 바라며, 그와 동질적인 모든 부분들이 접촉되기를 바라고, 종교의 동요에 감동됨으로써 개인이 그 현존을 의식하는 데 이르게 될 때까지, 화답하는 유사한 소리를 통해 요청하는 사람의 기다리는 귀가 만족스럽게 채워지기를 기대한다."[12] 이것은 종교와 설교의 본질적인 능력은 단순한 믿음의 산출이 아니라, 실존의 교화를 이루는 데에까지 연관되어 있다는 것을 지적한다.

설교는 인간을 그의 구체적인 현존재에서 교화시킨다. 그것은 세계를 세우는데, 인간은 그 안에서 거주할 수 있다. 설교는 실제적으로 신앙공동체를 세우는데, 그 안에서 사람들은 하나님의 그리고 하나님에 대한 메시지를 서

---

10 IJsseling Samuel, Rhetorik und Philosophie, 112-113.

11 낭만주의자이면서 계몽주의를 반대한 슐라이에르마허(Friedrich Schleiermacher, 1768-1834) 역시 설교의 중요성을 강조한다. 위에서 언급된 다양한 주제들이 반복되고 있다. 그에게 있어서도 선포는 예배의 본질적인 부분이다. 예배의식은 하나님과 종교에 대해 말해질 수 있는 유일하게 적합한 자리이다. 선포는 그리스도교적 의식의 작용이고 표현이다. 그것은 동시에 그 의식의 계승이고 지속적인 확장이다. 슐라이에르마허에게 있어서 교화는 종교의 중심적인 범주이다. 따라서 그는 루터보다 더 단호하게 종교적인 기분(die religiöse stimmung)의 개념을 재수용하여 믿음과 연관시킨다. 믿음이 루터에게서 특히 실천적인 의미라면, 그것은 슐라이에르마허에게서는 우선 감정과 기분에 사로잡혀 있음의 문제이다. 그에 의하면 종교적인 기분은 설교 안에서 그리고 설교를 통해서 유발된다. 강조점의 차이는 있지만, 신앙공동체 안에서 말씀에 대한 루터와 슐라이에르마허의 견해는 일치한다. 설교의 말은 그 둘에게 있어서 신앙에 대해 본질적이다.

12 슐라이에르마허,『종교론』, 최신한 옮김, 서울: 한들, 1998, 121-122.

로서로 전한다. '교화'라는 말속에 그리스어 '포이에인'(poiein)이 아직 보존되어 있다. 설교는 하나님의 그리고 하나님에 대한 시적인 담론(logos)이다. 이런 담론은 인간의 시작에서 볼 때 신의 실존에 대해 또 인간의 구체적인 실존 또는 현존재방식에 대해 본질적이다. 하나님은 믿는 자에게 있어서 우선 믿는 자들 사이에 계속 전해져 오는 옛 전승된 이야기로부터 볼 때 하나의 '인격'이다. 모든 인간은 그에게 그리고 그에 대해 말해진 이야기의 연관성 속에서 있다: 인간에 대한, 그의 과거와 미래에 대한 그리고 그의 하나님에 대한 이야기들. 이런 이야기들의 연관성은 공간을 개방하고 제한하는데, 그 안에서 인간은 자신의 현존재를 수행할 수 있고 수행해도 된다. 그의 구체적인 현존재는 모든 불안과 기대들, 이상과 실망들, 욕망과 죄책감들, 가치판단과 통찰들과 연관되어 있다.[13]

3) 선포의 수사학적 과제

게하르트 에벨링(G. Ebeling)은 그의 저서 『루터-그의 사상 입문』에서 루터의 사상을 환기시킨다. 루터의 위대한 교리문답서에서 다음의 것을 읽을 수 있다: "하나님과 믿음은 서로 속해 있다." 루터에게 있어서 하나님은 최고의 선이고, 인간이 자신의 소망을 둘 수 있는 분이고, 모든 구원을 기대하는 분이다. 인간은 분명히 자기 자신의 하나님을 가지고 있다. 그 하나님은 그의 눈앞에 아른거리는 출세일 수 있고, 돈, 배, 인간적 교육 등 간략히 말하면, 그가 모든 것을 기대하는 모든 것일 수 있다. 그런 하나님은 당연히 거짓 신(우상)이다. 그리스도인은 모든 것을 소위 순수 부정성인, 즉 본질적으로 언제나 모든 이 세상의 실재와는 다른 '참다운 하나님'으로부터 기대한다.

13 IJsseling Samuel, Rhetorik und Philosophie, 113.

이런 '참다운 하나님'은 루터에 의하면 또한 선포된 하나님이다.

참다운 하나님을 믿는다는 것은 그를 찬양하는 것을 의미한다. 그리고 하나님을 찬양한다는 것은 하나님의 칭송을 선포하는 것, 하나님의 기적을 이야기하는 것 그리고 서로 서로에게 인간의 창조, 해방 그리고 미래를 앞서 유지하는 것을 의미한다. 찬양과 선포 이외에서 인간을 위한 어떠한 하나님도 없다.[14]

루터는 매우 과감한 표현을 사용한다: "신앙은 하나님과 관련하여 창조적인(creatrix divinitatis) 것이다." 이런 표현은 칼 바르트에게서 많은 분노를 야기시켰다. 그 분노는 명백히 오해에 의거한다. 하나님은 오직 믿음 덕분에 그리고 믿음에 의거하여 존립한다고 루터는 말한다. 그렇다면 우리는 이것을 어떤 경우도, 포이에르바하가 행했듯이, 주관주의적으로 또는 인간중심적으로 파악해서는 안 된다. 참다운 믿음은 주관적인 것도 아니고, 순수한 인간적인 일도 아니다. 그것은 오히려 신적인 일이다. 그리스도교 신앙은 그편에서 하나님 말씀인 그리스도교적 선포의 결과이다.[15]

루터는 교회가 하나님이 인간의 육신으로 성육신 하셨을 때처럼, 신적인 신비는 신뢰할만한 대화 속에서 말해질 수 있어야 한다고 주장한다. 교회는 하나님의 말씀을 능력있게 전달하는 능력에서 판단받아야 한다. 이것은 교회의 과제인 동시에 신학의 과제이다. 교회를 매장시키는 전통에서부터 하나님 말씀을 자유롭게 하는 것이 아니라, 아카데미로부터 그 말씀을 자유롭게 하는 것이다. 거기서 학자의 배타적인 지도는 성서의 의미와 선포의 중요성을 저자직, 연대 그리고 맥락에 대한 끝없고 비생산적인 논쟁에 묻어버리기 때문이다. 문법과 수사적 방식들이 가르쳐지지 않는다면 설교가들, 법률가들 그리고 물리학자들은 제대로 자기 메시지를 전할 수 없을 것이다. 문법

14 같은 책., 114.

15 같은 곳.

에서 수사학으로 이동, 즉 성서의 목소리를 다시 들려지기 위해서 주석에서 구성적 신학으로의 이동은 지속적으로 개신교 신학의 불가피한 과제가 될 것이다.

2. 존 칼빈의 수사학적 신학

1) 수사학적 신학을 위한 모델

존 칼빈(John Calvin, 1509–1564)은 법학도로서 법적인 생애를 추구하였고, 수사학을 접한 후로 고전 수사학의 방식에 몰두하였다. 그로부터 "배움에 대한 사랑은 그의 신학적 노동의 목표를 분명하게 형성하였을 뿐만 아니라, 현명하고 웅변적인 경건의 수양을 추구하였다. 루터와 달리, 칼빈은 교리적 투명함이 믿는 자에게 유익하다고 입증될 수 있기 전에, 신앙이 유익하고 실천적이어야 하며, 자기만족과 사변적이어서는 안 된다고 주장했다. 이로써 그는 스콜라주의를 비판하였다. 그에 의하면 신학의 목표는 사람의 마음을 변화시키는 것뿐만 아니라, 삶의 전체 길을 변화시키는 것이다. 이것으로 그가 키케로의 영향을 받았음을 알 수 있다. 모든 연사의 목표는 단지 개인에게만 유익한 것이 아니라, 실제로 살아서 움직이는 공동체(polis)의 대중적 선 (좋음)에 봉사해야 한다.[16]

16 Stephen H. Webb, Reviving the Rhetorical Heritage of Protestant Theology, 419.

칼빈은 계시이론을 위해 수사학 용어인 '순응'(accomodation)을 차용해서 사용하였다. 키케로식 의미에 따르면 연사는 청중을 인식하고, 그에게 맞게 적응하고 순응해야 한다. 이런 시각에서 칼빈은 하나님과 인간 사이의 적합한 의사소통을 강조하였다. 하나님은 우리가 이해할 수 있는 방식으로 우리에게 말씀하신다. 그 때문에 성서 이야기는 오늘날 청중들이 이해할 수 있는 방식으로 지속해서 말해져야 한다.

2) 칼빈의 수사학적 정신

칼빈의 신학적 사상이 지식 대중에 열렬한 호소력을 발휘할 수 있었던 요인은 단순히 기교 차원의 것이 아니었다. 그것은 두 가지 차원에서 이루어졌다. 하나는, 칼빈이 하나님의 주권을 강조했듯이 하나님의 위엄(존엄)에 대한 그 자신의 독특한 영적 체험에 근거한 확신이었고, 다른 하나는 열정과 함께 학문으로는 그 시대의 인문주의 수사학적 트렌드에 힘입은 것이었다.

그의 수사학적 신학의 핵심에는 목적성과 상황성(kairos)이 조화를 이루고 있다. 첫째로, 그의 수사학적 신학은 '설득'(persuasio)이라는 목적성을 갖고 있다. 칼빈의 설교와 신학 논문에서뿐만 아니라, 그의 주저인 『기독교 강요』에서도 수사학적 목적성을 발견할 수 있다. "신학자의 과업은 잡다한 이야기로 청중의 귀로 이끄는 것이 아니라 진실하고, 확실하며, 유익한 것을 가르침으로써 그들의 양심을 강화시키는 데 있다."[17]

칼빈은 실제적인 경건의 내용을 담지 못하고, 청중들에게 유익하게 수용될 수 없는 사변적 내용을 거부한다. 그대신 그는 실천적으로 그리고 실존적으로 그리스도인 삶에 실제적으로 유용한 지식을 제공하는 것을 그의 수사

17 존 칼빈, 『기독교 강요』, 1. 14. 4; 오형국, 『기독교 강요』, 서울: 한국학술정보, 2006, 123 재인용.

학적 신학의 목적으로 삼았다. 이런 목적을 위해 칼빈은 세 가지 수사학적 문장양식들 즉 가르치고, 감동시키고, 즐거움을 주기 위한 문장들을 사용하였다. 특히 퀸틸리아누스의 강조를 따라 칼빈도 간결한 문장을 통해 청중의 집중도를 높이고자 했다. 이런 설득의 방식 외에도 칼빈은 그의 신학에서 가장 결정적인 성령의 사역도 설득의 개념으로 이해하였다. "성령의 증거는 모두 이성보다 훨씬 탁월한 것이다……. 말씀은 성령의 내적 증거에 의하여 인침을 받기 전에는 사람들의 마음에 받아들여지지 않는다. 선지자의 입을 통해 말씀했던 그 동일한 성령이 우리의 마음에 침투하고 설득해야만 한다."[18]

칼빈의 수사학적 신학의 두 번째 특징은 상황성이다. 이것은 역사성을 따르는 것으로 청중의 내적상황에 대해 민감하게 이해하는 태도와 관련이 있다. 수사학적 신학은 역사와 시간을 무시하는 신학 자체에 대해 거부한다. 칼빈에 의하면 신학은 신학 자체는 무시간적인 진리를 다루는 것이 아니라, 그 시대의 필요와 과제에 응답해야 하는 역사성을 지닌다. 칼빈은 자신의 신학이 모든 시대를 위한 진리를 서술하기 위한 것이 아니라 자신의 시대의 문제와 요구에 답변이 되기를 원하였다. 이런 의미에서 칼빈은 설교에서 진리를 추상적이고 객관적으로 제시하는 것보다 설교가 청중에게 미치는 효과, 즉 신자들의 삶과 행위를 변화시키는 것에 더욱 노력을 기울였다. 이것이 바로 칼빈의 수사학적인 태도였다.

칼빈은 임기응변이 아닌 그때마다 적합한 표현(유용한 표현)을 통한 자신의 신학적 메시지를 설득력 있게 표현할 수 있었다. 그것은 시대적 상황 속에 있는 문제를 의식하고 제대로 파악하였을 뿐만 아니라, 거기에 대한 책임성을 갖는 것을 의미하였다.

---

18 같은 책., 1. 7. 4.

3. 에라스무스와 트라키의 수사학적 신학

1) 에라스무스의 수사학적 작업

인문주의의 기본 모토는 '근원으로 돌아가자'(ad vontes)와 '고전을 본받아'(imitatio)이다. 이 두 가지 모토는 인문주의자들이나 종교 개혁자들 모두에게 받아들여졌다. 특히 데시데리우스 에라스무스(Desiderius Erasmus, 1466-1536)는 '근원으로 돌아가자'는 모토를 주창하고, 고전을 모델 삼고자 했다. 그의 주된 관심은 근대적 삶의 특정한 필요를 충족시키는 말함의 양식을 위한 도구로 라틴 모델을 사용하는 것이다. 그에 의하면 문법을 제대로 배우기 위해 올바로 말할 줄 알고 도덕적 삶을 살았던 고전적 대가들을 탐구할 필요가 있다. 그래서 문법은 이미 수사학의 일부가 되었다. 에라스무스는 고전의 대가들을 탐구하였다. 그뿐만 아니라 그는 학자의 좁은 연구활동을 넘어서서 공적인 지성에 책임을 지는 인문주의적 전통에서 활동하였기 때문에 자신의 수사학적 실천 속에서 완벽하게 표현하고자 했다.

에라스무스에게 수사학은 신앙의 의사소통을 위한 하나의 도구 이상을 의미했다. 즉 수사학은 그에게 하나의 렌즈와 같은 것으로, 그 렌즈를 통해 하나님의 활동 전체에 대한 그림이 개관될 수 있다. "그리스도는 우리 필요에 순응한 하나님의 말씀 또는 대화(설교, sermo)이다. 그래서 신학자는 우선 수사가로써, 우리에게 말씀하시는 하나님의 말씀을 새

롭게 들을 수 있도록 고무시켜야 한다."[19]

에라스무스는 수사학의 지도 원리인 '이미타치오'(imitatio)를 그리스도를 본 받으라는 쪽으로 더 높은, 신학적인 능력으로 상승시켰다. 그의 수사학적 신학은 이해의 판단(인식론적인 작용)보다는 자비의 관용(the forbearance of charity)을 추구했다. 그래서 에라스무스는 스콜라주의의 변증법적 확실성(dialectical certitude)을 거부했다. 그는 거기에서는 우매함이 발견될 수 있다고 생각했기 때문이다. 그는 그리스도를 삶의 모든 긴장들을 화해시키는 분으로 묘사하고자 하였다.

2) 다비드 트라키의 수사학적 신학

다비드 트라키(Davis Tracy, 1939-)는 에라스무스와 가장 가까운 사상을 가진 로마 가톨릭 신학자이다. 트라키는 에라스무스와 하나님 인식의 가능성과 한계에 대해 근본적으로 일치했다. 그 둘에 의하면, 그리스도는 우리의 상상에 미적인 호소를 통해 진리를 불러일으키고, 선한 것, 아름다운 것, 진실한 것을 한 가지 길로 끌어모으는데, 그 길은 철학적 체계보다 더 우월한 것이다. 그러나 트라키는 하나님 이해에 있어서 인간의 근본적 한계를 지적한다. 특히 트라키는 종교적 언어가 하나님을 정당하게 평가하기에는 틀림없이 파편화되고, 왜곡되고, 과장되었다는 것을 파악하였다.

19 Stephen H. Webb, Reviving the Rhetorical Heritage of Protestant Theology, 414.

하나님 인식은 인간 인식 능력의 근본적 한계를 드러내고 있지만, 트라키는 포스트모던적 성향에서 하나님과 인간 사이의 대화의 범주를 중시했다. 그래서 그는 그의 모든 저술에서 온화하고 자비로운 톤을 나타냈다. 그러나 스테펜 웹(Stephen Webb)의 지적에 따르면, 트라키는 루터의 예언적 과장법(Luther's prophetic hyperbole)보다는 에라스무스의 인문주의에 더 가까웠다. 그는 에라스무스처럼 자유롭고 진보적인 가톨릭주의를 대변하였다. 프로테스탄트의 견지에서 볼 때, 그는 에라스무스와 마찬가지로 신앙의 복음적 형태에 대해 별 관심을 갖지 않았다.

제 4 부
수사학의 오해

제1장 신과학의 등장과 수사학 거부

중세와 이탈리아 인문주의 시대에 철학함의 양식에 있어서 두 개의 다른 단초들이 작용하고 있었다. 과학과 진리의 본질에 대하여 그리고 인간의 본질과 도야에 대하여, 특히 언어의 본질과 과제에 대한 다양한 견해들이 그것들과 연관되어 있었다. 그러나 그 둘은 각기 떨어져서는 가능하지 못했다.

1600년경에 과학성의 새로운 이상이 프란시스 베이컨과 르네 데카르트에 의해 등장하였다. 그 이상은 중세적이고 인문주의적인 표상들로부터 분명하게 구별되었다. 철학함의 새로운 양식, 즉 진리, 인간존재 그리고 언어에 대한 다른 견해들이 이 과학적 이상과 깊이 연관되어 있었다. 수사학과 철학의 갈등의 빛 아래에서 그리고 앞서 있었던 것의 배후에서 "신과학"의 발생과 그 활동을 살펴보는 것은 흥미가 있다.

1. 베이컨의 수사학 거부

프란시스 베이컨(Francis Bacon, 1561–1626)은 말을 통해 인간을 지배하는 것보다는, 오히려 지식을 통해 자연을 지배하는 것을 중요시했던 근대의 중요한 인물이다. 그는 "자연에 대한 인간적 지배를 기초 짓고자 하였다." 동시에 베이컨은 언어의 주도권에 대해서도 완전히 의식하였고, 이미 수백 년의 과정 속에서 이미 그것에 대해 논의된 것들을 잘 알고 있었다. 로고스(logos)는 언어구조, 즉 말과 텍스트로 구성된 것으로, 이야기와 우화의 총체

로서 이해되었으며, 그의 견해에 따르면 그것은 '예상외의 힘'을 가지고 있다. 그러나 이런 힘은 그의 시각에서 부정적인 어떤 것을 기술하고, 자연에 대한 인간의 실제적인 힘 대신 하나의 위협이고 위험인 것이다. 그 힘은 장애를 일으키면서 그리고 소외시키면서 작용한다. 인간은 그 힘으로부터 해방되고, 그 힘을 자신으로부터 뿌리쳐야 했다.[1]

그의 저서 『신학문』(*Novum organon scientiarum*, 1620)에서 베이컨은 소위 "우상들, 즉 기만과 우상 그리고 선입견"을 말한다. 인간은 그것들을 소유하고 있고 인간 정신은 그것들에 사로잡혀 있다. 진리가 더 이상 발견될 수 없을 정도로 그것들이 인간 안에 가득 차 있다. 베이컨은 4종류를 구분한다: 종족우상(idola tribus)은 인간 전체 종이 습득하고 있다. 동굴의 우상(idola specus)은 개인에게 속해 있다. 시장의 우상(idola fori)은 언어와 함께 일어난 시장의 선입견이다. 그리고 극장의 우상(idola theatri)은 학교를 통해 사람들에게 전달되는 선입견이다. 세 가지는 언어와 구두적 전승과 분명하게 연관되었고, 수사학과 밀접히 연관되었다.

베이컨은 동굴의 우상에 대해 논한다. 이 우상은 다른 사람과 대화에 의

1 IJsseling Samuel, Rhetorik und Philosophie, 89.

하여, 사람이 우연히 읽은 책들 때문에, 또는 인간이 경탄하거나 숭배하는 권위 때문에 발생한다. 이런 연관성에서 베이컨은 자신의 현실적인 구조를 공격하는 개별적 인간 정신은 변할 수 있고 우연적인 하나의 직무적인 것이라고 지적한다. 왜냐하면 그 정신은 다소 우연히 듣고 읽은 모든 것을 통해 형성되기 때문이다. 그것은 부분적으로 자신의 것으로 만든 의견과 견해들로 구성되어 있다. 게다가 인간 정신은 대개 방해를 받는다. 그 이유는 인간정신이 자연과의 참다운 관계를 교육을 통해 잃어버리기 때문이다.

그는 또 언어와 함께 나타나는 선입견들을 다룬다. 여기서 베이컨은 인간들은 "시장"에서 주고받는 말들을 사용하여 공동체를 만든다고 말한다. 대중은 일반적으로 이 말들이 사물 자체에 속해 있는 것으로 여긴다. 소위 말과 사물의 일종의 동일화가 수행된다. 이 동일화에 근거하여 말들은 지성을 왜곡시킨다. 그것들은 모든 것을 혼란시키고, 인간을 피상적이고 비생산적인 토론과 상상으로 유인한다. 이것은 인간의 지적 활동에서 전형적인 언어의 부정성과 위험성을 나타내고 있다.

베이컨의 가장 큰 관심은 인간정신을 선입견으로부터 해방시키는 것이다. 여기서 또한 분명히 수사학에 대한 그의 부정적인 태도가 나타난다. 그는 수사학이 가진 약간의 이점을 말하지만, 그러나 그것을 단호하게 거부한다. 베이컨은 그 점에서 귀납법(Induktion)을 끌어들인다. 귀납법은 주지하다시피 과학적 방법으로 무수한 논쟁을 일으켰다. 그것의 문제성은 결코 완전히 만족스럽게 해결되지 않는다. 아리스토텔레스에게서 귀납법의 문제성은 어쨌든 수사학의 영역에 속한다. 그것은 "범례"(Paradigma)의 유에 속한다. 이것은 또한 사람들이 왜 귀납법을 과학적 방법으로 허용하고 싶을 때까지 그 범례가 지속되어야 했던 이유 중의 하나이다.[2] 수사학에 대한 베이컨의 부

2 IJsseling Samuel, Rhetorik und Philosophie, 91.

정적인 태도와 그의 수사학의 거부는 그가 언어의 부정적인 기능만을 간파하였지, 언어가 가진 근본적이고 심층적인 역할에는 주목하지 못했기 때문이다.

2. 데카르트의 수사학 거부

전통적으로 참다운 지식(episteme)을 추구하는 철학과 가상의 지식(doxa) 또는 개연적 지식(eikos)을 강조하는 수사학은 각각의 탐구의 근본특성에 따라 발생 초기부터 대립과 갈등을 나타낼 수밖에 없었다. 전자는 진리인식에 있어서 사유의 우선성을 강조하고, 동시에 진리인식에 있어서 언어의 불충분성을 지적한다. 이런 입장에 따르면 언어 즉 수사학의 역할은 표현(문체)과 전달 그 이상의 역할을 넘어설 수 없고, 인식이론적 분리를 경험한다.

따라서 수사학 그 자신의 고유한 역할의 성공적 수행은 엄격한 철학적 진리를 기초해서만 가능하다. 이것은 전형적으로 플라톤 수사학의 철학화를 의미한다. 그에 반해 후자는 진리인식과 진리전달에 있어서 언어의 관여를 중시한다. 즉 수사학의 최고 가치는 언어와 사태의 불가분리성으로부터 드러난다. 이 양자의 관계는 근대의 과학적 사유를 개시했던 데카르트에게 첨예하게 나타나고 있다. 철학적 의미에서 근대 수사학의 쇠퇴는 데카르트에게서 시작되었다. 그에 반해 현대에 수사학의 부활은 반데카르트적 형식을 띠고 있다. 즉 20세기 수사학의 부활은 데카르트적 토대의 약화와 그리고 동시에 그 반대와 함께 일어났다.

진리 인식과 수사학의 역할의 문제는 르네 데카르트(Rene Descates)에게는 더 복잡하게 드러났다. 그는 절대적이고 확고부동한 진리의 기초를 추구하였다. 인간은 확고한 진리를 베이컨이 주장했던 귀납법을 통해서 또 경험을 통해서도 찾을 수 없다. 그와 마찬가지로 진리의 확고한 기초는 전승된 또는 현실적인 이론에도 있지 않다. 경험과 전통은 단지 신념적 확신과 견해만을 전달할 뿐이다. 그러나 그것들이 과학을 대변할 수 있는 진리와는 무관하다. 전승 자체는 상당 부분에 있어서 선입견의 영역에 속한다. "1640년 5월 24일 렉기우스(Regius)에게 보내는 한 편지에서 데카르트는 여전히 우리가 의심할 만한 이유가 있다면 설득(*presuation*)적인 주장을 하는 것이다. 그러나 그가 결코 흔들릴 수 없을 정도로 강한 근거가 있다면, 그것은 과학적인 주장이다. 이 과학 또는 확고한 기초위에 세워진 지식에 도달하기 위해 우리는 모든 것, 즉 보고 느낀 모든 것을 의심할 준비를 해야 한다. 우리가 듣고 들었던 모든 것, 우리가 읽고 읽었던 모든 것도 당연히 마찬가지이다. 의심에 견딜 수 있는 유일한 것은 의심 자체이다(Zweifeln selbst). 우리는 모든 것을 없는 것으로 생각하고자 할 수 있다. 그러나 사유 자체를 그렇게 할 수 없다. 왜냐하면 무언가를 없는 것으로 생각하는 것은 그 자체가 항상 사유로 남기 때문이다."[3] 데카르트에게는 "사유 안에서 명석 판명한 것은 참이다."("Illud omne esse verum, quod valde clare et distincte percipio" Med. III) 데카르트적 문제성은 수사학과 철학의 갈등 구조 안에서 그 구조가 근본통찰이 되는 만큼 더 흥미롭다.

데카르트는 자신이 어릴 때부터 어떻게 문학 교육을 받았는지를 언급한다. 그는 문학을 통해 삶에 유용한 정확하고 확실한 지식을 획득할 수 있다고

3 IJsseling Samuel, Rhetorik und Philosophie, 91–92.

확신했기 때문에, 그것을 학습하고 싶은 지나치게 큰 욕망을 느꼈다.

1604–1612까지 그는 유럽에서 가장 박식한 선생들이 강의하는 가장 유명한 라 플레체(La Flèche)의 예수회 학교에서 교육 받았다. 이 학교의 교과 과정은 인문주의 교육 특히 수사학 교육이 주를 이루었다. 데카르트의 선생들은 그를 우수한 학생으로 여겼다. 그는 특히 많은 책들을 읽고 언어를 학습하는 일에 전념하였다. 그는 고전 문학에도 조예가 깊었고, 능변이 대단한 힘과 아름다움을 소유하고 있고, 시가 매우 열광적인 감정을 불러일으킬 수 있다는 것을 알았다. 그때 그는 수사학에 큰 경의를 표했고, 시문학과 사랑에 빠지기도 했었다고 고백한다:

> 나는 웅변을 아주 존중했고, 시를 매우 사랑했다. 그러나 이 두 가지는 배움의 산물이라기보다는 정신의 타고난 재능이라고 생각했다. 아주 예리한 추리력을 갖고 자신의 생각을 분명하고 이해하기 쉽게 잘 정리하는 사람은 설령 그가 브르타뉴 지방의 사투리 밖에 말할 줄 모르고 수사학을 배운 적이 전혀 없다고 해도 언제나 자기주장을 가장 잘 납득시킬 수 있다. 그리고 아주 감미로운 착상을 갖고, 또 이것을 아주 우아하고 고상한 말로 표현할 줄 아는 사람은 시학을 전혀 모르더라도 가장 훌륭한 시인임에 틀림없다.[4]

데카르트는 수사학과 시학을 좋아했지만, 그것들을 진리인식과 연관시키지 않는다. 또 데카르트는 신학뿐만 아니라, 특히 자신이 배운 철학에 대해 의심을 느끼기 시작했다. 그는 종종 서로 대립하는 견해들(opinions)과 직면하였다. 그리고 그는 철학이 피상적이고 외적인 모든 것을 넘어 진리에 대해 말하고, 그럼으로써 더 적게 구상된 것의 운동을 일깨우기 위한 방식을 인간

4 르네 데카르트, 『방법서설』, 이현복 옮김, 서울: 문예출판사, 2001, 153–154.

에게 제시한다는 것을 파악했다. 다시 말하자면, 데카르트는 철학이 개념들을 제공하는데, 인간은 그 개념들 덕분에 지적인 방식으로 무수한 지적인 문제에 대해 말할 수 있게 되었다는 것도 알았다.

데카르트는 그런 이해와 깨달음에 머무르지 않고 모든 지적인 문제를 의심하기 시작했고, 마침내 그는 개연적인 거의 모든 것을 불확실한 것으로 간주하였다. 그는 자신의 무지(ignorance)를 의식하고, 보통 사람처럼 전문학자들 아래로 들어가지 않고 오히려 여행과 유랑을 통해 사람들을 만나고, 외국을 방문하며 각기 계층의 다양한 사람들을 알기도 했다. 그는 세상의 거대한 책 속에서 발견될 수 있는(le grand du monde) 그런 지식 외에 어떤 다른 지식도 인정하지 않고자 하였다.

1619년에서 1620년으로 넘어가던 겨울에 그는 독일에 머물렀다. 그 때 30년 전쟁이 발발했으며, 데카르트는 32세였다. 그는 독일 도시의 어떤 곳에 있는 난방이 잘된 방에 온종일 앉아서 오랫동안 숙고하였다.

데카르트는 확실한 진리의 기초에 도달하기 위해 모든 것을 의심할 수 있어야 함을 제시하였다. 우리의 판단들은 부분적으로 우리의 욕망에 부합하고 부분적으로 다른 인간을 통해 우리를 믿을 수 있게 하기 때문에, 숙명적으로 많은 '선판단'에 붙들려 있다. 우리가 객관적이고 참다운 과학을 세우고 싶다면, 그 선판단들로부터 벗어나려고 시도해야 한다. 인간이 적어도 한 번 자신의 삶에서 모든 것을 의심하는 것을 통해 이런 해방이 일어날 수 있다. 의심될 수 없는 유일한 것은 의심 자체의 행위이다. 그렇게 데카르트는 자신의 유명한 구호에 이른다: "나는 생각한다 고로 나는 존재한다"(cogito ergo sum, Je pense donc je suis).

우리는 절대적으로 확실한 인식을 얻기 위해 스스로 생각해야 한다. 다른 사람이 놓은 기초위에서 건축해서는 안 된다. 또 다른 사람이 설득시킨 원리들을 견지해서도 안 된다. 우리가 실제로 스스로 생각하기를 시작하고 싶다면, 첫 번째 법칙은 모든 성급한 판단을 피하는 일이다. 데카르트의 말에 따르면 우리는 혼자 어둠 속에서 달려가며, 조심스럽게, 모든 것을 검토하며 자신의 길을 발견하고자 하는 사람처럼 행동을 취해야 한다. 따라서 우리는 다른 사람의 견해에 이끌려져서는 안 되고, 언제나 스스로 더 나은 견해(eine bessere Meinung)를 추구해야 하고, 그때에 우리 자신이 보통 확실하고 뒤바뀔 수 없는 통찰들에 의해서라기보다는 습관들과 본보기에 이끌려지는 것을 고려해야 한다. 우리는 동의 정도는 결코 하나의 사태의 타당성 또는 진리를 증명하지 못한다는 것을 숙고해야 한다. 우리는 더욱더 전 국민보다는 오히려 개별적 인간이 진리를 잘 발견한다는 점에서 출발해야 한다.

진리인식에 있어서 데카르트는 언어와 사회적 전통에 대해 부정적인 입장을 취한다. 스스로 비판적으로 탐구하지 않은 일련의 확신들, 전승된 책들과 사회적 정치적 실천들 속에 확실한 지식이 있지 않다고 지적한다. 진리는 데카르트에게 확실성이다. 확실한 것으로 증명될 수 있는 것 또는 사유 속에 또는 명증성(Evidenz) 속에 기초하고 있는 것은 참이다. 진리는 더 이상 쓰여져 있는 것, 바로 그것이 아니다. 그와 마찬가지로 진리는 말함과 구전에 근거하고 있는 것에 있지 않다. 여전히 사회적이고 정치적인 실천에서 실현되는 진리에 대해 주장할 수 없다. 진리를 인식하는 사유는 데카르트에게 개별적 인간의 권력에 내맡겨지는 대상으로 된다. 인간은 자신의 시각으로 볼 때 자기 자신의 사유의 절대적인 주인이고 책임자이다. 그 사유는 더 이상 언어와 전통에 매여 있지 않다.

『방법서설』의 제3장에서 데카르트는 인간은 자기 사유의 주인이고 지배자라고 분명하게 표명한다. 이 절에서 그 자신은 거기서부터 가능한 행복하게 계속 살아가기 위해 몇몇 임시적이고 도덕적인 규칙들을 규정한다. 예를 들어 첫 번째 규칙은 자신의 나라의 법과 윤리에 순종하고 하나님의 은혜를 통해 어릴 때부터 교육받은 신앙을 지킬 것을 요구한다. 두 번째 규칙은 행동에 있어서 가능한 한 확고하고 결연한 태도를 취하고, 아무리 의심스러운 의견이라도 일단 그것을 취하기로 결정했다면 아주 확실한 것처럼 따라야 한다고 주장한다. 세 번째 규칙은 인간이 운명보다는 자기 자신을 극복하려고 해야 하는 것, 세계의 질서보다는 자신의 욕망을 변화시키려고 하는 것, –그것이 우리의 사상이든 간에– 어느 것도 완전히 우리의 힘 안에 있지 않다는 믿음에 익숙해지는 것을 요구한다.[5] 데카르트는 이런 규칙으로 위협적인 고립과 절망에 대해 안전 조치를 취한다. 어떤 철학자든 그것들에 내맡겨져 있다. 동시에 그렇게 그는 사유가 어떤 방식으로든, 그것이 수행되는, 역사적 맥락과 관련되어 있지 않다는 것을 확인한다. 그는 어떤 사회비판적 기능도 제외시킨다. 사유는 그의 견해에 따르면 언어와도, 이미 말해진 것과도 또 스스로 해석되는 역사와도 관련이 없다. 세계는 역사 안에서 바로 그것이 되었다. 진리사유는 윤리적인 의미도 또 정치적 의미도 가지고 있지 않다.

진리인식에 있어서 언어의 불충분성을 지적한 플라톤과 마찬가지로 데카르트의 관점으로부터 볼 때 언어는 전적으로 중립적인 수단이다. 즉 언어는 인간이 자기 자신의 개인적이고 내적인 생각을 전달하고 표현하기 위해 마음대로 처리할 수 있는 하나의 도구(ein Instrument)이다. 언어는 사용되는 수단이 되었다. 언어는 더 이상 인간이 그 안에서 머무르는 수단이 아니다. 즉 플라톤이나 데카르트에게 있어서 언어는 진리인식에 있어서 반드시 필요로 하는 매개체가 아니다. 진리를 표현하기 위해 인간의 주관에 내맡겨진 하나의 도구에 불과한 것이다.

5 르네 데카르트, 『방법서설』, 173–176.

3. 수사학 거부와 그 한계

프란시스 베이컨도 또한 데카르트도 신과학 이상을 대변하고 실천한 사상가였다. 우리는 두 사람에게서 수사학에 대해 부정적인 태도를 보게 된다. 이러한 태도는 그들이 첫 번째가 아니다. 그들에 앞서 여러 철학자들이 있었고, 대표적인 인물은 플라톤이다. 그와 마찬가지로 그들이 마지막 사람들이 아닐 것이다. 그 이후로 이들 외에도 많은 이들이 수사학에 대해 부정적인 또 적의에 찬 시선을 보냈다. 이소크라테스, 키케로, 퀸틸리아누스, 아우구스티누스 그리고 이탈리안 인문주의자들과는 달리, 근대 저자들은 수사학에 대한 철학적 관련에 거의 주목하지 않는다. 더욱이 근대철학 전체와 특히 근대과학이 수사학에 대한 거부적인 태도를 취했었다.[6]

근대 사유의 첫 번째 특징은 철학에 비해 수사학이 부차적인 것이라는 점이다. 철학과 수사학이 서로 거리를 갖고 있고, 따라서 서로 함께 어떤 것도 창작해서는 안 된다. 그 경우에 수사학의 일은 오직 문서를 작성하고, 표현하

6 IJsseling Samuel, Rhetorik und Philosophie, 97–98. IJsseling Samuel은 베이컨의 나라 영국에서 수사학적 전통이, 베이컨이 그의 신과학(Novum Organon)을 저술하기에 앞서, 저술하는 동안 그리고 그 이후에도 오랫동안 매우 활발하게 존재했었다는 점을 지적한다: "호웰(W. S. Howell)은 그의 저서 『논리와 수사학』(1500–1700)에서 그 점을 매우 상세하게 설명하였다. 설교자들뿐만 아니라, 정치 철학(홉스)에 몰두한 자들은 수사학을 매우 높게 평가하였다. 여하튼 포괄적인 수사학 문헌이 데카르트가 *humaniora*, (고전어)에서 관심을 돌리기 전, 관심을 갖는 동안, 그리고 그 이후에도 오래 동안 데카르트의 나라 프랑스와 네덜란드에서 존재했었다. 우리가 여기서 단지 몇몇 만을 거명할 것이다: 프랑스에서 발행된 첫 번째 책들 중의 하나는 Guilaume Fichet의 수사학 논문(1470)이었다. 1521에서 1544년까지 Pierre Fabris의 Grand et vrai art de pleine Rhétorique가 6판까지 발행되었다. 또한 Petrus Ramus 또 Pierre de la Ramée(1549)의 구별된 수사학(Rhetoricae distictiones) 과 Antonie Foclin의 프랑스 수사학(1555)은 잘 알려져 있다. 베르나르드 나미(Bernard Lamy)는 자신의 상세한 연구를 Rhétorique ou l art de parler라는 제목으로 출간하였다. 이 저서의 서론에서 문헌의 연구가 매우 중요하다는 점을 말하고 있다. 끝으로 Charles Rollin의 여섯 부분으로 된 Traité des études(1726), 그는 4번째 절에서 수사학을 다루고 있다, Dumarsais의 Traité des tropes(1730), Gibert의 la Rhétorique ou les régles de l éloquence von(1749) 그리고 Crevier의 플랑스 수사학(1767)이 있다."

는 것이다. 그것은 진리와는 무관하다. 문서작성을 순수히 외적 일로, 사유를 내적인 일로 간주하였다. 수사학의 힘은 그리고 그것의 유용성은 학업을 위할 뿐만 아니라—사람이 사고파는 한에서—삶 전반을 위해 큰 주목을 받는다. 그러나 그것으로부터 어떠한 철학적 결론도 나오지 않는다. 수사학이 철학에 대해 열등감을 품고 있는 것 같다. 수사학은 본질적인 것과는 직접적인 연관이 없다. 우리는 외면성(Au ß erlichkeit)과 내면성(Innerlichkeit)의, 사유와 말함의, 사상과 표현의, 영혼과 육체의, 그리고 철학과 수사학의 이원론을 생각한다. 베이컨과 데카르트는 이런 이원론의 발기인에 속한다.

철학은 확실한 기초 또는 토대를 추구한다. 우리는 그것을 근거로 무언가를 참이고 확실한 것으로 받아들인다. 이런 책임성은 또는 이런 기초는 다양한 사유에서 언제나 통일적으로 나타나지 않는다. 우리는 지속적으로 다른 자리를 추구한다. 다른 경우에서 다음이 중요할 수 있다: 이성성(Vernünftigkeit, 합리주의), 보편타당성(칸트), 명증성, 인간과 세계에 대한 지각과 직접적 현재(현상학), 사실성과 객관성(경험주의), 형식 가능성과 그 이상의 것. 그 경우에 언제나 순수한 사유와 직관적 통찰, 더 이상 언어 또는 말함과 관련이 없는 근거가 중요하다.

근대사유의 두 번째 특징은 수사학 거부이다. 설득의 기술인 수사학을 전적으로 불필요한 것, 위험한 것 그리고 미혹시키는 것으로 간주한다. 설득적 말을 근거로 획득한 통찰들은 과학적 연구를 통해 얻어낸 그것들과 철저하게 대립한다. 말해진 것 또는 쓰여진 것의 미적인 관점은 부차적인 것이고, 과학적 기술에게 비본질적인 것이다. 문체상으로 특히 잘 쓰여진 텍스트는 막힘없이 그리고 쾌적하게 읽혀진다. 그러나 그 텍스트는 피상적이고 덜 과학적인 것으로 간주된다. 우리는 "장식 없는 진리"(nackte Wahrheit) 또는 꾸밈이 없는 "사실 그대로"(nackte Tatsachen)를 추구한다. 모든 꾸며진 것은 바로 꾸밈 그 이상의 것이 아니고, 사태 자체에 속하지 않는다. 그럼에도 불구하고 철학적 언설은 전적으로 특정한 문체형식을 충족시켜야 하고, 매우 특정한 방식으로 구성되어야 한다. 형식과 구성은 말하자면 무의식적으로 전승되고, 모방된다. 그러나 그것은 수사학과 관계가 없다. 이런 점에서 철학적 그리고 과학적 문체와 수사학을 분리시키고, 수사학을 거부하였다.[7]

세 번째 특징은 근대적 사유는 언어에 별로 관심을 기울이지 않았다는 점이다. 철학과 과학 전체가 적어도 부분적으로 책과 논문의, 강연과 강의의, 그리고 합의체와 토론의 의미에서 텍스트로 구성되어 있다. 그렇지만 텍스트가 본래 무엇인가 하는 언어적이고 해석학적인 물음에는 별로 관심을 기울이지 않는다. 텍스트가 실제로 어떻게 이루어지는가, 텍스트가 쓰이고 읽혀진다면 정확히 무엇이 일어나는가, 그리고 텍스트는 독자나 청자에게서 무엇을 달성하는가 등, 수사학적 질문들은 제기되지 않았다. 즉 모든 텍스트의 필수적 가능조건인 언어는 관심을 별로 끌지 못했다. 적어도 근대 말에 프리드리히 니체(Friedrich Nietzsche)에게서 그 문제가 제기되기 전까지는 거의 다루어지지 않았다. 니체는 문헌학자로서 시작했고, 스위스 바젤대학에서 그리스와 로마 수사학의 젊은 교수로 있었다. 그는 철저한 철학적 숙고를 언어와 텍스트의 자릿값에 대한 근본적인 반성과 연결시킨 최초의 사람이었다.

과학적 이상에 사로잡힌 근대사유는 모든 철학적 그리고 과학적 주장을 특징짓는 '숨겨진 그리고 세밀한 수사학'(die verborgene und subtile Rhetorik)에 일반적으로 별로 주목하지 않았다. 말해지고 쓰인 것의 숨겨진 설득적 특성을 또 철학과 과학에서 작용하고 있는 권력구조가 근대적 사유 안에서 주목을 받지 못했다. 사유 안에 일련의 권력위치가 올바르게 유지되고, 안전조치가 취해지고, 방어되고 그리고 정당화되는가 하는 물음은 제기

7 같은 책., 100.

되지 않는다. 방어기제와 방위기제 자체는 텍스트 안에서 작동되고 있다. 그렇지만 근대 사상가들은 그 둘을 알아차리지 못했다. 그들 외에도 많은 철학자와 과학자는 —더욱이 그들 중에 거장도 있고— 그들 학문의 숨겨진 수사학적 구조에 관심을 기울였다. 이런 통찰은 다양한 방식으로 표현된다.

베이컨과 데카르트는 신과학의 원리들을 정식화했다. 그들은 과학이 참다운 과학이 되기 위해 충족시켜야 하는 규범들을 세웠다. 수사학의 모든 형식의 거부가 그들의 원리에 속해 있다. 철저한 정당성이 요구된다. 동시에 신과학은 수사학에서 전적으로 벗어날 수 없는 것 같다. 데카르트의 철학적 논증에서 수사학적인 특성을 지니고 있다면, 데카르트는 수사학적으로 성공하였는가? 박치완은 데카르트의 철학적 논증이 갖는 내적 허약성을 그의 문체와 수사법이 보여주는 몇몇 특징들에 반추하여 지적한다. 데카르트의 문체와 수사법의 특징들은 실제 그의 철학적 태도가 어떤 것인지를 우리에게 여실히 보여주고 있으며, 그 태도가 독자를 배려한 것이라기보다는 철저히 자기 자신이 생각한 것에 확신을 위한 것이다. 독자 설득은 안중에 없고 자기 확신을 위한 것이다 보니 데카르트의 문체와 수사법은 유협의 구분법에 따르자면 유려하고, 우아하며, 깊이를 갖추었다고 보기 어렵다.[8] "지식이 실천적으로 됨으로써 비로소 지식으로서 입증될 수 있다(…). 지식이 실천적으로 될 수 있으려면 수신자한테 정확히 도달해야만 한다."[9] 이런 게르트 위딩의 견해에 따라 박치완은 데카르트의 코기토 논증은 '실패한 수사학'이라고 결론을 내린다.[10]

---

8 박치완, "데카르트와 수사학", 한국해석학회 신춘 학술대회 발표문(2007. 04. 14/ 연세대학교), 19.

9 게르트 위딩, 『고전수사학』, 132.

10 박치완, "데카르트와 수사학", 24. "제3장과 제4장에서 우리는 데카르트의 문체와 수사법을 중심으로 코기토 논증을 비판적으로 검토해보았다. 그리고 그 논증 과정에서 데카르트가 노정한 비의도적 · 의도적 결함, 즉 지나친 과장법, 근거제시가 불분명한 확언, 단언 등으로 인해 그의 논증이 성공적(효과적)이기 힘든 이유에 대해서도 지적해보았다. 이 지점에 이른 우리로서는 주저 없이 이렇게 결론내릴 수 있다: 현대적 관점에서 보자면, 데카르트의 코기토 논증은 '실패한 수사학'이

제 2 장
파스칼의 설득술

1. 기하학적 정신과 설득의 정신

파스칼(Blaise Pascal, 1623-1662)은 위대한 신앙인이면서 기민한 정신을 가진 사람이었다. 특히 그는 유명한 수학자였다. 그는 철학에 대해 그리고 특히 형이상학에 대해 별로 관심을 가지고 있지 않았다. 형이상학적 사변은 그에게 별 가치가 없었다. 파스칼은 '철학자의 하나님'을 거부하였고, 그에 반해 아브라함, 이삭 그리고 야곱의 하나님에 대한, 나사렛 예수의 아버지, 즉 인간이 예수

다. 데카르트의 논증 실패, 다시 말해 필자와 같은 독자에 대한 설득의 실패는 그의 전체 '이야기' 구조, 글쓰기 방식이 지나치게 자기중심적인, 게다가 문체와 수사법까지도 교조적이고 훈고적인, 뿐만 아니라 논증 자체가 일관적이지도 체계적이지도 못한 게 직접적 원인이라 할 수 있고, 이는 그 만큼 그의 논증이 빈약하다는, 독자 확보에 어려움이 있다는 것을 직·간접적으로 반증한다 하겠다."

안에서, 예수를 통해서 알 수 있는 바로 그 하나님에 대한 자신의 신앙을 분명하고 한결같이 고백하였다. 파스칼은 진리의 방법인 전통 논리학을 중요시하지 않았고, 수학적이고 기하학적인 방법을 매우 선호하였다.

이것은 수학 외에도 어떠한 진리 또한 통찰이 있다는 것을 의미하는 것이다. 파스칼은 '기하학적 정신과 명민함의 정신'(esprit géomètrique, esprit de finesse)을 구분한다. 후자는 인간을 움직이고 세계를 지속시키는 것, 인간들이 원하고 목적으로 하는 것, 그리고 실현될 만한 것을 명민하게 직관적으로 느끼고 이해하는 것과 관련되어 있다. 전자는 주장들의 타당성을 전적으로 확인시켜 줄 수 있는 증명을 제공하는 것이다.[11] 이 두 가지는 어떤 연관 속에

---

11 파스칼, 『팡세』, 홍순우 역, 삼성문고 전집 12, 서울: 삼성출판사, 1983, 33–34. 파스칼은 자신의 팡세에서 두 가지 정신에 대해 자세하게 규정한다. "기하학의 정신에 있어서 그 원리는 명백하지만, 보통은 잘 사용되지 않고 있으므로 그것과는 관계가 멀다. 그러므로 사람들이 그 방면에 습관화되어 있지 않기 때문에 머리를 쓴다는 것은 퍽 어려운 일이다. 그러나 조금이라도 이쪽에 머리를 써 보면 모든 원리는 환하게 들여다보인다. 그래서 어지간히 부정확한 사람이 아닌 이상, 누구에게라도 쉽게 눈에 띌 정도로 커다란 여러 원리에서 그릇된 추론(推論)을 할 수는 없을 것이 분명하다. 그러나 섬세(纖細)의 정신에 있어서 그 여러 원리는 널리 사용되고 있으며, 모든 사람들의 눈앞에 놓여 있다. 머리를 쓸 필요도 없고, 또 무리한 노력을 할 것까지도 없다. 그저 관심을 갖는 것만이 문제인데, 어떻든지 이 관심만은 좋아야 한다. 왜냐하면 그 원리는 대단히 섬세하고 더욱이 많이 있으므로 하나도 빠짐없이 다 본다는 것은 거의 불가능하기 때문이다. 그래서 하나의 원리라도 빠뜨리면 실수하기 마련이다. 그렇기 때문에 모든 원리를 빠지지 않고 이해하기 위해서는 맑은 눈을 가져야 한다. 이미 알고 있는 원리로 돌아가 추론을 할 때, 실수 없게 공정한 정신을 갖지 않으면 안 된다.

이렇게 하여 모든 기하학자는 좋은 눈을 가지고 있으면 섬세한 사람이 될 것이다. 그들은 자기들이 잘 알고 있는 원리에서 추론할 때만 실수하지 않기 때문이다. 또 섬세한 정신을 가진 사람들은 익숙하지 않은 기하학의 원리를 향하여 눈을 돌릴 수 있으면 기하학자가 될 수도 있을 것이다. 따라서 일부 섬세한 정신의 사람들 가운데서 기하학자가 되지 못하는 것은 그들이 기하학의 여러 원리로 향하는 것은 전혀 불가능하기 때문이다. 또 그들이 기하학의 분명한 여러 원리에 익숙하여 그 원리를 세밀히 관찰하고 확인한 뒤가 아니면 추론하지 않는 습관이므로, 그렇게 처리하도록 되어 있지 않은 원리를 가지고 있는 섬세한 사물에 대해서는 어떻게 처리해야 될지 모르기 때문이다. 그 원리는 쉽게 눈에 띄지 않는다. 눈으로 본다기보다는 오히려 느낀다고 볼 수 있다. 그것을 스스로 느끼지 못하는 자에게 느끼게 해주려면 굉장한 노력이 든다. 그런 사물들은 너무나 미묘하고 많으므로 그것들을 느끼고, 또 그 느낌에 따라 공정하게 판단하기 위해서는 아주 미묘(微妙)하고도 분명한 감각이 필요하다. 대체적으로 기하학에 있어서와 같이 순서에 따라 조리 있게 그것들을 증명한다는 것은 퍽 어려울 뿐더러 불가능하다. 그 이유는 사람이 여러 원리를 그런 방법으로 파악하려

있는가? 파스칼은 인간 안에 있는 두 개의 정신구조들이 드물게만 결합한다고 말한다. 그 둘 사이에는 부단한 오해가 존재한다. 수학자들이 그들 자신에게 맞는 방법과 방식에 적합하지 않은 사물들을 판정한다면 그들은 조롱거리가 될 것이다. 예술적으로 감각이 섬세한 정신은 수학적인 논의를 제대로 이해할 수 없어 그것을 무시할 것이다.[12]

파스칼은 『기하학의 정신과 설득의 방식』이라는 제목의 책을 저술하였다. 그 책은 두 부분으로 구성되어 있다. 첫 부분은 기하학적 방법, 두 번째 부분은 설득술을 다루고 있다. 두 부분들은 서로로부터 독립적이고, 서로 다른 것을 다루고 있다. 기하학적 정신과 방법 또한 중요하지만, 우리의 관심은 두 번째 부분이다. 거기서 파스칼은 인간을 실제로 설득할 수 있는 유일한 방법을 제시한다.

파스칼에 의하면 우리 정신이 견해를 가질 수 있는 두 가지 길은 지성(Verstand)과 의지(Wille)이다. 전자는 자연적인 길이다. 일상적인 길은 바로 후자의 길이다. 일상생활에서 인간은 보통 증명된 것을 받아들이기보다는 오히려 자신이 바라는 것, 쾌적하고 편안한 것을 받아들인다. 어느 누구도 두

하지 않고, 또 그렇게 해서 파악하려고 하는 것은 끝이 없는 일이기 때문이다. 그런 사물은 한눈으로 대뜸 알아야 한다. 적어도 어느 정도까지는 추론에 따르지 말아야 한다. 그런 경도까지 기하학자가 섬세하거나 섬세한 사람이 기하학자일수는 절대로 없다. 기하학자는 섬세한 사물을 기하학적으로 취급하려고 하여 먼저 정의(正義)에서부터 시작하고, 다음엔 원리에 이른다는 것은 사람들로부터의 웃음거리에 지나지 않는다. 이런 종류의 추론에 있어서는 이런 방식으로 해서는 안 된다. 물론 정신이 추론을 하지 않는다는 것이 아니고, 정신은 가만히 있으면서 자연스럽게 기교 없이 추론을 한다. 왜냐하면 그것을 표현한다는 것은 인간의 능력으로써는 할 수 없는 일이며, 그것을 느낀다는 것은 극소수의 사람에게 한정되어 있기 때문이다. 그러나 정확하지 못한 사람은 섬세한 사람도, 기하학자도 되지 못한다.

그러므로 단순한 기하학자에 불과한 기하학자는 만사를 정의와 원리에 의해서 충분하게 설명을 받기만 하면 올바른 판단자가 된다. 그렇지 않으면 그들은 부정확하여 감당하지 못하는 존재가 된다. 그들은 원리가 완전히 명백할 때만 정확하기 때문이다. 또 단순히 섬세하기만 한 사람은 순이론적(純理論的)이고 관념적인 사물의 원리에까지 깊이 추구할 인내력을 갖지 못한다. 그런 것을 그들은 세상에서 본 일이 없고 사용한 일도 없기 때문이다."

12 IJsseling Samuel, Rhetorik und Philosophie, 105-106.

번째 길을 부정하지 않는다. 그 길은 평범하고, 별로 가치가 없고, 생소하고, 자연에 반하는 것 같다. 그러나 그 길은 본질적인 길을 유지한다고 파스칼은 강조한다.

2. 설득 규칙의 문제

파스칼은 신적인 진리와 우리가 파악할 수 있는 진리를 구분한다. 파스칼의 견해에 따르면 신적인 진리는 설득의 영역을 넘어서 있다. 오직 신만이 그 진리를 인간의 정신 안으로 가져올 수 있다. 우리 지성으로 파악할 수 있는 진리에 관해서 파스칼은 정신이 두 개의 문을 통해 그 진리를 파악할 수 있다고 설명한다. 하나는 지성 또는 오성의 문이고, 다른 하나는 의지 또는 마음의 문이다. 그의 견해에 따르면 우리는 오성의 도움으로 약간의 진리를 파악하지만, 반면에 의지의 과감한 착상을 통해 대량의 지식을 획득한다. 그 밖에 의지는 오성과 강렬한 충돌을 일으키는 데, 그 결말은 항상 불확실하다. 우리는 그 충돌을 조정하고 판정하려면 본디 인간의 내면에서 무엇이 일어나는지를 정확히 알아야 할 것이다.[13]

파스칼은 웅변을 통한 설득술이 정신과 감정 이해와 긴밀히 연관되어 있음을 지적하고, 웅변과 사물을 다음과 같이 이야기하는 기술(技術)로 정의한다.

① 이야기를 듣는 상대에게 부담 없이 고통스럽지 않게 즐겁게 들리게 한다. ② 그 사람들이 그것에 흥미를 느끼고 자부심으로 스스로 그 일을 반성하도록 만든다. 그러므로 웅변은 한편으로 상대방의 정신과 감정, 또 우리가

13 IJsseling Samuel, Rhetorik und Philosophie, 106-107.

가지고 있는 사상이나 표현 사이의 관계를 조성하려는 노력에 있다. 이것은 우리가 인간의 마음의 모든 동기를 알기 위해서, 그 동기에 적합한 이야기의 내용을 찾기 위하여 우리는 인간의 심정을 충분히 연구해두지 않으면 안 된다. 우리의 말을 듣고자 하는 사람들의 위치에 서야 하며, 또 이야기의 표현 방식이 어떤지를 잘 검토해서 듣는 사람이 확실히 설득되고 있는지를 생각해봐야 하며, 될 수 있는 대로 자연스러운 순수성을 벗어나지 않도록 해야 한다. 사소한 것을 확대하거나 위대한 것을 대수롭지 않은 것처럼 해서는 안 된다. 사물을 아름답게 찬양하는 것만으로는 부족하고 주제에 알맞고 조금도 결함이 없도록 하여야 한다.[14]

우리가 수학 밖의 영역에서 무언가에 대해 누군가를 설득시키고자 한다면 우리는 그 사람의 정신을, 즉 그 사람이 따르고 있는 원리들을 알아야 한다. 더 나아가 우리는 또한 그의 마음을, 즉 그가 열망하고 사랑하는 모든 것을 알아야 한다. 끝으로 우리는 설득의 대상이 그의 원리들 그리고 가치평가와 어떻게 연관을 맺는지를 파악해야 한다. 설득술에서 중요한 것은 논증하고, 그의 바람에 동의하고, 그를 기쁘게 함으로써 오성의 도움으로 다른 사람을 자신을 위해 얻는 것이다. 이런 설득술을 위한 분명한 규칙들이 있다.

바람과 욕구를 암시하고 사상(Sache)을 매력적으로 기술하는 것은 훨씬 더 어렵고, 더 큰 섬세함을 필요로 한다. 그러나 파스칼은 인간의 욕망 안에도 합법칙성이 있다고 말한다. 그는 이 두 번째 종류의 확신이 광범위한 논증 영역을 포함하고 있으므로, 그 규칙과 합법칙성에 대한 지식이 훨씬 더 중요하고 더 유용하다고 본다. 파스칼은 이 다른 사람을 얻는 설득술을 위한 규칙들을 자신 스스로 제시할 수 없다는 것을 안다. 그러나 우리가 그것들을 가지고 있다면, 우리는 통치자들, 권력자들 그리고 그와 다른 인간들로부터 지지

14 같은 책., 34.

를 받을 수 있을 것이다. 그는 이 규칙을 아는 자는 어떤 경우에도 특별한 힘을 소유할 것이다고 말한다.

파스칼은 다른 사람의 동의를 얻기 위한 규칙들이 대단히 어렵다는 것을 지적한다. 그 이유는 욕망의 원칙들이 항상 동일하지 않고 또한 변하며 그 규칙들이 사람들마다 또 집단들마다 다르기 때문이다. 종종 그 원칙들은 외부의 상황에 따라 변한다. 파스칼은 일련의 예들을 제시한다: "남자의 마음은 여자의 마음과 다르다. 또 부자의 마음은 가난한 자의 마음과 다르다. 군주의 마음은 신하의 마음과 다르다. 군인의 마음은 상인의 마음과 다르다. 부르주아의 마음은 농부의 마음과 다르다. 노인의 마음은 젊은이의 마음과 다르다. 건강한 사람의 마음은 병든 사람의 마음과 다르다."[15] 그렇지만, 이것이 서로 다른 마음 사이에 공감을 가질 수 있는 그런 타당한 규칙들이 있다는 것을 거부하는 것이 아니다. 파스칼은 이 규칙들을 명시화할 수 없었다.

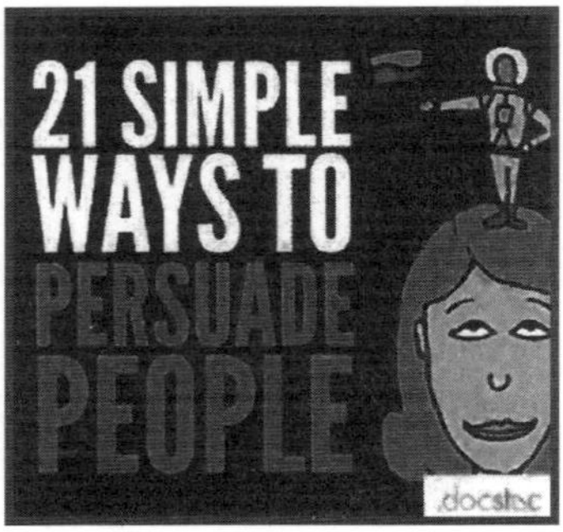

오늘날 응용 사회학, 심리학 그리고 정신분석학 등은 "메시지 수신자"의 설득성과 관련하여 일련의 합법칙성들을 찾아냈다. 더 나아가 소위 "발신자"(Sender)와 그의 "메시지"가 설득을 위해 따라야 하는 약간의 규칙들 또한 정식화하였다.

파스칼은 철학과 수사학 사이의 긴장관계의 구조 가운데서 엄격하고, 합리적인 증명을 거의 독점적으로 수학의 영역에 남겨놓고 있다. 그의 견해에 따르면 철학에서 참인 것으로 수용되는 모든 것은 오히려 "바람"(agréer)과

15 IJsseling Samuel, Rhetorik und Philosophie, 108.

"만족"(plaire)의 영역에 속한다. 그렇지만 그것은 철학이 파스칼에게 무가치하다는 것을 말하는 것이 아니다. 오히려 철학은 보통으로 생각하는 것보다 더 조심스러운 것이어야 한다.

제3장
칸트의 수사학 비판과 한계

1. 언어예술의 영역

임마누엘 칸트(Immanuel Kant, 1724-1804)는 언어 문제를 『판단력 비판』(Kritik der Urteilskraft)에서 다루고 있다. "미적 예술의 서론의 구조"에서 칸트는 웅변술을 정의한다.

그는 예술을 언어예술과 조형예술로 나누고 있다. 전자는 다시 웅변술과 시예술로 분할된다. 그는 웅변술(Beredsamkeit)을 "오성의 마치 구상력의 자유로운 유동인 것처럼 추진하는 예술", 즉 어떤 것을 적합하고 아름다운 방식으로 표현할 수 있는 것으로 정의한다. 그리고 그에 의하면 예술가의 역할은 "어떤 일을 내걸고, 마치 그 일이 이념과의 유동에 지나지 않는 것처럼, 그 일을 수행하여 청중들을 즐겁게 하는 것이다."[16] 웅변은 말에 있어서 뿐만 아니라 문장에 있어서도 좋은 문체로 표현된다. 시학도 말의 넓은 의미에 있어서 시예술과 함께 거론된다. 칸트에 의하면 미적 예술들은 일반적으로 그리고 말의 예술은 특수하게 고도의 자유를 통해 부각되어야 한다.

그것들은 이중적인 의미에서 틀림없이 자유미들이다. 즉 미적 예술과 말의 예술은 이윤 또는 재정적 이익을 고려하는 등 돈을 추구하는 것이어서는 안 되고, 또 효과를 얻으려고 노력하거나 무언가를 성취하거나 초래하고 싶은 것과 무관해야 한다. 웅변이 미적 예술에 속하는 한, 그것은 우선 청자에 쾌적한 즐거움을 줘야 하는 과제를 갖는다. 좋은 언어는 청자와 독자에게 있어서 쾌적한 즐거움(eine angenehme Unterhaltung)이다.

『판단력 비판』 53절 "미적 예술들 상호 간의 미감적 가치의 비교"라는 제목 하에서 칸트는 다양한 예술의 위계질서에 대한 분류를 그것의 미적 가치와 관련하여 논구한다. 칸트는 여기서 분명히 시예술에 첫 번째 자리를 허용한다. 왜냐하면 그것은 모든 예술 중에서 가장 자유로운 예술이기 때문이다. 시예술은 자신의 근원을 자유 안에 가지고 있고, 또 최소한에 있어서 앞선 문자와 앞선 상들에 의해 규정될 수 있다. 그것은 또 오로지 가장 최소한만 그것의 재료와 연관되어 있다. 게다가 시예술은 자유를 건립한다. 칸트는 "시예술은 그것이 임의로 만들어내는 가상과 함께 유동하되, 그러나 이 가상에 의하여 기만하는 일이 없다"[17]고 서술한다. 왜냐하면 시예술은 자신이 종사하는 일 자체를 유동이라고 공언하지만, 그러나 이 유동은 오성에 의해 그리고 오성이 하는 일을 위하여 합목적적으로 사용될 수 있기 때문이다. 그리고 그는 시예술의 성실성을 강조한다. "시예술에 있어서 모든 것이 성실하고 정직한 법이다."

16 임마누엘 칸트, 『판단력 비판』, 이석윤 역, 서울: 박영사, 1994, 51절.

17 같은 책., 53절.

2. 설득술에 대한 비판

칸트는 시예술에 대해 높은 가치를 두었던 것에 반해 설득의 기술(ars oratoria)인 웅변술에 대해 부정적이고 비판적인 태도를 취했다. 그는 순수한 웅변, 좋은 문체 즉 말잘함과 설득술(ars oratoria)을 구분했다. 전자는 오로지 만족에만 봉사하고, 그것의 근본목적은 청자 또는 독자를 쾌적하고 즐겁게 하는 것이다. 그에 반해 설득술은 전적으로 다른 상태에 있다. 그것은 어떠한 자유로운 놀이도 아니고, 오히려 재간이 있고 기술적인 규정 또는 규칙과 연관되어 있다. 시예술과는 달리 설득술은 인간의 자유를 장려하지 못하고, 오히려 그에게서 자유를 빼앗는다. 웅변술은 강제행위로 특징 지어지고, 인간의 자율에 중대한 위협을 나타낸다. 끝으로 설득술은 솔직하지도 않고 성실하지도 않다. 연사의 강연은 오히려 간사한 기교와 믿음을 줄 수 없는 "술책"의 나열이다.

칸트에 의하면, 설득술은 청자의 마음을 빼앗기 위해 체계적이고 목적의식 하에서 '미적가상'(der schöne Schein)을 사용한다. 설득술은 변증법(Dialektik)으로, 변증술은 "사람들의 판정에 앞서서 웅변가의 이익을 도모하기 위하여 사람들의 마음을 사로잡아 그들로부터 자유를 빼앗는 데에 필요한 만큼의 것을 시예술로부터 원용하는 것이다." 변증법인 설득술은 스스로 생각하고, 스스로 결단하고, 스스로 판단하고 스스로 판정하는 자유를 인간으로부터 박탈시킨다. 설득술은 시예술로부터 자신의 목표정립에 봉사할 오직 그런 요소들만 차용한다. 그것의 목적은 타자를 설득하고 확신시키는 것이다. 바로 이런 의도를 위해 설득은 어떠한 참다운 예술(Kunst)이 아니다.

예술은 그것의 본질에 따르면 항상 자유예술이다. 그에 반해 설득술은 어떠한 참다운 예술도 아니고, 오히려 위험하고 결국 비인간적인 것이다. 그 때문에 칸트는 설득술이 법정이나 연단에서 중대한 업무를 위해 사용되어서는 안 된다고 지적한다. 왜냐하면 "시민의 법률이나 개인의 권리가 문제된다든가, 또는 그들의 의무를 올바로 알고 양심적으로 준수하도록 사람들의 심의를 지속적으로 교화하고 규정하는 것이 문제될 경우에는, 넘쳐흐르는 기지와 구상력의 흔적을 보이는 것만도 그러한데, 그 위에 더구나 설득시키고 누군가의 이익을 도모하기 위하여 현혹시키는 기술의 흔적을 보인다는 것은 그처럼 중대한 업무의 존엄을 손상하는 일이기 때문이다."[18] 칸트에 의하면 설득술은 충분히 진지하지 않다. 설득술은 악과 불의, 오류와 비진리를 아름다운 말로 감추는 데 사용될 수 있기 때문이다.

『판단력 비판』 53절의 긴 각주에서 칸트는 다음과 같이 서술한다: "한 편의 아름다운 시는 나에게 언제나 순수한 흥겨움을 일으켜 주었으나, 그에 반해서 로마 시대의 민중연설가나 현금의 의회 또는 설교단의 연설가의 가장 훌륭한 연설문을 읽어보아도, 거기에는 기만적 술책에 대한 불유쾌한 불찬성적 감정만이 혼입되었음을 나는 고백하지 않을 수 없다. 이런 기만적 술책이란 중대한 일에 있어서 사람들을 마치 기계와도 같이 다루어, 냉정히 반성해 볼 때 그 일의 의의는 모두 놓쳐버리고 마는 판단으로 몰고 갈 줄을 아는 것이다. 웅변(Beredtheit)과 능변(Wohlredenheit)(둘이 합쳐 수사학이다)은 미적예술에 속한다. 그러나 설득술(ars oratoria)은 사람들의 약점을 자기의 의도를 위하여 이용하는 기술(이 의도가 아무리 선의의 것이거나 또는 실제로 선하다 할지라도)이므로, 전혀 존경을 받을만한 것이 못 된다. 더구나 이 설득술은 아테네에 있어서나 로마에 있어서나 국가가 파멸 일로에 있고 진정한 애국

18 임마누엘 칸트, 『판단력 비판』, 53절, 216.

심이 소멸되었던 시대에 최고조에 달했던 것에 불과하다. 사태를 명석하게 통찰하여, 풍부하고 순수한 언어를 마음대로 구사할 수 있으며, 자기의 이념을 능히 현시할 수 있는 풍부한 구상력을 갖추고, 진정한 선에 대하여 마음에서 우러나오는 왕성한 관심을 가지는 사람이야말로 바로 연설에 능숙한 선한 사람(vir bonus dicendi peritus), 즉 기교는 없으나 감명이 넘치는 연설가이다. 키케로는 그런 능력을 가지고 싶어 했다. 그러나 그 자신은 이 이상에 언제나 충실했던 것은 아니다."[19]

수사학에 대한 칸트의 부정적 판단은 강경하게 작용한다. 문자적으로 표현하자면, 웅변술은 어떤 가치도 인정받지 못한다. 수사학에 대한 철학의 본래적인 경멸은 고대에 수사술 또는 설득술이 누렸던 매우 높은 명망과 극단적인 대립을 이룬다. 말을 잘하는 실천적인 숙련도뿐만 아니라, 그것에 대한 이론적인 숙고는 고대 세계에서 중대한 역할을 하였고, 크게 번성하였다. 이런 전성기가 먼저 이루어졌으나, 그 반면에 고대 세계는 개념 속에서 멸망했다고 칸트는 말한다. 물론 이것은 칸트다운 발언이다.

칸트는 주석의 마지막 부분에서 자신의 관점을 완화시키고 미묘하게 표현하고 있다. 그는 아마도 하나의 시점을 오랫동안 주저했던 것 같다. 동시에 마지막 부분의 문장들은 문제를 제기한다. 이상적인 연설가에 대한 칸트적 요구는—키케로는 한 번도 절대적으로 이런 요구에 부응한 적이 없다—그가 사태를 명석하게 파악하고 언어를 자유롭게 구사하고, 풍부하고 순수한 상상력을 발휘하고, 마침내 참다운 도덕성에 의해, 즉 참다운 선에 마음으로 참여하는 것이다. 칸트는 명석하고 분명한 통찰이 언어의 매개 없이 가능한가 하는 물음에 관심을 보이지 않는다. 그와 마찬가지로 칸트는 어디에서 언어에 대한 실제적인 지배가 가능한가에 대한 물음도 제기하지 않는다.[20]

---

19 임마누엘 칸트, 『판단력 비판』, 53절, 217 주석.

20 Samuel Ijsseling, Rhetorik und Philosophie, 126.

언어는 칸트에게 분명히 중립적인 수단이고, 인간이 자신의 힘으로 통제할 수 있는, 그리고 명석하고 분명한 이념을 표현하는 데 아무런 문제 없이 사용될 수 있는 적합한 수단이다. 이런 칸트의 견해는 당연히 자명한 것이 아니다. 언어에 대한 칸트의 견해는 언어의 본질에 대한 오래되고 전승된 견해들과 확신들과 연결된다.

수사학에 대해 칸트가 내린 부정적 판단은 특별한 것이 아니라, 철학적 전통에서 언제나 있어온 것이다. 플라톤에서 근대에 이르기까지 대부분의 철학자들은 수사학에 대해 평가절하해왔다. 그들 자신의 눈으로 볼 때, 수사학은 존경할만하고 중대한 어떤 사태도 아니다. 그것은 폭력적이고 오로지 권력과 권좌의 입수와 획득으로만 향한다. 수사학은 진리가 아니라, 오로지 진리의 가상에만 관심을 갖는다. 그들의 관점에서 보면 수사학은 결국 비인간적인 것이다.

3. 칸트의 언어적 한계

피히테(Johann Gottlieb Fichte)에 의하면 칸트는 자신이 실제로 말해야 했던 것을 자신의 학생들에게 제대로 가르치지 못했다. 피히테는 자신이 칸트 사상을 더 분명하게 공식화한다는 점을 통해 이 실패를 제거하고 싶어한다. 의심 없이 여기서는 수사학적 문제 즉 '말 잘하는 기술'(ars bene dicendi)이 중요하다. 더 일반적으로 공식화하자면, 철학적 체계의 발생과 전개에서 그의 사상과 이념들을 가능한 한 그렇게 분명하게 그리고 확신적으로 기술하려는 노력이 중심 과제가 아닌가 하고 물을 수 있다. 철학과 수사학 사이에서 존재하는 갈등과 관련하여 우리는 칸트에 관해 두 가지 물음을 제기할 수 있을 것이다: 하나는, '칸트의 저작에서 어떤 수사학적 요소들이 있는가'이고 다른 하나는, '칸트적인 것의 문체는 어떤가'이다.

칸트의 비판철학의 근본구조에는 재판의 은유(Metapher)가 있다. 그 자신의 말에 따르면 칸트는 모든 작품에서 이성을, 특히 기존의 형이상학과 과학을 기소한다. 둘 다 법정 앞에 소환되었고, 그런 다음 무죄 또는 유죄로 끝나는 재판이 시작된다. 라이프니츠의 저서 『신정론(Theodizee)』에서 하나님은 악과 이 세상에서 가상적인 불의 때문에 기소되고, 마침내 그는 무죄판결 받고 정의로워진다. 그러나 칸트에게서는 사정이 좀 다르다. 그에게서 가상의 변증법인 형이상학이 유죄판결을 받고, 경험과 오성의 종합인 과학은 무죄판결을 받는다. 교회와 국회 외에 법정은 수사학이 자신의 승리를 축하하는 고유한 자리이다. 칸트에게서 무죄판결과 유죄판결이 어떻게 이루어지는지, 누가 결국 판결관인지를 아는 것은 당연히 중요하다. 그러나 우리는 법정의 은유를 신중하게 예의 주시해야 한다.[21]

이셀링 사무엘(IJsseling Samuel)은 수사학적 입장에서 칸트 저작의 문체에 대해 물음을 제기한다. 그에 의하면 칸트는 뛰어난 문체적 능력을 가지고 있지 않았다. 그의 가장 강한 측면은 말을 잘하는 것이 아닌 것은 확실하다. 그의 복잡한 문장들은 특히 아름답지 않았고 또 독자에게 즐겁지도 흥미롭지도 않았다. 칸트는 자기 자신의 특징적인 문체를 가지고 있었는데, 그러나 그것은 매우 유창하지도 매력적이지도 않았다. 우리는 칸트의 글을 만족스럽게 읽지 못한다. 하인리히 하이네(Heinrich Heine)는 그 점에 관심을 기울였다. 그는 1834년 파리에서 저술한 『독일에서 종교와 철학의 역사』라는 작은 책자에서 냉소적으로 칸트의 문체를 지적한다. "왜 칸트는 자신의 저서 『순수이성비판』을 그렇게 단조롭고 건조한 포장문체(Packpapierstil)로 저술하였는가? 칸트 자신은 데카르트-라이프니츠-볼프주의자의 수학적 형식을

21 같은 책., 131.

비난했기 때문에, 그는 과학 그 자체가 가진 존엄스런 어떤 것을 잃어버릴까 두려워했다. 그래서 그는 과학에 굳어진 추상적인 하나의 형식을 부여했는데, 그 형식은 낮은 정신등급이 가진 모든 친밀한 것을 배제시켰다. 우선 그는 편협된 명료성을 추구하는 그 당시 대중철학자들로부터 자신을 분리시키고 싶었다. 그리고 그는 자신의 사상을 우아하고 공정한 관청용 독일어로 옷입혔다. 여기에서 속물근성이 전적으로 나타난다. 그러나 칸트는 아마도 자신의 신중하게 재단된 이념과정을 위해 또한 하나의 언어가, 즉 신중하게 재단된 언어가 필요했다."[22] 이렇게 하이네의 눈으로 볼 때, 칸트의 고유한 문체는 심각한 결과를 가져왔다. "칸트는 답답하고 형식적인 문체로 인해 자신의 주저들을 상당히 손상시켰다. 왜냐하면 그 어리석은 모방자들은 이런 외형적인 형식에 따라서 그를 흉내 냈고, 글을 잘 쓰면 어떤 철학자도 될 수 없다는 미신이 우리들에게서 생겨나기 때문이다."[23]

22 Heine, H., Schriften über die Deutschland, hrsg. von H. Schanze. Insel, Frankfurta.M., 1968, 125.

23 IJsseling Samuel, Rhetorik und Philosophie, 132.

제 4 장
니체의 수사철학적 사유

1. 철학에 대한 니체의 사유

프리드리히 니체(Friedrich Nietzsches,1844-1900)의 저작과 사상 중에서 가장 핵심 사항은 철학에 대해 근본적으로 다르게 취한 태도이다. 거의 모든 철학자들은 자신의 선임자들의 철학을 또는 자신의 동시대의 철학을 구분 짓는 데서 자신의 관점을 규정하고자 하였다. 그것은 언제나 하나의 철학적 관점이었다. 그들의 태도는 언제나 철학적인 태도였다. 그 경우에 진리에 대한 물음이 항상 그 중심에 있었다. 철학자들은 철학이 진리를 제대로 탐구하는지를 묻는다. 그러나 니체는 그와 전적으로 변경된 태도를 취한다. 그의 철학은 기존의 철학으로"부터" "벗어나고자" 탐구하는 것이다. 니체는 철학자들처럼 더 이상 존재자에 대한 최종적 해명을 하지 않고, 오히려 그는 실재의 철학을 계보학적으로 해명하고자 하였다. 니체는 진리물음과 진리

의 이념으로 구성된 실제적인 철학적 담화를 주제 자체로 삼아 계보학적으로 해명하고자 하였다. 이런 의미에서 니체를 거대한 철학적 전통 속에 단순히 배열시킬 수 없다. 다양한 철학자들이 니체를 지속해서 전통 철학적 대결 속으로 집어넣고자 했고, 그를 철학적 몸통(Korpus)에 편입시키고자 하였으며, 그를 철학적인 틀로 찍어내고자 하였다. 이런 기도는 니체에게 강제력을 행사하는 경우에만 가능한 일이다. 특히 총체성에 대한 물음에 전념하는 철학자는 자신이 본질적이고 분명한 근거들에서 자신의 사유 안으로 받아들일 수 없는 어떤 것이 철학 밖에 있어야 한다는 것을 거의 인식하지 못한다. 그러나 니체는 모든 철학적 발언을 공격하고 토론에 부친다.[24]

철학 자체를 부정하고 반박하려는 니체의 사유는 하나의 전략적 사유이다. 이셀링 사무엘은 니체의 전략적 방법을 세 가지로 제시한다.

첫째, 니체의 사유는 어떤 점에 있어서도 논리 정연한 체계를 기술하지 않는다. 즉 니체 사유는 매우 경구적이고 단편적이다. 특히 그의 사유는 많은 모순을 포함하고 있다. 야스퍼스는 『니체에 대하여』라는 자신의 저서에서 니체의 진술방식의 특징을 언급한다. "니체에게서 모든 진술은 다른 것에 의해 지양되는 것 같다. 니체 사유의 근본특징은 자기모순이다. 니체에게서 하나의 판단에 반대되는 것이 나타난다. 가상이 있다. 그는 모든 것에 대해 두 가지 견해를 가진다. 그래서 우리는 또한 우리의 원하는 바를 위해 니체의 사상으로부터 마음대로 인용을 가져올 수 있다."[25]

이런 진술의 모순성 때문에 사람들은 니체의 사상을 의도적으로 모든 것에 사용할 수 있고, -예를 들어 사회주의 국가에서 일어났듯이- 오용할 수도 있다. 같은 이유에서 우리는 그의 사상을 하나의 체계에 강제로 집어넣을 수 없다. 니체는 이런 강제에 대해 분명히 저항한다. 그는 모순적인 표현방식

24 IJsseling Samuel, Rhetorik und Philosophie, 150.

25 Karl Jaspers, Nietzsche, Einführung in das Verständnis seines Philosophierens, Berlin, 1946, 17.

을 통해 당연히 논리학 또는 변증법을 무너뜨리려고 한다. 그것이 그의 분명한 의도이다. 철학적 담화의 형식적 근본구조인 논리학은 그에게 철학의 본질적인 부분이고, 철학 자체와 마찬가지로 문제가 된다. 논리학은 니체에게 되어짐의 구조이고, 그것의 계보학은 알려질 수 있다. 우리는 논리학 발전사의 서술을 통해 논리학이 수사학적 호령(Machtword)으로부터 발생했다는 것을 알 수 있다. 논리학은 스스로 권좌를 획득하고, 그것을 지키려는 의도를 가지고 권력적 심급기관을 배열하였다. 그 때문에 수사학적 권력이 논리학을 전적으로 관통하고 있다.[26]

둘째, 니체는 비유적 언어를 과도하게 사용한다. 그는 또한 비유적 언어를 의식적으로 원했다. 그가 진술할 때 비유를 풍부하게 사용하고 있어서, 그의 진술은 때때로 철학적 담화보다 더 강하게 문학작품을 닮았다. 이점이 『짜라투스트라는 이렇게 말했다』에서 가장 분명하게 감지된다. 그러나 다른 작품들은 또한 매우 "시적"이다. 니체는 특히 비유어를 가지고 철학이 시학이외 다른 것이 아니고, 바로 그것일 수 있다는 것을 보여주고자 하였다. 니체의 비유들과 문체들, 신화들과 은유들은 전통 철학적 언어사용을 극단화하는 것이다.

셋째, 니체의 가장 중요한 전략적 관점은 그가 기존의 철학을 현상(Phänomen)으로, 산출 또는 거부할 수 없는 현실의 의미에서 사실성(Faktum)으로, 예술작품의 의미에서 작품으로, 그리고 특히 언어작품 또는 "텍스트"로 간주한다는 점이다. 철학은 니체에게 그 자체로 해명될 수 있는 하나의 현상이다. 그는 철학을 자신을 논증적으로 현실화시키는 정신의 하나의 계기 또는 진리의 필연적이고 진보적인 자기전개로 파악하지 않고, 하나의 징후(ein Symtom)로 파악한다.[27] 모든 철학은 항상 전경-철학이고, 다른 것을 은

26 IJsseling Samuel, Rhetorik und Philosophie, 151–152.

27 Friedrich Nietsche, Wille Zur Macht, § 169.

폐시킨다. 이런 현상은 건축물 자체의 무언가를 가지고 있다. 그 현상은 바로 하나의 구성이다. 니체는 이것을 명료하게 하기 위해 과도한 비유들을 사용한다. 그래서 그는 철학을 보류, 성, 신전, 이집트 피라미드, 로마의 납골당, 구조물, 감옥으로 비유한다. 건축물의 진리에 대해 말하는 것이 의미가 없듯이, 철학의 진리에 대해서 묻는 것 또한 의미가 없다. 우리는 물론 그것의 구조와 기능에 대해 물을 수 있다. 철학의 기능은 니체에게 명백히 권력의 획득과 관련이 있고, 무한한 운동의 철폐와 관련이 있으며, 인간존재의 차원과 가능성을 드러내고 은폐시키는 일 그리고 다양한 적대자에 대해 자기를 방어하는 일과 관련이 있다.

더 나아가 니체는 철학을 사실성(Faktum)으로 이해하는데, 이것은 창작물로서 허구적인 것의 질서에 속하지만, 그 자신의 현실에서 부정될 수 없다. 그의 견해에 따르면 철학은 허구들을 나란히 병렬해 놓은 것이지만, 그것의 현실은 부정될 수 없다. 우리는 철학 자체를 단순히 철회할 수 없다. 철학을 부정하는 것은 문화와 인간 세계를 부정하는 것을 의미한다. 철학의 배후에 있는 근원적인 세계를 발견하려는 시도는 사실적 세계의 배후에 있는 '본래적 세계'에 대한 주장과 같은 것이다. 근원적이고 본래적인 세계는 존재하지 않고, 또 적어도 우리가 접근할 수 없는 것이다. 우리에게 알려진 세계는 언제나 철학적으로 해석된 현실이기 때문이다.[28]

니체는 결국 철학을 언어작품으로, 하나의 텍스트로, 말로 짜진 직물로, 담화와 관용구로 구성된 망으로 간주하였다. 철학은 그에게 작성된 대본과 번역의 의미에서 일종의 해석이다. 그 때문에 말로 무언가를 파악하는 것이 무엇을 의미하고, 거기서 언어는 어떤 역할을 하는가 하는 물음은 그에게 큰 의미가 있다. 언어가 결코 다른 많은 것 중에서 철학적 주제가 되지 못한 것

28 IJsseling Samuel, Rhetorik und Philosophie, 153.

은 당연하다. 그렇지만 전통철학은 철학이 텍스트로 구성된다는 사실을 진지하게 고려하지 못했다. 니체는 많은 점에서 언어적 텍스트에 대해 철저하게 반성을 시도하였다.

2. 수사학에 대한 니체의 사유

수사학적 문제는 니체사유에서 언제나 핵심적 위치를 차지하였다. 이셀링 사무엘에 의하면 니체는 그의 사상 초기에 이미 세 가지 방식으로 수사학에 관계하였다. 우선, 그는 전형적인 목회자 가정에서 성장하였다. 이런 주변 환경은 설득술이 실천적으로, 때때로 큰 역사성을 가지고, 종종 성공적으로 수행된 몇몇 안 되는 자리들 중의 하나였다. 니체는 후기에 자신을 복음(기쁜 메시지)의 설교자로 간주하는 것을 마다하지 않았지만, 그의 초기는 기독교적 메시지와 큰 관련이 없었다. 그러나 그의 사상은 선포되어야 하는 메시지의 성질을 띠었다. 그는 반기독교인에게 또는 선지자 짜라투스트라에게 그 메시지를 말하게 한다. 짜라투스트라는 쾌락을 옹호하고 모든 어조로 외친다: 성실하게 지상에 머물러라!

둘째로, 니체는 젊은 시절에 다양한 독일 언어철학을 읽었는데, 특히 구스타프 게르버(Gustav Gerber)와 프리드리히 그루페(Friedrich Gruppe)였다. 이 저자들은 모든 철학적 문제가 결국 언어문제이고, 우리의 사유는 전적으로 언어에 의해 지배되고 규정된다고 주장한다. 그들의 견해에 따르면 언어는 은유적이고 환유적, 즉 수사학적 구조를 갖고 있다. 철학자들은 그 구조에 쉽게 미혹당할 수 있다. 『초도덕적 의미에서 진리와 거짓』이라는 그의 저서에서 니체는 "진리는 은유와 환유 즉 은유의 유동적인 주인(ein bewegliches Herr), 간략히 말하면 시적으로 그리고 수사학적으로 고조되고, 옮겨지고, 꾸

며지는 인간관계의 총합 그 이상의 것이 아니라고 주장한다.[29]

끝으로, 니체는 특히 그리스와 로마 문학의 강독을 통해, 그리고 본 대학교와 라이프치히 대학교에서 고전 문헌학 연구를 통해 수사학과 대결하였다. 그가 24세의 교수로서 바젤 대학교에서 고전 문헌학을 가르치기 시작하였을 때, 수사학적 문제는 그의 사유의 중심주제였다. 1872–1873년까지 그는 '그리스 웅변술의 역사'에 대해, 1874년 '수사학'에 대해 그리고 1874–1876년까지 '그리스 문학사'에 대해 강의하였다. 니체는 바젤대학에서 3명에서 11명 정도 밖에 되지 않는 매우 적은 청중 앞에서 고대 수사학에 대해 강의하였다. 그것은 중요한 일이 대부분 초만원의 대형 강의실에서가 아니라, 작은 무리들에서 나타난다는 것에 대해 새로운 증명이었다. 이 강의들은 수사학과 철학의 갈등과 관련하여 매우 흥미로웠다.[30]

니체는 고대 그리스인들이 수사학을 매우 높이 평가하였고, 연사는 높은 명성을 누렸다는 것을 강조한다. 수사학은 그리스인들에게 참으로 가장 고상한 기예(Kunst)들 중의 하나다. 그리스어와의 연관 속에서 수사학은 하나의 전형적인 그리스 기예가 되었고, 다른 영역에서는 이 기예를 대신할만한 어떠한 문화도 없었다. 그리스인들은 우선 말의 예술가였고, 그들의 웅변술은 "이 예술가 민족의 숨결"이었다. 대화의 명인으로의 교육은 고대 그리스 문화의 정점이었다. 이 기예는 말 또는 언어의 도움으로 다른 사람을 확신시키고 설득하는 것을 목표로 삼았다. 그것은 인정과 동의, 보다 정확히 말하면 일반적이고 공동체적인 인정과 동의를 얻기 위해 기술적 숙련도로 사용되었다. 더 나아가 수사학은 비범한 힘을 나타냈고, 참다운 그리고 탁월한 연사는 이 힘을 충분히 의식하였다.

니체는 수사학에 대한 플라톤의 적대적 관계를 탐구하고 논구하였다. 플

29 Friedrich Nietzsche, Werk III, 314.

30 IJsseling Samuel, Rhetorik und Philosophie, 155.

라톤은 소피스트들과 끝없는 논쟁을 벌였다. 그는 수사학을 미워했고, 수사가들을 혐오했다. "수사학에 대한 플라톤의 투쟁이 어떻게 이해될 수 있는가"하고 니체는 스스로 묻고, 대답한다. "그는 수사학의 영향력을 시샘하였다."[31] 고대 그리스에서 연사들이 권력을 소유했던 것은 부정할 수 없다. 그 권력에 대한 시샘이 플라톤의 적대감에 대한 유일한 설명이다. 하지만 그 시샘을 지나치게 심리학적으로 이해해서는 안 된다. 그것은 '현존재에의 의지'(Willen zum Dasein)의 관점 또는 '권력에 의지의 관점' 자기 자신을 지키려는 노력의 표현이었다. 그러나 수사학에 대한 플라톤의 적대적 태도는 마찬가지로 소위 진리의 파토스적 표현인데, 이것은 니체에 의하면 결국 명예와 인정에 대한 갈망 이외의 다른 어떤 것이 아니다. 그 경우에 과거적 명예 또 거대한 청중의 갈채가 중요한 것이 아니고, 오히려 부분적으로 파악될 수 없는 초월적인 힘들의 측면으로부터 인정과 동의가 중요하다. 이것들을 갈망하는 철학자는 누구나 자신의 철학에서 정교한 사상적 구조를 세운다. 소피스트 수사학에 대한 플라톤적 적대감의 결과는 형이상학의 발생인데, 이것은 오직 실재에 대해 말함으로부터 실재를 떼어냄으로써만 가능한 것이다. 플라톤의 입장은 철학이 일반적으로 수사학에 대해 거부적인 태도를 취하는 결과를 초래했다. 플라톤 이래 거의 모든 철학자들은 철학이 수사학과 별 관계가 없거나 무관한 것으로 확신했다. 이런 확신은 철학 영역에서 자명한 것이 되었다.[32]

니체는 플라톤 이래 전 철학적 전통이 수사학에 대해 거부적이면서 대립했다는 것을 알았다. 철학자는 견해(doxa)와 설득의 모든 형식에 대해 불신의 태도를 취했고, 모든 수사적 위력을 의식적으로 그리고 명시적으로 혐오했다. 그러나 니체는 동일한 철학적 전통이 의식되지 않은 채 수사학에 의해

31 Friedrich Nietsche, Werk, II, 337.

32 IJsseling Samuel, Rhetorik und Philosophie, 157.

관통되었고 지배되었다고 주장하였다. 니체가 기존의 철학이 수사학적이라는 것을 분명히 알리고자 했다면, 그것은 철학의 자만을 폭로하는 것과 긴밀히 연관되었다. 그러나 그는 결코 철학에 비수사적 철학을 대립시키지 않을 것이다. 그 자신의 철학 또한 수사학적이다. 그것은 의식적으로 그리고 특별한 정도에서 그렇다. 니체에 의하면 수사적 철학 이외에 어떤 다른 것이 있을 수 없다. 철학이 왜 은폐되고 민감한 수사학에 의해 관통되는가? 니체는 가장 형식적이고 가장 일반적인 대답을 한다. 철학함은 언어의, 해석의 그리고 번역의 사태(eine Sache)이기 때문이고, 철학은 오로지 말과 문장성분의 망(Netz)으로 구성되기 때문이다. 언어 그 자체는 본질적으로 수사적이다.

바젤 강의에서 니체는 수사적 문채 즉 은유, 제유, 그리고 환유에 대해 반복적이고 명시적으로 말한다. 그는 여기서 또한 그것들을 정의한다. 아마도 다양한 동시대적 연구의 관점에서 보자면, 이 정의는 적절한 문제제기인 것이다. 하지만 그것은 여기서 그 이상 의미가 없다. 니체는 은유 개념을 대부분 모든 수사적 문체들을 위한 집합명칭으로 사용하는데, 수사적 문체들에는 의미의 전용, 이동 그리고 변화들이 반드시 따른다. 좁은 의미에서 볼 때 축소된 비교는 은유 하에서 이해된다. 그 비교에서 "처럼", "처럼 그렇게" 같은 말들은 누락된다. 예를 들자면, "갑돌이는 당나귀처럼 어리석다"라는 표현 대신 "갑돌이는 당나귀다"라고 사용한다. 니체에 의하면 은유에서는 하나의 질서에서 다른 하나의 질서에로 이행이 일어난다. 예를 들면, 인간적 질서에서 비인간적 질서(산의 발)에로, 비인간적인 질서에서 인간적인 질서에로(인격, 주체), 시간에서 공간으로 등등. 제유는 하나의 표현이다. 이것을 통해 우리는 사태의 하나의 관점을 전체로 또는, 사태가 일깨우는 하나의 특정한 인상을 사태 자체로 받아들인다("집" 대신에 "지붕" 또는 꿈틀거리는 움직임에 근거하는 "뱀"). 환유는 제유와 매우 유사하다. 환유에 있어서 중요한 것은 특히 원인과 결과를 뒤바꾸는 일이다. 그 반대도 마찬가지이다("노동"

대신 "땀", "작품" 대신 "저자").

그러나 니체에게 가장 중요한 것은 이런 문체들 각각에서 이행, 즉 뒤바꿈과 전용이 일어난다는 점이다. "메타-퍼"(Meta-pher) 또는 "전용하는"(übertragend) 이란 말은 이점을 나타내고 있다. 이 이행은 의식적으로 문학적 과정으로 실행된다. 그러나 그것은 대부분 무의식적으로 수행된다. 더 나아가 이행이 가능한 빨리 잊혀지고, 그것의 흔적들이 희미해진다는 것은 그것의 본질의 한 부분이다. 후자는 그때마다 표현의 잦은 사용으로부터 일어날 수 있다. 은유는 손에서 손으로 움직이는 주화처럼 소모된다. 그러나 흔적의 희미해짐은 우선 적극적인 망각의 결과이거나 일종의 밀어냄의 결과이다. 니체는 모든 말이 그런 이행의 결과라고 결론짓는다.

그는 기술한다: "그러나 모든 말들 그 자체는 처음부터 그것의 의미와 관계하는 전의적 표현(술 대신에 바카스)이다. 오직 특정한 경우에만 전용될 본래적인 의미에 대해 전혀 말할 수 없다. 본래적인 말과 전의적 표현 사이에 차이가 없는 것과 마찬가지로 합당한 말들과 소위 수사적 문채(文彩) 사이에도 차이가 없다. 모든 말함은 본래 비유적 표현이다. 전의적 표현은 때때로 말들에서 발생하는 것이 아니고, 오히려 그것들의 가장 고유한 본성이다."[33] 말들의 체계로서 전체 언어는 니체에게 전의적 표현과 문체의 병렬이다. 본래적 표현과 비본래적인 표현 사이의 차이는 근거가 없는 것이다. 왜 니체가 자신의 후기 저서들에서 언제나 수사학적 문체들에 대해서 더 적게 말하고, 말들 자체에 대해서 더 많이 말하고 있는가는 그 점으로부터 설명된다.

33 Friedrich Nietsche, Mus. Ausg., V, 299–300.

3. 해석에 대한 니체의 사유

니체는 말과 실재의 관계를 해석의 문제와 연결시킨다. 철학은 그에게 하나의 해석 또는 해석의 그물(Geflecht) 이외에 다른 것이 아니다. "해석" 이란 말은 여기서 우선 표현, 번안 또는 번역을 의미한다. 해석은 하나의 문학 형식이다. "철학자는 자신이 인식하므로 창작하고, 그리고 그는 자신이 창작하므로 인식한다."[34] 해석은 동시에 "의미를 부여하는 것"[35] 또는 앞서 집어넣은 것을 "재발견하는 것"이다.[36] 해석은 존재하고 일어나는 모든 것을 앞서 기획된 존재 도식에 보관하고, 전승된 범주와 모델에 따라 체계화하는 것을 말한다. 이런 목적을 위해 한편에서 많은 관점을 망각하고, 무언가를 알려고 하지 않을 필요가 있고, 다른 한편에서 무언가를 추가시켜 상상할 필요가 있다. 해석이 목표하는 바는 세계를 간명하게 표현하고 예측하는 것이고, 그것에 대한 일정한 권력을 획득하는 것이다. 해석을 통해 인간 현존재가 가능해질 뿐만 아니라, 상호 간의 이해 또한 가능해진다.[37]

니체에 의하면, 해석은 어떤 것, 사실(Tatsache) 또는 실재에 대한 해석이 아니다. 어떤 것, 사실 또는 실재는 그에게 언제나 이미 해석의 결과이다. 그에 의하면 "사실은 없고, 오직 해석만 있다." 해석은 항상 더 이전의 또는 더 오래된 해석의

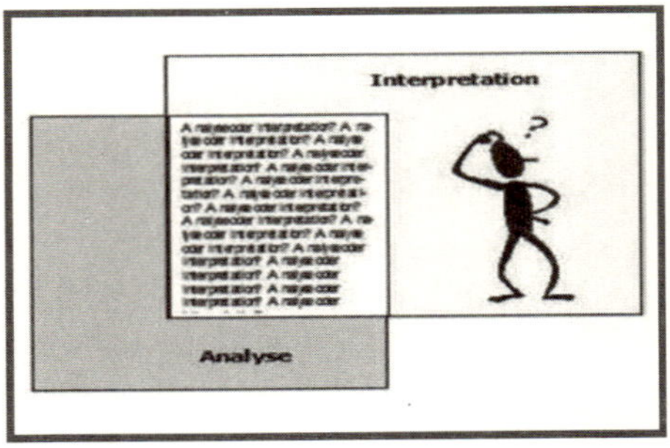

34 Friedrich Nietsche, Das Philosophenbuch, Aunier–Flammarion(bilingue), Paris, 1969, 194.

35 Friedrich Nietsche, Wille zur Macht, § 556.

36 같은 책., § 606.

37 같은 책., § 513, 516, 643.

해석이다. 해석은 "지금은 단지 기호인 옛 해석에 대한 새로운 해석이다."[38] 해석은 재록 양피지 자체로부터 많은 것을 담고 있는 하나의 텍스트이다. 해석의 망은 펴지고 있고, 인간은 지속적으로 그것에 전념한다. 주체와 객체, 자아와 세계, 사실과 사물, 신과 인간과 같은 말들은 이런 망의 구성요소들이다. 그것들은 오래되고 전승된 텍스트에서 나온 부분들이다.

해석은 또한 누군가의 해석이 아니다. 니체는 누가 해석하는가, 누가 말하고 쓰는가 하고 반복해서 묻는다. "누가 말하는가?" 인간의 주체성이 특별한 자리를 차지하는 전통 철학적 범위 내에서 인간은 직접적으로 다음과 같이 답하는 경향이 있다: 그는 바로 인간이다! 그는 아마도 허구적인 세계를 구성한, 철학적 담화를 이끄는 바로 그런 자일 것이다. 그런 관점은 쉽게 주관주의로 발전된다. 그러나 니체는 주관주의자가 아니다. "모든 것은 주관적이다. 그러나 그것은 해석이다." 그는 해석하는 자로서 또는 주체와 철학적 기술의 근원인 인간이 하나의 허구 즉 구성에 불과하다고 주장할 것이다.

해석의 배후를 해석하는 자는 또한 "꾸며낸 것에 덧붙여진, 그 배후에 서 있는" 어떤 것이다.[39] 행위자는 행위 배후에서 꾸며낸 것에 덧붙여진 것처럼, 그는 또한 해석의 결과이다. 해석의 배후에 또는 해석과 분리된 해석자를 주장하는 것은 존재자 또는 현전, 주관성 또는 신에 대한 신앙의 마지막 잉여적인 것을 기술하는 것이다. 그리고 이런 신앙은 다시 하나의 해석이다. 그 때문에 "우리는 도대체 누가 해석하느냐고 물어서는 안 되고, 해석 자체가 권력에의 의지의 한 형식으로서 현존재를 가지고 있느냐고 물어야 한다."[40]

어떤 경우든 간에 인간은 말할 때 알려지고 친숙한 말들을 사용한다. 우리가 사용하는 말들은 오랜 전통으로부터 우리 자신에게 전승된 것이다. 그

38 같은 책., § 481, 604.

39 같은 책., § 481.

40 같은 책., § 556.

것들은 인간사상으로 진행되는 담화의 부분이다. 또는 말들은 세계에서 회람하는 해석의 망의 부분이다. 그것들은 우리의 사상과 의식을 규정하고 지배한다. 그 밖에 온갖 신화와 더욱이 신학이 말들 안에 포함되어 있다. 우리는 이런 관계에서 전적으로 벗어날 수 없다. 모든 해석은 앞선 해석들을 사용한다.

니체의 의미에서 해석은 끊임없이 유혹하고 유혹되는, 자기 자신과 다른 사람을 설득하고 다른 사람에 의해 설득되는 놀이이다. 어느 누구도 이 놀이에서 벗어날 수 없다. 더욱이 이것은 바랄만한 것이 못 된다. 왜냐하면 우리는 우리 자신인 모든 것을 이 놀이의 덕을 입고 있기 때문이다. 그것은 권력에 의지의 놀이이다. 우리가 행할 수 있는 유일한 것은 이 놀이 안을 들여다보는 것이다. 그러나 이 통찰은 언제나 하나의 해석이고 다시 유혹의 결과이다.

어쨌든 철학이 하나의 해석이라면, 하나의 특정한 해석이 적합한지 또는 그렇지 않은지를 결정하기 위한 기준이 있어야 한다. 우리가 모든 것을 같은 정도로 주장할 수 있는가 또는 말하는 것이 제한되는가? 니체는 두 가지로 답변한다. 첫째로 해석의 무한성이 가능하다. "우리가 세계가 무한한 해석을 그 자체 안에 포함하고 있다는 가능성을 부정할 수 없는 한에서, 세계는 우리에게 여전히 다시 무한해진다."[41] 니체는 "새로운 무한성"에 대해 말하고 이것을 또한 자신의 "관점주의"(Perspektivismus)라고 부른다. 모든 해석은 특정한 관점이다. 관점주의는 모든 가능한 해석의 환유적 구조와 연관되어 있다. 각각의 관점과 해석은 오직 "비지식(Nicht-wissen)의 의지"와 "활동적 망각"의 근거에서만 가능하다. 우리 인간들은 이런 방식으로만 해석할 수 있고, 그것에 만족해야 한다. 그러나 니체는 관점성(Perspektivität) 자체에

41 Friedrich Nietsche, Werk, II, 250.

대한 지식은 결코 망각되어서는 안 된다고 강조한다. 둘째로, 관점 또는 해석은 그것 자체가 힘을 소유하는 한에서만 유용하고 또 정당하게 지속된다. 각각의 해석은 그것이 힘이 있거나 인간이 좋은 삶을 살 수 있는 세계를 세울 수 있는 한에서 옳다. 그 때문에 철학자는 또한 입법자의 과제를 떠맡아야 한다. "본래의 철학자들은 명령자이고 입법자이다."[42] 진리는 정렬되어야 한다. 이것은 오직 강하고 힘 있는 담화를 통해서만 일어난다. 이런 의미에서 니체는 플라톤적 형이상학에 대해 신랄하게 비판한다. 그것은 관점주의를 망각하고 그 자신의 해석을 절대화하였다. 더 나아가 막스적 표현으로 플라톤적 형이상학은 세계를 변화시키는 대신에 그것을 단지 다양하게 해석만 하였을 뿐이다.

모든 것이 해석일 뿐이라면, 그러면 "해석은" 무엇인가? 라고 조심스럽게 물어보자. 니체에 의하면 모든 "본질물음"(Was-Frage)은 이미 어떤 것을 앞서 기획된 존재도식 안으로 분류하는 것을 나타낸다. 사태(Sache)의 본질에 대한 물음은 철학적 물음이다. 그 물음에 대한 답변이 항상 철학적 해석이다. 그 때문에 해석에 대한 물음은 단지 전략적인 방식으로만 제기될 수 있다. 어쨌든 해석은 실체적인 실재가 아니고, 자기 자신을 소유하고 있는 주체도 아니다. 해석은 어떤 중심점도 가지고 있지 않고 자기 자신을 통찰하는 것도 아니다. 해석은 자기 자신을 위해 현재적인 것이 아니다. 해석은 또한 인간에게 완전히 이해될 수 없다. 해석에 대한 각각의 물음에서 해석은 그 자체가 이미 전제되어 있다. 언어와 말함에 대한 물음이 언어와 말함 밖에서 제기되지 못하는 것과 마찬가지로 해석에 대한 물음은 해석과 분리될 수 없다.

그러나 니체는 모든 해석은 위조이고, 공식적 표현은 왜곡이다는 주장으로 계속해서 기운다. 언어는 그에게 비진리이다. 우리가 오직 해석만 있고,

---

42 같은 책., 676.

이 해석은 "작품 속으로 진리의 정립"[43]이다는 것을 진지하게 받아들인다면, 우리의 사유는 아마도 한 걸음 더 전진할 것이다. 말함과 글쓰기 속에서 태어나는 진리 외에 다른 진리는 있지 않다. 그에 따라 모든 말함과 글쓰기는 이미 어느 곳에서 어떤 방식으로 어떤 심급을 위해 현전하는 어떤 것의 드러내고 숨기는 것이 아니고, 원본적이고 독창적인 사건으로서 존재자를 현상시키고 사라지게 하는 드러냄과 숨김이다. 그러나 이 견해는 니체적이라기보다는 하이데거적이다. 하이데거는 말함과 글쓰기의 사건을 니체보다 더 깊이 꿰뚫고 있었다.[44]

43 Martin Heidegger, "Ursprung des Kunstwerkes", Holzwege, GA 5, 1977, 38. 하이데거는 예술의 본질이란 질문에 답한다. 그에 의하면, "예술의 본질은 존재자의 진리가 스스로 작품 안에 정립하는 것"이다. 이 규정은 하이데거의 예술론 전체를 이끈다.

44 IJsseling Samuel, Rhetorik und Philosophie, 165.

제 5 부
수사학의 새로운 길

제1장 현대 수사학의 복귀

현대에 수사학의 복귀는 반데카르트주의의 형식을 띠고 있다. 즉 20세기 후반 수사학의 복귀는 데카르트적 토대의 약화와 비판과 동시에 일어났다. 최근에 수사학의 복권과 재수용은 여러 학문 분야에서 확인되고 있다. 이런 현상은 제한된 이성의 방법적 탐구를 통해 확실성과 엄밀성을 추구했던 근대적 사고의 와해와 현대에서 발생한 다양한 사상적 사조와 무관하지 않다. 철저한 논리적 증명을 진리 탐구의 절대적 판단 기준으로 삼았던 근대적 사고와는 매우 다른 방식의 사고를 요구하는 전문 분야들에서 수사학은 긍정적으로 평가받고 수용되었다. 그러나 의사소통과학이나 수사학적 문예학[1]과

1 Samuel IJsseling, Rhetorik und Philosophie, 11–12. "의사소통 과학은 그 점을 넘어서 매우 다양한 형식을 받아들이는 "공적인 말함"의 합법칙성을 탐구하고 정식화한다: 특정연설에서, 강연에서, 정치 또는 재판 연설에서, 강의와 교육에서, 그리스도교적 선포에서, 논문과 저서들의 편집과 출판에서, 발표문과 보고문들 그리고 텍스트들의 편집과 출판에서. 마지막의 경우에서 중요한 것은 확실히 '말함'의 방식이 아니고, 오히려 구두적 의사소통과 간행물의 형식이다. 구두적 의사소통의 이 모든 형식을 위해 규칙을 세우는 일 또한 수사학의 한 부분이다.
문예학 또한 다시 한 번 수사학에 주의를 기울인다. 그것은 수사학을 종종 문체분석(문체론)에, 때때로 소위 수사학적 문채들(은유, 환유 등등)에 한정시킨다. 뤼티흐 출신의 그루페의 일반 수사학은 오로지 이런 문채들을 주제화하였다. 하지만 수사학은 원칙적으로 매우 넓은 영역을 거부한다. 일반 수사학에 대한 비판이 여기서 중요한 것은 일반 수사학이 아니라 제한된 수사학임을 반복해서 논평하였다. 은유와 환유의 연구가 의미 있고 유익하듯이, 그렇게 이런 작은 부분영역은 결코 전체적인 또는 매우 포괄적인 과학으로 간주되어서는 안 된다."

같은 전문 분야에서는 수사학의 고유 가치나 고유영역에 대한 분명한 이해 없이, 자신의 학문적 탐구를 위해 기술적 차원과 분석적 도구의 차원에서 수사학을 부분적으로만 인정하고 활용하고 있다.

우리는 여기서 전통적으로 수사학이 걸어온 길을 간략히 언급하고, 그런 맥락적 연관성에서 현대 수사학 복귀의 특징과 방향성을 살펴볼 것이다.

1. 전통적 수사학과 현대수사학의 특징

고대 그리스에서 발생하고, 로마 문화와 르네상스의 정신 속에서 발전을 이루었던 수사학은 근대적 사유의 환경 속에서 많은 위기와 다양한 변화를 거듭 겪었다.

첫째, 고대 민주주의의 쇠퇴와 사멸과 함께 웅변의 의미가 변화되었다. 그것은 정치적이고 사회적인 환경과 밀접하게 연관되었다. 웅변의 가치 하락과 함께 또한 설득과 논증이라는 수사학의 본래적인 목표는 사라지고, 대신 장식적인 의미가 강조되었다. 이에 따라 수사학은 미사여구법 또는 문예 수사학으로 축소되었다.

둘째, 퀸틸리아누스에서 퐁타니의 사이에 두 번째 수사학의 위기가 발생했다. 그것은 고대로부터 이어져 온 수사학에서는 담론이 전체성 속에서 파악되었다. 그러나 전체성 대신, 문체 중심으로 담론이 파악되는 전환이 수사학의 위기를 반영하였다. 문체로 축소된 수사학은 "느린 쇠퇴와 변질, 그리고 자기기만의 시기"를 경험할 수밖에 없었다.

셋째, 인문주의 경향과 종교개혁 전통에서는 수사학이 긍정적으로 평가되었다. 그것들 각각의 사상과 이념을 위해 수사학을 다양하게 사용하였다. 특히 이탈리아 인문주의자 비코는 철학보다 수사학적 우선성을 강조하고,

철학에 앞서 수사학의 가치와 중요성을 평가했다. 철학자들이 주도권을 가진 근대시대에 수사학은 오해와 거부, 비난을 받았다. 그로 인해 수사학은 가치와 의미에 있어서 평가절하되었고, 뒤마르세(전의)와 퐁타니에(문채)에 의해 문채이론으로 축소된 채 명맥만을 유지하였다. 그러던 수사학이 20세기 후반에 그 가치와 의미에 있어서 복권되기 시작했다.

박성창은 20세기 후반 현대의 수사학이 이전 수사학보다 다양한 관점과 범주에서 연구되기 시작했다고 말한다. 그는 이런 현대 수사학이 이전 수사학과 구분되는 몇 가지 변별적 특징을 제시한다.[2]

첫째, 현대의 수사학은 문체로, 시학, 언어학, 철학, 문학비평, 논리학 등 인문과학의 제반 학문들과 구조적인 작용을 통해서 다루고자 하는 대상과 그것을 다루는 관점의 쇄신을 기할 수 있다.

둘째, 현대의 수사학이 다루는 영역은 고대의 수사학에 비해 훨씬 확장되었다. 즉 고대 수사학에서 말하는 세 가지 장르에 국한되지 않고 광고를 비롯한 모든 형태의 설득적 담론뿐 아니라, 시와 같은 비설득적 담론까지 그 영역이 확대되었다. 현대수사학은 일종의 범수사학의 성격을 띠고 있다.

셋째, 현대의 수사학은 서로 뚜렷이 구분되는 연구들로 분열되어 있는 수사학이다. 즉 그 대상뿐 아니라 수사학이라는 용어에 대한 정의에 있어서도 서로 구분되고 심지어는 대립되기까지 한 경향들이 서로 융화되지 못한 채 흩어져 있는 것이다.

2 박성창, 『수사학』, 서울: 문학과 지성사, 2000, 179–180.

2. 수사학의 복귀의 특징들

1) 철학에로의 복귀

이성의 수사학을 주장한 제임스 크로스화이트(James Crosswhite)는 20세기 후반에 수사학이 자기 본연의 가치로 복귀하였다는 점을 지적한다. 그는 이 수사학의 복귀를 이해하기 위해 특정한 방식들로 포커스를 맞춰야 한다고 주장한다.[3]

첫째, 수사학이 철학으로 복귀한 것이다. 비젤과 헤르츠베르그의 저서 『수사학적 전통』에서는 철학자 펠레만, 하버마스, 푸코, 그리고 데리다를 다루고 있다. 콘렐리의 『유럽 전통에서의 수사학』에서는 멕케온, 툴민, 펠레만 그리고 하버마스를 다루고 있다. 그 철학자들은 20세기 후반 철학적 사고에 의해 형성된 수사학으로 복귀하고 있다.

둘째, 이런 수사학의 복귀는 주로 지적 사건이었지, 제도적인 것은 아니었다. 현대에 수사학에 대한 논의와 활용이 다시 활발하게 이루어지고 있지만, 교육 체계의 변화와는 거의 관련을 맺지 못하고 있다. 특별히 매우 다른 맥락에서 지적 작업을 하는 철학자들이 20세기 후반 철학적 담론을 제기하는 방식으로 수사학에 관심을 기울이고 있는 경향이다.

셋째, 20세기의 폭력과 파괴성은 이런 경향의 직접적인 맥락을 형성한

3 James Crosswhite, Rhetoric in the Wilderness: The Deep Rhetoric of the Late Twentieth Century, in A companion to Rhetoric and Rhetorical Criticism, ed by Jost and Olmsted, Blackwell Publishing Ltd, 2004, 373.

다. 가다머의 『진리와 방법』은 1960년 2차 세계대전을 일으켰던 독일에서 등장하였다. 툴민의 『논증의 사용』은 1958년에 출간되었다. 그리고 펠레만과 올브레히츠-티테카의 『신 수사학』 또한 1958년에 출판되었다. 이 저서들은 모두 깊은 의미를 지닌 전쟁 후 작품들이며, 유럽 파괴의 환경 가운데 저술되었고, 철학적 수사학에 깊은 의미를 지니고 있다. 몇 년 후에 그들에 이어 하버마스도 『의사소통적 이성의 이론』을 매우 큰 열정과 에너지를 가지고 추구하였다.

넷째, 수사학의 부활은 이성과 논증에 주도적 관심으로 특징 지어진다. 수사학의 철학적 복귀는 논증에로 전향이라는 비코의 간청에 뒤늦은 응답이다. 그 논증은 논리적 접근보다는 토피칼적 접근을 취하고 엄격한 비판적-평가적 힘보다는 창안적 힘의 약속을 보이는 것이다. 즉 펠레만의 『신 수사학』의 영향을 받은 크로스화이트는 논리학에 논증과 수사학에서 논증행위를 분명하게 구분 지었다. 크로스화이트는 전통적으로 지속되어 온 논리학과 수사학의 갈등 국면을 뛰어 넘는다. 즉 그에 의하면 논리에는 이성이 작동하듯이, 수사학에도 이성이 폭넓게 작용할 수 있다.

2) 토피칼적 창안의 힘

논증에서 토피칼적 창안(topical invention), 즉 수사학적 이성에 의한 수사학의 역할은 실천적인 구두적 기예에 한정성을 넘어서서 건축술의(구성적인) 또는 메타철학적인 힘으로 나타난다. 맥캐온(Richard Mckeon)은 "창안은 형식 논증의 구성에서, 앎, 정서, 관심 그리고 감상에서 명백하듯이, 이성에 의한 경험을 확대시키는 모든 방식으로 확장한다"[4]는 점을 지적한다. 존스톤

4 Mckeon, Richard, Rhetoric: Essays in Invention and Discovery, Woodbridge, CT: Ox Bow Press, 1987, 59.

(Henry Johnstone)은 수사학을 발생시키고 유지하는 의식을 위한 수단으로 보았다.[5] 펠레만과 올브레흐츠-티테카는 보편적 청중이 모든 철학적 논증에 참석하고, 미규정된 보편청중이 심지어 그 참석에 참석한다고 주장한다. 가다머는 수사학을 인간 의사소통의 보편적 형식으로 보았다. 이런 주장들은 철저한 수사학의 건축술적인 힘의 견해를 나타내고 있다.[6]

수사학의 건축술적 힘에 대한 일반적 시각은 툴민에 의해 특별한 방식으로 다루어진다. 툴민에 의하면 이성은 다양한 합리적인 기획에 의해 구성된다. 각각 별개의 목적을 가지고 있고, 그것이 직면하는 긴박함에 적응하고, 각각은 그것에 맞게 개념적 변화를 산출한다. 툴민은 개념적 변화가 일어나는 절차를 기술하려고 하는 『인간 이해』라는 저서에서 수사학의 토피칼적-건축술적 기능을 강하게 강조한다.

『신 수사학』에서 20세기 후반 철학적 수사학의 넓고 복합적인 집합이 발견되는데, 펠레만과 올브레흐츠-티테카은 바로 '철학적 개념 쌍'에 대한 야심에 찬 토피칼적-건축술적인 토론을 벌이고 있다. 철학적 개념 쌍이 작업하는 일반적 방식은 통일로서 경험된 것은 두 개의 본질적으로 다른 것들로서 생각된다는 점이다. 이 두 개로 분리의 원형은 형상-실재라는 개념 쌍이다. 그런 개념의 쌍을 발생시키는 과정은 인간존재에 의한 세계의 합리적 개념화 속에 있는 본질적 사건이다. 실재 자체의 가치를 지닌 것의 현존에로 옴 속에 있는 본질적 사건이다. 그들은 많은 개념의 쌍들의 수사학적 행위를 분석한다. 그들은 수단과 목적, 행위와 인격, 우연과 본질, 상대적과 절대적, 주관적과 객관적, 다양성과 통일성, 언어와 사유, 개별적과 보편적, 신체

---

5 Johnstone, Henry, "Rhetoric as a Wedge: a Reformulation," Rhetoric Society Quarterly, 20, 1990, 333.

6 James Crosswhite, Rhetoric in the Wilderness: The Deep Rhetoric of the Late Twentieth Century, 374–375.

와 정신, 형식과 내용 등 이런 개념의 쌍들의 특정한 체계화를 고정시키는 방법을 입증하려고 노력한다. 그들의 주장에 따르면, 이런 개념 쌍들은 궁극적인 모든 개념을 포괄하는 체계화를 허용하지 않는다. 왜냐하면 그것들은 원래 갈등 속에서 대립적 방식으로 그리고 다른 경우에 때때로 갈등적인 목적을 위해 형성되기 때문이다.[7]

신 수사학에서 분석의 핵심점(main focus)은 하나의 특정한 철학을 구성하는 것이 아니고, 단지 정신의 여러 체계화에서 그리고 다른 철학들에서 일어나는 것을 관찰하는 것이다. 특정한 철학적 개념 쌍의 역동성에서 일어나는 것을 지켜보는 것은 이런 개념 쌍의 견지에서 개념화되는 문제에 대한 추론의 다양한 가능성을 생각하는 것이고, 토포스(topos)로부터 창안하는 것이다. 추론의 가능한 길 중에서 어떤 것이 취해지고, 어떤 것이 그렇지 않은가를 아는 것은 어떤 특정한 논증의 부분을 이해하는 것, 즉 핵심 메시지를 얻는 것이고, 그 핵심의 길을 걷는 것이다.

3. 기예적 수사학 추구

진리를 인식하고, 인식된 진리를 설득시키는 데 있어서 감정은 이성(논증)과 협력적 동반자인가 아니면 제거되거나 극복되어야 할 장애물인가? 고대에서 근대까지 감정은 이성을 방해하는 부정적인 어떤 것, 그래서 언제나 이성의 통제를 받아야 하는 것으로 당연시되어 왔다. 그렇지만 현대에 와서 그 당연함이 깨어지게 되었고, 기예적 수사학에서 이성과 감정의 관계가 역전되었다.

7 같은 책., 376.

1) 감정에 대한 다양한 평가

논증과 설득에서 감정의 역할을 다루기 위해 질문해보자. 설득적 연설은 감정과 근본적으로 연관되어 있는가? 또 감정적 호소를 통한 청중의 설득이 언제나 바람직한 것인가? 이 질문에 대한 답을 얻기 위해 우리는 감정에 대한 전통적인 다양한 입장들을 살펴볼 것이다.

첫째, 고르기아스 같은 소피스트적 연사뿐만 아니라, 로마 수사학에서 키케로는 연설의 설득과 청자 감정과의 밀접한 관계를 중요시했다. "화자가 자신의 말을 통해 자신이 원하는 것을 이루고자 하려면, 인간의 특성들과 인간 본성 전체에 대한 깊은 통찰, 그리고 영혼에 자극을 주고 또 그것을 변화시키는 동기를 획득해야 한다."[8] 키케로는 감정의 사용을 이론적으로 문제가 없는 것으로, 그리고 전략적으로 필요한 것으로 보았다. 이런 키케로의 입장에 따르면 감정은 이성과 협력하거나 이성에 봉사한다.

수사학의 능력은 감정에 관련이 있고, 감정을 다루거나 바꿀 수 있는 것을 통해 드러나는데, 이 능력은 제한이 없다. 설득은 물리적인 힘(physical force)이나 강요와는 다른 것이다. 수사학적 설득이나 강제력은 논증의 엄격함이나 공적에서 일어나는 것이 아니다. 그것은 오히려 정서적으로 깊이 확신하는 데서 온다. 연설의 담론(discourse)이 청중의 감정에 행위(자극)를 함으로써 그 청중을 움직이는 힘을 가지고 있다는 것은 수사학이 가진 고대적이고 근본적인 통찰이다.[9]

둘째, 고대 그리스 철학자 플라톤처럼 철학자 임마누엘 칸트도 감정을 불

---

8 Cicero, De Oratore, In Cicero Vol.3-4, trans. by H. Rackham, Cambridge, MA: Harvard University Press, 41, James L. Kastely, Rhetoric and Emotion, in A companion to Rhetoric and Rhetorical Criticism, ed by Jost and Olmsted, Blackwell Publishing Ltd, 2004, 221, 재인용.

9 James L., Kastely, Rhetoric and Emotion, 222.

신하고 감정에 의해 지배되는 삶을 노예의 형식과 동등하게 여긴 전형적인 철학자였다. 이성이 통치의 고삐를 쥐지 못하면 그의 감정과 기질이 그의 주인 역할을 한다. 감정에 의해 취해진 위협에 반응하여, 칸트는 하나의 규범을 제시한다. 그 규범은 실천적 판단에서 감정을 쫓아내고, 그래서 이성을 순수하게 그리고 감정의 영향에 오염되지 않게 유지시키는 것이다. 이런 입장에서 그는 수사학을 비판했고, 수사학을 거의 사용하지 않았다. 왜냐하면 수사학은 감정을 사용해서 청중의 판단에 부정적으로 영향을 미치기 때문이다. 그는 수사학을 논리학의 위조보다 약간 더한 것으로 간주하였다.

셋째, 버나드 윌리엄(Bernard. William)은 실천적인 추론에서 감정의 역할에 대한 두 가지 중심적 관심을 가졌다. 하나, 가장 깊은 확신들은 근본적으로 논리적 사유의 산물이 아니고, 감정과 연관되어 있다. 즉 감정은 인간의 반성에 앞선 것이고, 그래서 반성적 산물이 아니다. 오히려 그 확신들은 우리의 특별한 삶에서 일어나고, 이런 삶과 불가피하게 연관되어 있다. 다른 하나, 이런 원리들(확신들)은 마치 그것들이 고의적으로 채택된 것처럼 느껴져서는 안 된다. 대신에 그 원리들(확신들)은 우리를 위해 주어진 것으로 느낀다. 그것들은 우리 삶의 구조에 속한 부분이다. 우리는 그것들의 권위를 우리의 감정적 반응 속에서 느낀다. 특히 종교적 영역에 이런 확신적인 구조가 본질적으로 자리 잡고 있다. 예를 들어, 기독교적 영역의 구조 내에서 보자면, 감정과 감동 그리고 신앙 경험과 성령의 경험이 긴밀하게 연결되어 있다. 이런 가치들이 이성적 담론에 의해 쉽게 변경될 수 없다는 사실은 감정이 깊은 곳에서 작동하는 것을 암시하고, 그것들이 이성보다 앞선 근원에 뿌리를 두고 있다는 것을 가리킨다. 이런 점에서 감정은 인식에 반응하며, 이성에 앞선 인식의 근원일 수 있다.

2) 수사학적 감정의 역할

논증의 관심(logic's concern)은 확실한 결론을 도출하는 것이다. 그렇지만 수사학의 관심(rhetoric's concern)은 그 결론에서 귀결에 이르는 것이다. 여기에 두 입장들의 차이가 있다. 청중이 논증의 바름을 인정하더라도, 논증의 근거에서 행동하도록 동기적 감동을 받지 못하면, 논증은 수사학적으로 실패한 노력이다. 수사학적으로 논증이 작동되는 것은 청중들이 감동을 받아 행동하는 그런 방식으로 청중과 관계해야 한다. 논증은 특수한 상황에 윤리적이고 감정적인 투자를 말해야 한다.

아리스토텔레스가 연설에서 꼭 필요한 설득적 구성 요소로 간주했던 에토스와 파토스는 단순히 설득의 보조적 방식이 아니다. 그 둘은 오히려 실제적이고 미적인 판단을 하기 위한 필수적 요소이다. 그것들은 그것들 자체가 설득의 방식이고, 논증에서 그것들의 역할에 대한 아리스토텔레스의 이해는 원대한 귀결을 가지고 있다. "수사학에 대한 그의 이해에 따르면, 감정은 순수한 추론에 장애물도 아니고, 이성의 통제하에 두어야 하는 비합리성의 사례도 아니다. 감정들은 우리가 세계 안에서 이해하고 행동하는 방식에서 결정적인 역할을 하는 인간 반응의 복잡하게 연결된 방식의 일부를 형성한다."[10]

제임스 케스텔리(James L., Kastely)는 담론과 설득에서 감정의 다양한 역할을 제시한다.[11]

첫째, 자신의 연설문을 작성할 때, 연설가는 청자의 특성과 감정에 그 초점을 맞추어야 한다. 이것들은 청자에 의해 내면화되는(자기 것으로 되는) 판단의 결정에 영향을 미치기 때문이다. 청자가 그 판단을 내면화할 때, 그는

10 James L., Kastely, Rhetoric and Emotion, 224.

11 같은 책., 224-226 참조.

그 판단을 결정적인 것이 되게 함으로써 특정한 상황을 종결한다. 청자는 연설의 추리를 신뢰할 수 있는 경우에도, 동시에 연사의 실제적인 지혜, 덕, 그리고 선한 의지를 틀림없이 신뢰한다. 그러나 후자들의 특질들의 결여를 보여주는 연사는 바로 청자의 의심을 야기시키고, 그들 자신의 신뢰성을 손상시킨다.

둘째, 감정의 중요성은 그보다 더 깊다. 한 상황에서 청자의 감정적 방향은 청자가 특정한 상황을 보고 이해하는 방식을 결정하는 데 비판적 역할을 한다. 아리스토텔레스는 설득에서 감정(pathos)의 중요성을 지적했다. 감정은 세계가 나타나는 방식을 결정하는 데 도움을 주기 때문이다. 감정은 단순히 사라지는 것이 아닌, 지향적인(intentional) 것이다. 특정한 감정의 작용을 살펴보자. 예를 들면, 분노(angry)라는 감정은 우리의 시선을 분노하는 자의 정신상태, 분노대상, 분노이유로 지향하게 한다. 감정은 사람들 사이를 구조화시키는 것들이다. 한 상황에서 다른 사람에 대해 어떻게 느끼느냐에 따라 관계가 달리 형성된다. 이런 감정 탐구에서 연설가는 개인적 가치이거나 공동체적 가치와 이해를 발견하고, 또 그것들을 분류하고 변화시킬 수 있다.

여기서 핵심 사항은 청중은 연설가가 제공한 판단의 적합성을 그들 자신에 대한 판단을 검토함으로써 판단할 수 있다는 점이다. 감정의 적절성 또는 부적절성은 청중의 마음을 끌어내어 논증을 평가하게 하는 주요 자리(a key place)이다.

3) 감정의 기예적 사용과 비기예적 사용

우리는 감정 그 자체에 대한 판단을 쉽게 내릴 수는 없다. 그렇지만 감정을 사용하는 데에는 양면적 가치가 존재한다. 비기예적 감정(the inartistic feeling)의 사용을 통해 연설가는 청중을 자신의 목적을 위해 설정된 이미지에 맞게 재형성시키고, 결국 청중의 생각을 왜곡시킨다. 청중은 단순히 연설가에 의해 부가된 감정에 의해 감동받고 행동한다. 청중을 지도하는 연설가의 기능은 청중의 가치와 감정을 연설가의 가치와 감정으로 대치시키는 데서 상실된다. 조작적 수사학은 청중을 수동적이고 유순한 존재로 생각하는 데서 그들을 수동적 역할을 차지하도록 선매적으로 강요한다. 비기예적 연설가는 판단의 행위를 단순히 유사한 것으로 대체시킨다.[12]

실천으로써 수사학의 통합성은 청중이 능동적이 되기를 요구하고, 또 연설가가 자신의 연설에서 구현하는 추론의 복잡한 구조를 신중히 자기 것으로 만들기를 요구한다. 버크(K. Burke)는 수사학이 개인적인 영혼의 속임과 협작을 위한 모델을 제공한다고 암시함으로써 수사학적 분석의 범위를 확대시키고자 하였다. 그의 확장된 수사학 개념은 우리가 개인적 심령 내에서 협상과 긴장을 이해하는 데 도움을 준다. 상황에 맞는 감정을 적합하게 연결시킴으로써 연사는 청중들과 공통감정을 공유하고, 그 둘 사이의 효과적인 동일성을 성취할 수 있다.

합리적 지성을 가진 청중과 대면하는 순간을 가정한다면, 수사학이 결단의 과정에 무엇을 기여하는지 묻는 것은 정당하다. 수사학이 상황의 파토스(pathos)에 적합한 로고스(logos)를 창안하거나 발견할 때, 수사학은 개념을 제공함으로써 청중을 결단으로 이끄는 데 도움을 준다. 그 개념은 청자가 자신의 느낌들이 표현하고 했던 것의 더욱 충분히 조직된 생각을 갖는 것을 허용한다. 자신의 해석을 통해 연설가는 감정을 탐구하는 수단이 될 수 있는 대화를 위한 조건을 창출한다. 청중들이 수사학적 담론에 대해 비판적으로 반응할 때, 그들은 자신의 역사의 관점을 발견할 수 있고, 그들에게 중심이 되는 그러나 연설가에 의해 논증적 구조에 편입되기 전까지 유용하지 않은 관

12 James L. Kastely, Rhetoric and Emotion, 226.

심을 의식할 수 있다.[13]

이런 방식으로 수사학은 공공적 자기 인식을 획득하는 공적인 방식을 획득한다. 합리적 논증만으로는 판단을 내리는 데 충분하지 않다. 건전한 판단이 감정과 사유의 통일의 토대에서 수행될 필요가 있다.[14] 기예적 수사학(the artistic rhetoric)은 청중이 퇴행을 저항하는 데 도움을 준다. 설득의 가장 유용한 수단을 일정한 상황에 연관시킴으로써, 기예적 수사학은 그들의 충분한 상황 속에 있는 청중들을 이해하려고 한다. 상황이 청중에게 나타나는 방법에 대한 더욱 엄격한 차별에 방법론적으로 위임하면서, 기예적 수사학은 특정한 상황에 있는 청중에게 적합한 감정 탐구의 중요성을 인지한다. 청중의 특정한 감정을 이해하고 연설을 구성하려는 정도에서, 연설가는 이런 감정들을 청중의 판단 구조에 편입시킬 수 있다. 이런 과정을 통해 연설가는 개인화의 성장을 고무시킨다. 따라서 기예적 수사학은 각 주체(청중)들이 건전한 시민의식을 가질 수 있고, 감정의 노예로의 퇴행을 저항하는 개인이 되는 것을 돕는다.

13 같은 책., 231.

14 같은 책., 236.

제 2 장
카임 펠레만의 신 수사학

1. 신 수사학의 자리매김

철학자 펠레만(Chaïm Perelman, 1912–1984)은 일반수사학의 복귀에 의미 있는 참여를 하였다. 생애 말년에 그는 『새로운 수사학: 수사학과 논증』이라는 제목 하에 책을 출판하였다. 이 저서는 수사학적 근본 견해들을 망라하고 있다. 그는 자신의 작업이 논증 이론적으로 기여하고 있다는 점을 『새로운 수사학』에서 명시하고 있다. 펠레만은 "논증이론"을 발전시키고, 그 이론 하에서 "설득적 담론의 일반적 이론"을 제시하였다. 그에 의하면 그 이론은 '대중의 지적인 동의뿐만 아니라 감정적인 동의를 겨냥한다.' 이것은 모든 말함이 비개인적 타당성의 요구 없이 즉 학문적인 객관성 요구 없이 수사학에 속한다는 것을 지시한다.

의사소통이 한 사람 또는 여러 사람에게, 그들의 사유의 방향을 제시하고, 그들의 감정을 자극하거나 달래주고, 하나의 행동을 지도하는 영향을 끼

쳐야 한다면, 그것은 수사학의 영역에 속한다. 이 영역은 특정한 경우로써 논쟁의 기술인 변증법을 포함한다. 그래서 수사학은 확장된 채 비형식화된 사유의 측정할 수 없는 넓은 영역 위에서 파악된다.

특히 스테펜 툴민(Stephen Tulmin)이 전념했던 논증의 형식적, 논리적 또는 삼단논법적 구조와 관련되어 있는 특수한 수사학은 수사학의 중심 트렌드가 아니다. 그것에 비하여 펠레만의 단초는 고전 수사학적 창안의 특히 삼단논법과 토픽의 근대적 진보라는 특징을 지니고 있다. 펠레만은 논증을 수사학의 중심중력으로 탐구하기 위해 물음을 던진다.[15] 어떻게 논증수사학이 이론사적으로 조직화될 수 있는가? 어떻게

---

15 티모시 보셔스, 『수사학 이론』, 140. 두 이론가인 스테판 툴민과 체임 페렐만은 논법에 대한 3가지 사고법을 제시하였다.

"첫째, 툴민과 페렐만은 논법을 논리학의 고전적 연구와 분리하였다. 간단히 말하면, 툴민은 페렐만이 연구한 결과, 논법이란 발생되어야 하는 것이 아니라 실제로 발생하는 것이라는 점을 이해하였다. 논법에 대한 툴민의 이론(1969)의 핵심은 "논법의 실질적인 업무"와 "형식적인 논리에 관한 책에 나와 있는 대로의 분석"(p.147) 사이에서의 일탈이라고 할 수 있다. 페렐만은 "그 결과로, 분석적 논증과 변증법적 논증을 명백하게 구분할 수 있게 되었는데, 전자는 진실을 다루는 것이고 후자는 정당화될 수 있는 의견에 관한 것이다"(Perelman, 1982, p.3)라고 덧붙였다. 라무스-발상과 배열이 논리학에 속한다고 말한 사람-는 이런 구별을 하는 데 실패함으로써 "수사학에 치명적인"(Perelman, 1982, p.3) 실수를 저질렀다. 물론 논리학도 체계적인 논증에 기초해서 진실의 문제를 결정하는 것을 다룰 수는 있지만, 현대의 논법 이론가들은 특정한 수용자들에게 합리적으로 받아들여질 수 있는 말을 만들고 평가하는 일은 수사학에게 맡겨야 한다고 믿고 있다.

둘째, 툴민과 페렐만-특히 툴민-은 논법의 언어적 성질을 강조했는데, 이는 그들의 실질적인 초점과 직접적으로 관계된 것이다. 왜냐하면 논법은 단어들을 사용하는데, 단어들에는 모호한 의미가 있기 때문에 논법자가 사용하는 단어들을 논법의 연구나 기술에 포함시켜야만 한다. 다음 장에서 수사학에서 "언어적 전환"이 무엇을 의미하는지, 그것이 수사학에 미친 영향은 어떤 것인지 보다 자세히 논의하게 된다. 이런 개념이 20세기 수사학 이론에 지대한 영향을 미쳤음을 알게 될 것이다.

끝으로, 툴민과 페렐만은 논법에 대한 수용자의 반응에 초점을 맞추었다. 그렇게 함으로써 그들은

논증이 수사학적 연관성과 관련되어 있는가? 논증과정이 어디에 놓여 있는가? 그 논거들은 무엇인가?

논증수사학의 이론사적인 배열에 대해 물음을 제기할 때, 중요한 것은 학문사적이고, 인식이론적 그리고 체계적인 연관들이다. 펠레만은 학문사적인 차원으로 인해 새로워진 논증수사학에 자신의 개입의 자릿값을 놓는다. 페트루스 라무스(Petrus Ramus) 이후 수사학은 문예적 수사학으로 지속해서 축소되었다. 펠레만은 "수사학의 새로움"이 문채의 수사학을 출발점으로 삼을 수 있다고 생각하지 않는다.[16] 펠레만은 아리스토텔레스적 수사학에 따라 수사학의 인식이론적 현 위치 확인을 신고하고 있는 점에서 아리스토텔레스주의자이다. 아리스토텔레스에게 있어서 수사학은 변증법과 자매학문이다.

펠레만에게 중요한 문제는 "수사학과 변증법" 사이의 관계, 즉 논증이론과 새로운 수사학의 관계를 새롭게 검토하는 일이다. 펠레만은 수사학의 문학적 협소화를 반대할 뿐만 아니라, 근대 철학적-자연과학적 사유로부터 그것의 인식이론적 분리 또한 반대한다. 수사학이 어떤 철학적 인식에 기여할 수 있는가 하는 고대적 논쟁에서 적어도 데카르트 이후로 수사학에 대한 단호한 반대가 나타났다. 16, 17세기에 발생한 "철학의 구상"은 그것의 전체 주제가 명증적이거나 절차에 있어서 통제적 방식으로 증명되는 범주에 속하고 있어서 모든 논증들은 그 범주에서 벗어나 있었고, 그로써 수사학은 철학

논법의 전통적 연구를 철학적 관점으로부터 분리시켰고, 수사학 이론가들에게 수사학을 연구하는 데 그들의 이론을 활용할 수 있는 길을 열어주었다. 툴민이 미국 수사학자들에게 알려지기 전까지는 수사학자들은 대부분 논법에 대한 연구와 실행을 무시했었다."

16 박성창, 『수사학』, 88. 실제로 페렐만(Ch. Perelman)은 문채의 기능적 관점과 장식적 관점을 뚜렷하게 구분하고 그럼으로써 논증에 도움이 되는 '수사적 문채들(figures de rhétorique)'과 그렇지 못한 '문체에 속한 문채들(figures de style)'을 대립시키고 있다: "어떤 문채가 고려된 새로운 상황에 적합하게 사용되어서 관점의 변화를 일으킨 경우, 우리는 그 문체를 '논증적'이라고 생각한다. 그와는 반대로 담론이 청중으로 하여금 이러한 논증적 형태에 동의하는 데 이르지 못했을 경우 문채는 장식으로 간주될 것이며 문체에 속하는 문채들로 간주될 것이다. 그 경우 감탄을 불러일으킬 수는 있겠지만 미학적 측면이나, 아니면 변론가의 독창성에 대한 증언으로서만 그러할 것이다."

의 수단으로써 비난받는 결과를 경험할 수밖에 없었다.

펠레만은 이점이 단지 특정한 전제하에서만 이루어질 수 있었다고 지적한다. 그 전제에는 인간적 합리성은 신에 의해 안전장치된 것이라는 점, 그것은 자연과 조화되고, 우리는 잠정적으로 근거지워진 도덕으로만 만족한다는 점이 포함되어 있었다. 이런 전제들의 확실성의 상태는 초기 근대에서 흔들거렸고 수학적 공리 자체는 오직 가설과 관습의 자명성만을 요구해도 되었을 때, 논증들은 하나의 새로운 인식이론적 지위를 받았다. 왜냐하면 모든 것을 강제할 수 있는 가설이 없기 때문에, 가설은 그것의 수용을 위해 학문적인 공개성에서 다른 사람에 의해 인정된 좋은 논거들을 필요로 하기 때문이다.

논증의 본래적인 영역, 변증법과 수사학은 가치들이 중요한 곳에 놓여있다.[17] 그래서 수사학의 재발견 또한 실천적 이성의 이론적인 새로운 평가에 이른다. 수사학의 과소평가 즉 논증이론의 망각은 실천적 이성을 부정하는 결과에 이르렀고, 행위의 문제들은 지식의 문제에로 그러므로 진리 또는 진리성(개연성)의 문제에로 다시 소급되거나, 또는 이성 밖에 놓여 있는 것으로 간주되었다. 다양한 해결들의 조언과 토론을 통해 준비되어지는 이성적 선거행위들의 실존을 믿는 자는, 그가 보통의 지적인 방법들을 해명하려는 경우, 새로운 수사학이 그것을 제공하듯이, 논증이론 없이는 있을 수 없다. 오해를 배제하기 위해 펠레만이 강조하듯이 논증은 "실천이성이 작동하고 있는 곳에서, 심지어 이론적 문제 해결이 중요한 곳에서조차"[18] 역할을 한다.

수사학의 자리가 그렇게 지식체계 내에서 규정되고, 다시 그 지위를 인정받은 후에, 수사학적 논증의 체계적인 배열과 구획이 더 정확하게 가능하였다. 출발점은 논리학, 변증법 그리고 수사학의 구분이다. 아리스토텔레스는

17 Perelman Chaim., Das Reich der Rhetorik, Rhetorik und Argumentation, mit einem Vorwort von Ottmar Ballew, München, 1980, 162.

18 같은 책., 17.

자신의 기관들(organon)이 지닌 전제들의 다양한 확실성의 정도에 따라 두 종류의 추론을 구별하였다: 하나는 분석적 추론이고 다른 하나는 변증법적 추론이다. 펠레만은 "증명"(demonstration)과 "논증"(argumentation)의 대립 가운데서 두 가지 추론들을 개념적으로 파악한다. 자명한 논증의 분석적 추론은 강제적인 삼단논법에 의거하고 있으며, 인간의 견해와는 무관한 명제의 특성인 진리와 관계한다. 따라서 그것들은 "엄격하게 증명적이고 비인격적이다." 여기에서부터 근대 형식논리학이 발전되었다.

수학적 증명에서 공리는 토론되지 않는다. 증명물음이 청자에 의해 수용되는가 또는 그렇지 않은가는 증명물음과 관련하여 수학에 있어서 하찮은 것이다. 그에 반해 변증법적 추론은 오직 타당한 것으로 수용된 일반적인 합의전제(Konsensprämissen)에 근거한다. 그것들은 결국 "타당하고 강제적인 결론들로 구성되지 않는다. 그것들은 오히려 오로지 형식적인 것은 아닌 다소 설득적인 논거들을 기술한다. 설득적 논거는 자신의 수신자를 설득한다.

분석적인 추론과는 달리 변증법적 추론[19]은 비인격적이지도 또 객관적이지도 않다. 왜냐하면 그것은 수신자에 대한 자신의 작용에 따라 규정되기 때문이다. 이 점에서 귀결되는 것은 분석적 추론은 변증법적 추론과 정확히 구별되어야 한다는 점이다. 왜냐하면 전자는 진리(veritas)와 관계하고, 후자는 견해(doxa, opinion)와 관계하기 때문이다."[20]

펠레만은 자신의 "새로운 수사학"으로 이런 옛 분할을 넘어서려고 한다. 그것의 대상은 엄격하지 않게 증명하는 언설의 탐구, 즉 - 형식적으로 정확

19 미에치슬라브 마넬리, 『펠레만의 신 수사학』, 손장권 · 김상희 옮김, 서울: 고려대학교출판부, 2006, 59, 65. 헤겔은 고전적 방식으로 분석한 변증법적 기본범주에는 상호 적대적인 갈등과 통합, 현실적 본질과 생성으로서 사유, 양과 질, 필요와 자유, 우연과 법칙, 본질과 외양, 실질과 형식, 부정과 지속이 속한다. 펠레만은 변증법적 추론에 대한 아리스토텔레스의 이론과 그 개념을 일반화된 수사학 또는 논증의 일반이론으로 확장시켰다. 이 이론은 다소 무능한 청중뿐만 아니라, 모든 종류의 청중 심지어 가장 전문적 청중까지도 포괄하였다.

20 같은 책,. 11.

한 추론들 또는 다소 도식화된 연산에 의거하지 않는-모든 판단의 분석이기 때문에, 새로운 수사학으로 겨냥된 논증론은 설득 또는 설복으로 향해진 전체 언설방식의 영역을-그것들이 어떤 청중으로 향하든, 그것들이 어떤 대상을 다루려고 하든-커버한다. 펠레만은 논변방식을 명백하게 자신의 새로운 수사학의 모든 휴마니오라 밑에, 특히 철학적 논리학 밑에 놓는다. "논변의 일반적 분석은, 그것이 유용한 것으로 나타나는 경우에만, 각각 청중의 유형과 학문의 종류에 따라 전문화된 방법론을 통해 완성될 수 있다. 그래서 법학적인 논리학 또는 철학적인 논리학은 법과 철학에 새로운 수사학의 전형적인 적용들로써 전개될 수 있었다."(15)

2. 논증수사학의 맥락

논증의 수사학적 맥락으로 가보자. 우리가 일반적인 의사소통모델의 의미에서, 그것의 수사학적 상호작용과 마찬가지로, 송신자와 수신자라고 부를 수 있는 두 개의 상호작용들이 중심에 서 있다. 펠레만에게 있어서 송신자는, 수사학 이론이 정하고 있듯이, 개별적인 커뮤니케이터, 즉 연사이다. 수신자 심급은 전통적으로 집단으로 파악되고, 따라서 그에게 청중 또는 청자이고, 한 권의 책의 독자도 그 아래에서 이해될 수 있다. 수사학적 상호작용은 방향 잡힌 의사소통적 행위 즉 논증에 놓여 있다. 어떻게 논증에서 수사학적 상호작용이 가능한가? 그 상호작용은 "연사와 그의 청중 사이의 하나의 지성들의 접촉(uncontact des esprits)을 전제한다. 무언가를 초래하기 위해서 하나의 연설은 들려져야 하고, 한 권의 책은 읽혀져야 한다." 논증적인 상호작용은 연사가 "동의"를 얻기 위해 청자에게 제시한 바로 그 주제들과 청중의 일치를 야기시키거나 또는 강화하려는 목적을 가지고 있다. 일반적으로 신념들, 입장들 또는 행위들의 변경이 일어나야 한다. 이런 수사학적 과정은 구체적인 상황적 조건하에서 언제나 일어나고, "결코 텅 빈 공간에서" 진행되지 않는다. 그 과정은 종종 사회적 제의의 형태에서 제도화된다. 그래서 펠레만은 의사소통들의 실재가 상실된 철학적 이상 구성을 비판한다.

논증론은 그때마다 주어진 경우를 위해 자신의 청중을 목표로 하는 오직 일반적으로 유지된 조언을 연사에게 제공한다. 하지만 이런 청중은 누구인가? 설득성공을 위한 많은 것들이 이 질문의 해명에 달려있다. 펠레만은 그 물음에 정확하게 관여한다. 수사학적 의사소통의 구체적인 사례들을 자세히 관찰한다면, 하나의 넓은 스펙트럼이 있다. 재판에서 그의 청중은 판사만이고, 국회에서 국회의원들의 집단들이고, 보도 출판업에서 독자들의 분산된 대중이다. 그 때문에 펠레만은 연사의 의도에서 시작하고 일반적으로 정의한다: "청중은 논증론과 그것의 전개를 위한 의미 있는 방식으로 연사의 논증를 통해 영향(감화)을 받는 자들의 총체로써 정의될 수 있다."(23) 이런 연관성에서 언제나 다시 관련되는 합리성의 우선권(Prärogative)이 특징적이다.

연사는 당연히 전체 인간에게 향한다.[21] 하지만 수사학적 논증은 결국 지엽적이어야 한다. 연사는 끊임없이 그 점에 주목해야 한다, 특히 철학적 물음이 중요한 경우에도. 펠레만은 그런 경우 심리분석적 의미에 있어서 지성적인 자기 속임이 일어날 수 있다는 것을 명백하게 인정한다.[22] "연사가 청중의 통찰가능성에서 시작한다는 것이 결정적이다." "청자의 반응에 무관심하고 단지 말하는 자는 오히려 내적인 악마에 의해 움직여진 환상가로 간주되고, 그러나 자신의 견해들을 전달하고 싶어하는 이성적인 인간으로는 간주되지 않는다."[23] 전문가들로 구성된 청중 앞에서 연사는 전적으로 특정한 전

21 같은 책., 22.

22 같은 책., 24.

23 같은 곳.

문적인 주제들과 방법들을 고려해야 하고, 이질적인 청중 앞에서 연사는 어쩌면 일반인 공통분모를 찾아야 한다.

청중의 범주는 연사가 자신의 계산속으로 포함시켜서 생각해야 하는 수용이론적인 크기를 기술한다. 펠레만은 자기의사소통의 내적 대화 속에 있는 '나이 든 자아'(Alter Ego)의 한계 경우를 청중에게 묶는다. 특별한 정도로 개인주의와 합리주의를 자신 속에 통일시키는 많은 사람에게 있어서 자기 자신과의 내적인 대결은 정직하고 솔직한 판단들을 위한 모델이고, 그런 판단하에서 숨겨진 것이 아무것도 없고, 어느 누구도 기만당해서는 안 되고, 거기서 특정한 비확실성을 극복할 수 있다.[24]

그러나 연사가 자신의 청중에 대해 아무것도 알지 못한다면, 그는 보편적 청중의 가설적인 가정에서 출발해야 한다. 이런 경우에 연사는 옛 지성 자체를 믿고, 보편적 청중의 능력 있는 이성적인 동료들과 연관되기를 희망한다. 그런 점에서 펠레만은 "보편적 청중에 연설은 설득을 목표로 한다"[25]고 말한다. 수사학적으로 보면 청중은 의사소통적 환경으로부터 나온 범주이다. 청중은 특성상 매우 다양할 수 있다. 어려운 상황에서 올바른 결정을 내려야 하는 내적인 대결의 경우에서 청중은 오직 연사 자체의 인격으로 구성될 수 있고, 다른 경우에 전 인류를 포괄할 수 있다.

3. 논증의 개방성

논증은 어떻게 진행되는가? 여기에서 또한 증명과 논증 사이의 차이가 중요해진다. 증명은 논리적 귀결의 진리가 전제의 진리로부터 도출되는 것

24 같은 책,. 23.
25 같은 책,. 26.

을 말하고, 논증의 본질은 전제를 인정한 청자의 위임이 논리적 귀결에 전용될 수 있다는 데 놓여있다. 그것은 연사가 합의에서 시작해야 하고, 논변할 때 오직 충분한 동의를 얻은 전제에서, 즉 일반적으로 수용된 주제나 관점들로부터 출발해도 된다는 것을 말한다. "그것들이 충분하지 않다면, 설득을 위해 고심하는 연사는 모든 수단을 다해 그것을 강화시키고자 할 것이다. 왜냐하면 동의의 위임은 전제와 주제 사이의 일치를 이루어 냄으로써 비로소 가능해진다. 연사들은 보통 주제에 대한 동의를 얻고 싶어한다. 논리적 귀결이 청자의 확신과 대립되어진다면, 청자는 오히려 전제 중의 하나를 반박할 것이고, 그래서 연사의 모든 노력이 수포로 돌아갈 것이다."[26] "그러므로 논증이론적으로 볼 때, 하나의 논제의 진리는 하나의 논제에 대한 동의와는 분리될 수 있다."

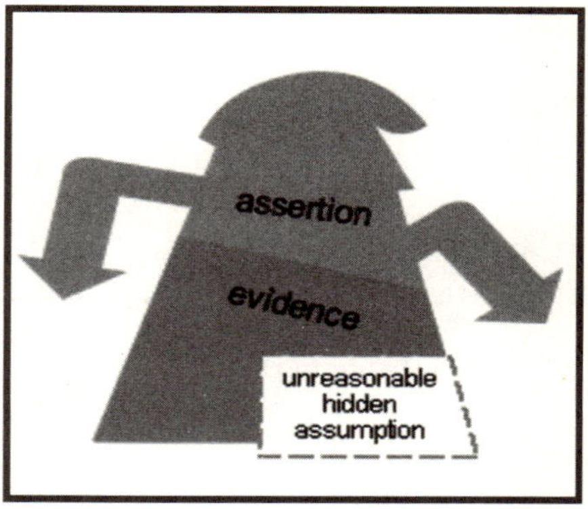

증명과 논증의 다양한 인지적 출발점들에 그것들의 의사소통적 변형의 다름, 즉 그들 각각의 전형적인 논증화의 다름이 대응한다. 증명의 세계에서는 객관성에 대한 믿음에서 출발하고, 결국 "참다운" 전제들은 동의를 받아야 한다는 것을 무시하려고 한다. 왜냐하면 사람은 참이라고 간주되어야 하는 것에 대한 특정한 견해에 동의 해야 하기 때문이다. 객관성 추구는 어쨌든 일상의사소통에 대해 더 큰 거리감을 갖게 되었고, 점점 더 엄격한 형식화를 산출하였다. "증명에 대한 근대적 견해들은 최대한 엄격하려는 목표를 가지고 증명을 점점 더 한 체계와 연결시켰는데, 그것의 요소들은 전체적으로 명

26 같은 책., 30.

백히 표명되어졌고, 바로 그 점을 통해 일반적인 사고와는 구별된다. 증명은 형식화되고 일반적인 삶으로부터 유리되었다. 바로 이런 형식화와 고립화는 그 체계를 점차로 기계화시켰고, 필요한 행위들은 인간적 사유의 아무런 도움 없이 계산기 또는 컴퓨터에 의해 정확하게 실행될 수 있다."[27]

하지만 논증은, 구체적인 상황이 어떤 체계적인 가정들과 대립하는 경우에, 규격생산되고 형식화된 도식을 벗어나는 뜻하지 않은 상황이 나타나는 경우에만, 학문 속에서 작용한다. "경험의 체계에 적응하고, 사용된 형식들에게 더 높은 탄력성을 제공하는 것은 오직 논변을 통해서만 가능하다." 여기서 지금 비체계화된 세계함유성(Welthaltigkeit)의 넓은 공간이 열린다. 논증은 "우리의 지식과 기대들, 우리의 희망과 확신들의 전체연관성"의 영토 안에 살고 있다."[28](생활세계적 연관성) 의사소통적 관점에서 볼 때 모든 구두적이고 비구두적 가능성들의 영토가 그것에 상응한다.

제한된 표현형식에로의 경향이 증명에 있다면, 거꾸로 제한되지 않은 의사소통적 놀이에로의 경향이 논변에 있다. 논변은 오직 엄격한 삼단논법적 형식의 준수보다는 훨씬 더 표현 측면적이다. 여기서 표현은 단순한 전달도구 그 이상인 것이다 "논증하는 것은 처리되어야 할 모든 가능성으로부터 솜씨 있게 선택해내고, 적합한 의사소통적 제시방식을 발견하는 것을 의미한다." "모든 논변은 앞선 선택 즉 현 사실과 가치의 선택 그리고 하나의 특정한 언어로 그것의 특정한 묘사를 포함한다. 요소들의 선택 즉 기술방식과 묘사방식의 선택, 가치판단 또는 중요성 결정, 이 모든 요소들이 더 정당하게 결정으로 간주되면 될수록 다른 선택, 다른 묘사 또는 다른 가치판정은 더 명백하게 대립되어 질 수 있다."[29] 논증과정을 위해 수단에서 선택되어진 모든

27 같은 책., 41.

28 같은 곳.

29 같은 책., 42.

것은 먼저 의사소통적 제시에서 주목을, 그와 함께 논증적 중요성을 획득한다. 펠레만은 여기서 결정하는 관점들의 연관성을 개념적으로 어원론적 말놀이의 재수용을 통해 강조한다. 의사소통적 현재화에서 현재성의 산출이 중요하다. 현재성은 우리 지각에 직접적으로 작용한다. 펠레만은 현존의 작용을 설명하기 위해 중국의 일화들을 인용한다. "한 왕이 희생제물이 될 한 물소를 바라본다. 동정심이 생긴다. 그래서 그는 이 동물 대신 숫양을 희생시키도록 명령한다. 그는 그렇게 결정했다. 왜냐하면 그가 물소를 바라보았고, 그러나 수소를 보지 않았기 때문이라고 그는 말한다." 당연히 현존원리가 실천에서 이중적이다. "실제적인 현전"은 즉 "또한 불편함"을 가져올 수 있다. 왜냐하면 청자들이 외면당할 수 있을 뿐만 아니라, 그들은 연사가 노력하는 것과는 다른 방식으로 움직여질 수 있기 때문이다. 그러므로 청자의 감정을 위해 신체적인 구체성을 사용하라는 많은 수사학적 거장의 조언은 규칙으로 타당하지 않다. 공간과 시간상에서 멀리 떨어진 실재들이 현실화되어야 한다면, 그것을 넘어서서 묘사의 현전을 산출시키는 기술은 특히 본질적이다.

논증에서 출발명제들은 모든 측면의 합의에 근거해야 한다. 청중–변수는 결정적인 요소가 된다. "다양한 청중들이 그때마다 다른 강렬함을 가지고 동의하는 주제들로 논변이 향하기 때문에 논변 안의 상세한 요소들의 지위는 형식적인 체계에서와는 달리 불변적인 것일 수 없다. 왜냐하면 그것은 참으로 청자의 효과가 큰 또는 수용된 일치에 달려있기 때문이다."[30]

청중에 대한 이런 원칙적인 입장 때문에 많은 직업집단 예를 들면 센스 있는 변호사들 또는 정치가들이 나쁜 평판을 받았다. 왜냐하면 사람들은 현사실을 곡해시킨다는 책임을 그들에게 전가하기 때문이다. 펠레만은 모든

30 같은 책., 55.

세계관계의 특히 모든 언어적인 것의 원칙적인 해석가능성을 지적함으로써 그들을 변호한다. 그러나 윤리적인 책임성, 현실에 대한 책임은 어떻게 가능한가? 하는 문제는 여전히 남는다. 형식화를 통해 모든 다의성(애매성)을 배제하려는 수학의 꿈은 틀림없이 자연언어에서 하나의 환상으로 남아있다.

논증은 기존의 언어다변수(Sprachpolyvalenz)와 함께 자신의 역할을 한다. 모든 연사들은 그렇게 수행한다. 자격조건의, 문법적 범주들의, 사상의 표현에 있어서 정도들의, 문장들 사이의 결합들의 놀이는 연설의 요소들을 서열상으로 가져오게 하고, 그 관점들의 하나 또는 다른 하나를 강조하게 한다. 중립적으로 나타나는 서술은, 그것에 대해 다른 서술이 대립될 수 있자마자, 자신의 특수성을 드러낸다. 아리스토텔레스는 이미 그 점을 환기시켰다. 연사는 하나면서 동일한 실재와 관련하여 다양한 논제들을 표명할 수 있다는 것을 변모하는 청중에게서 보는 것이다. "현 사실과 진리들이 언제나 다시 물어질 수 있는 것이 아니다. 주어진 것의 규정 자체는 단지 그것의 해석에 대해 그리고 사용된 개념의 의미와 영향력에 대해 가능한 토론으로부터 나올 수 있다."[31]

증명에서 결론이 전제에서 강제적으로 연역될 수 있는 반면에, 하나의 논제를 지지하기 위해 원용된 논거들은 반드시 이점을 포함하지는 않는다. 그것들은 대립된 논제들을 위해 제시된 논거들과 마찬가지로 단지 약간만 유효하다. 경합을 벌이는 논제들의 하나 또는 다른 하나는 찬반으로 제시된 논거들뿐만 아니라 해결 가치의 각각의 평가에 따라 동의를 받게 된다.

논증과정에 있어서 그 점은 어떠한 짧은, 형식화된 현재화를 선택하는 것을 의미하지 않고, 다른 약하거나 강한 논거들이 상호 간에 지지한다는 인상을 산출하는 영향력을 의미한다. "그러므로 연설은 그것의 전체성에 있어서

31 같은 곳.

분석될 수 있는데, 특히 사람이 논증의 범위와 논거들의 순서에 관여하는 경우에 그렇다."[32]

"형식적–인지적 논리적 귀결의 의식적 선택화에 증명의 설득능력이 놓여 있다. 그에 반해서 의식적인 침전화에 논변의 기회가 놓여 있다. 그런 한에서 설득적 중요성이 논변의 폭과 강함의 결합에 수반된다. 많은 다른 중요한 논거들이 통합되어 "동일한 결론에" 이른다면, 각각의 개별적인 논거들에 속해있는 가치들은 의심할 여지 없이 증가되고, 일반적인 또는 특수적인, 최종적인 또는 임시적인 결론이 중요한가 하는 것과 무관하다. 논거들의 반박되지 않는 수렴은 설득적으로 강하게 작용한다."[33]

고대 이론은 이미 배열법과 함께 모든 것에 있어서 논거들의 배열에 달려 있다는 사실을 고려하였다. 형식적 증명에서는 "가설로부터 공리에 속한 진리가치를 정확한 귀결에 의해 정률에 전용하는 것이 중요하다."[34]

그 경우 배열의 물음은 없다. 왜냐하면 배열은 형식적–삼단논법적으로 엄격히 규정되었기 때문이다. 여기서 배열의 물음은 근본적으로 다르게 제기되는데, 바로 구체적인 상황에 전적으로 주어진 의사소통적 환경은 동의에 도달하기 위한 역할을 하기 때문이다. "청중의 선지식, 입장 그리고 감정적 상황은 본질적으로 논거들을 포함해서 연설부분의 배열을 위해 내가 어떤 자리에서 하나의 논제를 제시하는지에 대해 결정할 것이다." "논거들은 특정한 소여들 또는 그것의 해석이 알려졌는가 아닌가에 따라 다른 중요성을 획득한다. 연설로 청자를 설득하는 것이 중요한 각각의 정도에 따라 논거의 순서는 틀림없이 이런 목적에 종속되어 있다. 모든 논거는 가장 강한 효과가 실행되는 그런 순간으로 와야 한다. 하지만 한 청중이 획득하는 것이 다른

32 같은 책., 56.

33 같은 책., 145.

34 같은 책., 148.

청중을 설득시키지 못한다. 그러므로 청중은 언제나 새로운 적응들을 필요로 한다."[35]

35 같은 책., 150.

제 3 장
철학적 해석학과 수사학

1. 철학적 해석학의 수사학 수용

철학적 해석학자들은 전통적 수사학을 철학적 해석학 안으로 재수용하고, 그것과의 관계를 주어진 사태에 적합하게 재규정하고자 한다.

하이데거(Martin Heidegger)는 존재이해를 추구하는 자신의 존재사상을 수사학적인 길을 통해 전개하고자 한다. 그의 작업은 수사학과 해석학의 실천적 친밀성을 함축하고 있다. 하이데거는 '감정'(pahte)에 초점을 맞추어 아리스토텔레스의 수사학을 존재론적으로 새롭게 해석한다. 그는 "수사학이라는 개념을 '학과'(Lehrfach)와 같은 어떤 것으로 보는 전통적인 방향 설정에 반대하고, 서로 함께 더불어 있음의 일상성에 대한 최초의 체계적인 해석학으로 파악해야 한다"[36]고 주장한다. 하이데

36 Martin Heidegger, Sein und Zeit, Frankfurt am Main 1977, 138.

거는 상황(kairos)을 이해하는 것과 기분 속에서 말하는 것 사이의 여러 연관성을 충분히 논의하고, 수사학과 철학적 해석학의 관계를 다음과 같이 규정한다: "수사학은 구체적인 현존재의 해석, 현존재 자체의 해석학 이외에 다름이 아니다."[37] 이렇게 하이데거 존재 사유의 수사학적인 길은 존재 진리의 해명으로 가는 통과점이었다. "그래서 해석학과 수사학은 존재론적 전통 속에 숨겨져 있었던 것을 환기시킬 수 있었다. 가다머는 우리의 전통 속에서 망각 되어진 것에 대한 물음을 정신과학에 전용하였다."[38]

『진리와 방법』에서 가다머(H. Georg Gadame)의 철학적 해석학은 대화와 언어에로 존재론적 전향을 통해 해석학적 보편성을 추구하였다. 모든 것이 이해적으로 또는 언어적으로 공식화될 수 있다는 해석학적 보편성은 특히 하버마스(Jürgen Habermas)와 데리다(Jacques Derrida)와 같은 현대 사상가들로부터 항의를 받기도 했다. 해석학의 보편성 요구가 타당한지 아니면 반박되어야 하는가 하는 문제는 가다머 자신에게 제기되었다. 해석학의 보편성요구가 과연 어디에 놓여 있는가? 이 문제 해명을 위해 가다머는 고대 중요한 유산인 수사학에로 눈길을 돌린다. 『해석학 II』에서[39] 가다머는 해석학의 보편성 요구를 수사학의 보편성과 긴밀히 연결

37 Martin Heidegger, Grundbegriff der Aristotelischen Philosophie, Frankfurt am Main 2002, 110.

38 Pöggeler Otto, "Gadamers philosophische Hermeneutik und die Rhetorik", in: Rhetorik und Philosophie, H. Schanze/J. Kopperschimidt(Hrsg.), München 1989, 202.

39 Gadamer Hans Georg, "Rhetorik, Hermeneutik und Ideologiekritik"(1967), "Rhetorik und Hermneutik"(1976), Logik oder Rhetorik(1976) und "Hermeneutik als theoretische und praktische

시킨다. 이런 연결은 가다머의 해석학적 작업에 중요한 기초가 된다. 해석학적 보편성이 수사학적 보편성으로부터 파악되어 질 수 있을 뿐만 아니라, 그의 철학적 해석학의 전체 작업이 옛 고대 그리스 공동체(polis)에서 유래하고 있는 수사학의 도상에서 형성되었다는 점이 확인될 수 있다.

이해의 보편성을 추구하는 철학적 해석학의 수사학적 길을 다음의 물음과 함께 탐구될 것이다. 수사학적 전통이 어느 정도까지 해석학과의 연관 속에서 파악될 수 있는가? 수사학적 사유와 해석학적 사유는 같은 방향으로 설정되어 있는가? 그 둘의 내적 연관성의 근본 자리는 어디인가? 수사학과 철학적 해석학의 관계성에 대한 논의가 다양한 차원으로 확대될 수 있지만, 특히 여기서는 수사학과 해석학의 내적 연관성과 그 둘의 동근원성의 자리를 해명할 것이다.

2. 수사학적 추론과 해석학적 반성

우리는 수사학적 추론과 해석학적 반성이 같은 사유방향(Denkrichtung)으로 설정되어 있다는 데서 그 둘의 이웃성을 확인할 수 있을 것이다. 철학적 해석학은 언어와 전통을 강조하고, 근대적 주체개념을 비판적으로 넘어서고자 한다. 그와 마찬가지로 수사학의 복권 또한 부분적으로는 전통의 회복과 연관되고, 더 큰 부분에서는 근대의 협소화된 이성개념을 반대하고 그것의 본래적 의미를 다시 부각시켜야 하는 절박한 현대적 필요를 따르고 있다.

Aufgabe"(1978), in: Hermeneutik II, GW2, Tübingen 1986.

1) 수사학적 추론

부부너(Rüdiger Bubner)의 주장에 따르면 "모든 논증은 수사학의 구조 안에 속해 있고, 거기에 또한 근원적으로 보존되어 있다."[40] 그러면 근원적 의미에서 수사학적 추론을 어디에서 찾을 수 있는가? 이에 대한 답변은 아리스토텔레스에게서 가능하다. 그의 수사학에서 가장 핵심을 이루고 있는 것은 "생략삼단논법"(Enthymema)이다. 이 생략삼단논법은 아리스토텔레스의 논리적 용어로 하나의 추리이고, 또 결론이 논리적 강요와 함께 전제를 따르는 삼단논법으로도 여겨진다. 거기서 전제는 과학과 비교해 볼 때 확실하고 참다운 명제들이 아니고, 건강한 인간이성에 납득될 수 있는 일상적 지혜의 차원에 속한다. 이 전제는 참인 것이라기보다는 개연적인 것이다.

이런 개연적인 것은 일상세계 즉 생활세계의 실천적인 문제와 긴밀히 연관되어 있다. "삶에 필요불가결한 전제는 결코 과학이론의 정확성과 확실성 기준에 의해 침해되어서는 안 된다."[41] 사람은 두 가지 영역, 즉 과학적 영역과 선과학적 영역 둘 다에서 진리를 추구한다. 전자는 엄밀한 방법을 통한 필연적 또는 필증적인 추론 또는 증명과 관계하고, 후자는 개연적인 것에 기초한 추론과 관계한다. 아리스토텔레스가 자신의 『명제론』(Peri hermeneias)에서 언급하듯이, 필증적인 추론은 옳으냐 그르냐를 검증할 수 있는 진술들(명제들)의 판단과만 관계한다.[42] 그러나 후자는 두 가지 가능성을 포함한다. 아리스토텔레스는 변증론과 밀접한 관계에서 『수사학』 2권에서 참된 수사학적 추론과 거짓된 수사학적 추론을 열거한다. 거기서 "개연성에 기초한 수사

40 Bubner Rüdiger, "Was ist ein Argument?", in: Klassische Rhetorik, Tübingen 1998, 118.

41 같은 책., 120.

42 Aristotles, Peri hermeneias(Lehr vom Satz), 17a 4ff.

학적 추론은 대부분 적합하거나 또는 적합하게 보이는 일들에 의거한다"[43]는 견해가 중요하다. 개연적인 것은 "언제나"(immer)가 아니고 "대부분" 적합하기 때문에, 그것에 기초한 추리는 "언제나" 반증 제시에 의해 반박될 수 있다. 그러나 반박은 종종 가상적이며 언제나 참인 것은 아니다.

이런 맥락에서 보자면, 개연성에 기초한 수사학적 추론이 부정확한 것으로, 또 진리와 무관한 것으로 의심받을 수 있다. 그런 이유로 추론을 수사학의 고유임무로부터 떼어내어 근대적 도구를 통해 새롭게 분석하려는 시도가 있어 왔다. 즉 수사학이 진리인식에 어떤 것을 기여할 수 있는가 하는 고대적 논쟁은 적어도 데카르트 이후 수사학에 반대 내지 축소시키는 결과를 초래했다. 16, 17세기 방법을 통한 인식의 확실성의 이상에 사로잡힌 철학 내지 과학은 그들의 전체 주제를 명증적 이거나 강제적 방식으로 증명하고자 하였다. 그 결과 모든 논증들은 수사학과 무관해졌고, 그것은 단지 철학의 수단으로 평가 절하되거나 비난받게 되었다. 그러나 펠레만은 수사학의 문화적 협소화에 반대할 뿐만 아니라, 근대 철학적-자연과학적 사유로부터 그것의 인식이론적 단절 또한 반대한다. 그는 "수사학의 과소평가 즉 논증이론의 망각은 실천이성을 부정하는 결과에 이르렀고, 따라서 행위의 문제는 지식의 문제, 진리 또는 개연성의 문제로 소급되었거나, 또는 이성 밖의 것으로 간주되었다."[44]고 지적한다.

분석적 추론과 변증법적 추론 사이의 아리스토텔레스의 구분에 상응하여 펠레만은 증명(Beweis)과 논증(Argumentation)을 대립시킨다. 전자는 객관성에 대한 믿음에서 출발하고, 결국 참다운 전제들은 청중의 동의를 받아야 한다는 것을 무시한다. 따라서 객관성 추구는 여하튼 일상적 의사소통에서 분리되었고, 점점 더 엄격한 형식화를 산출하였다. 그에 반해 논증은, 구체

43 Aristoteles, Rhetorik, 1402b 15.

44 Perelman Chaim., Das Reich der Rhetorik, 162.

적인 상황이 어떤 체계적인 가정과 대립해 있는 경우, 즉 규격화되고 형식화된 도식에서 벗어난 뜻하지 않은 상황이 나타나는 경우에만 학문 속에서 작용한다. "경험의 체계에 적응하고, 사용된 형식들에게 더 높은 탄력성을 제공하는 것은 오직 논증을 통해서만 가능하다." 여기서 지금 비체계화된 '세계함유성'(Welthaltigkeit)의 넓은 공간이 열린다. 논증은 "우리의 지식과 기대들, 우리의 희망과 확신들의 '전체연관성'(Gesamtzusammen hang)의 영토 안에 살아 있다."[45] 전통적인 용어로 표현하자면, 이것은 바로 우리 모두가 함께 살아가고 있는 개연적인 것의 영역이다. 우리 모두를 결합시키는 이 '생활세계적 공동영역'에서는 과학적 합리성이 결코 척도로 작용하지 않는다. 그것은 논증을 가진 수사학적 대화 속에서 경험될 수 있는 "근간이 되는 동의"이다.

2) 해석학적 반성

위의 맥락에서 볼 때, 수사학적 논증은 특정한 관점을 논리적으로 강요하는 것과 구별되며, 또 그것을 비판한다. 특히 그 논증은 수학적 이성에 상응하는 근대 과학적 합리주의 개념의 한계성을 폭로한다. 이와 마찬가지로, 가다머의 해석학적 반성 또한 방법적 절차를 통해 과학적 증명과 확실성을 요구하는 근대과학의 입장을 비판한다. 텍스트 해석의 과제는 가다머적 의미에서 근대 과학이론의 선판단과 과학성의 척도(Ma ß stab) 아래에서 제기되고 수행될 수 없다. 이런 과제는 임의적 담론의 논리-기술적 탐구가 아니다. 그 이유는 거기에서는 말해진 것의 진리 물음이 도외시되기 때문이다.

따라서 해석학적 반성은 한편 "자기의식(Selbstbewu ß tsein)의 우월과 방

45 같은 책., 41.

법론적 과학성의 확실성규범(Gewißheitskanon)과 연관된 선판단"을 간파하고, 그것을 통제하는 것을 자신의 과제로 취한다.[46] 이것을 위해 해석학적 반성은 언어와 전통으로 정향한다. 그뿐만 아니라 해석학적 반성은 과학적 방법론의 독단적 확신이 그들 자신의 진보를 위해 어떤 대가를 지불했는지, 그것이 어떤 빛의 차폐와 추상화를 가져왔는지를 파악하고자 한다. 따라서 해석학적 반성의 고유한 기능은 과학의 전제와 한계를 규명하는 것이다. 이것을 위해 해석학적 반성은 우리에게 과학을 포함한 사회 전체가 인간 실존 전체의 바탕인 "사회적 동의"에 복귀할 것을 가르친다.[47] 여기에서 비로소 과학은 스스로 문제를 제기하고, 따라서 방법적 규칙에 따라 자신의 탐구를 수행할 수 있다.

이런 맥락에서 볼 때, 수사학은 증명, 입증 가능한 것만 받아들이라는 과학의 주장을 비판하고, 그 대신 과학에 앞서 있으면서, 그것을 가능케 하는 개연적인 것(eikos, verisimile)과 건전한 인간 이성에게 설득적인 것을 진리에 관한 주장으로 변호한다. 그와 마찬가지로 해석학 또한 방법론적인 규칙과 엄격한 절차에 따라 탐구하는 과학이론의 방법주의를 비판하고, 동시에 그것의 참다운 가능한 실천적 자리를 지시한다. 가다머에 따르면 해석학과 수사학은 "에이코스(eikos) 즉 설득적인 논거의 역할"[48]을 공유하고, 또 그 둘은 "논리적으로 강요하는 논거의 영역이 아니고, 확신시키는 논거의 영역"[49]을 공유한다. 즉 수사학적 논증과 해석학적 반성 둘 다 과학의 우선성을 가진 문화가 결코 파괴할 수 없는 더 큰 영역, 과학적 전문성의 영역에 앞서 있으면서, 그것을 가능하게 하는 영역을 지시하고 있다.

---

46 같은 책., 300.

47 같은 책., 250.

48 같은 책., 111.

49 같은 책., 273, 466.

3. 철학적 해석학과 수사학의 내적 연관성

일반적인 의미에서 수사학과 해석학은 각기 다른 기능을 가지고 있다. 전자는 구술작용의 직접성과 결부되어 있고, 따라서 그것의 본래적인 수행기능 "읽기"가 아니고, "말하기"이다. 그렇지만 해석학은 전승된 텍스트를 해석하는 과제를 가지고 있으며, 그것의 기능은 문자성에 기초해서 수행된다. 이런 차이는 플라톤의 문자성 비판의 관점[50]에서 보면 결정적일 수 있다. 그러나 이런 기능적 차이에도 수사학과 해석학의 내적 연관성을 지니고 있다.

먼저, 수사학이 해석학을 이론적으로 의존하는 것을 지적할 수 있다. 청중을 감동시키고 사태에 대해 확신시켜야 하는 연사의 본질적 과제는 해석학적 노력의 대상이다. 따라서 "설득함"과 "동의할 수 있음"은-증명할 수 없지만-변론술과 설득술과 마찬가지로 명백히 이해와 해석의 목표이고 정도(Maß)이다. 이런 의미에서 가다머는 플라톤과 아리스토텔레스의 수사학에 함의된 해석학적 의미를 지적한다. 가다머가 지적하듯이, 과학으로서 해석학은 근대에 발생하였지만, 소피스트의 수사학적 논의 이래 해석학적 문제의식 즉 사태진리의 이해의 문제는 수사학의 전통 속에서 긴밀히 작용해왔다.

둘째로, 수사학적 논증과 해석학적 반성은 근대과학의 엄격한 방법과 증명의 논리학과는 다른 입장을 취한다. 수사학적 논증은 수학적 이성에 상응하는 근대의 과학적 합리주의 개념의 한계성을 비판하면서, 동시에 과학에 앞서 있고 동시에 가능할 뿐만 아니라, 더욱이 모든 사회적 실천의 기반으로 작용하는 "전체연관성"안에서 활동한다. 이런 전체 연관성의 기반에서 수사적 논증은 청자의 감정과 상황을 고려하며 사안에 맞는 논거를 관철시킨

50 Hee Yong Lee, Geschichtlichkeit und Sprachlichkeit des Verstehens, Frankfurt am Main, 2004, 120-127, 철학적 해석학과 플라톤의 문자성 비판에 대해 참고.

다. 가다머에 따르면 이런 수사학적 논증방식의 합리성은 과학의 확실성보다 훨씬 더 강한 사회적 규정요소이다.[51] 해석학적 반성도 참다운 진리 경험을 차단하는 근대 과학의 엄격한 방법과 절차를 문제시 한다. 더 나아가 그것은 과학의 참다운 활동 기반과 한계를 규명하고자 한다. 즉 해석학적 반성은 인간적 과학 활동을 포함한 인간실존의 모든 활동의 바탕인 "사회적 동의"를 제시한다. 수사학적 논증과 해석학적 반성은 설득적인 논거의 역할을 공유할 뿐만 아니라, 과학에 앞서 있으면서 그것을 가능케 하는 공동의 영역을 공유하고 있다. 이 영역은 과학적-논리적 증명으로 접근할 수 없을 것이다. 이런 점에서 수사학적 논증과 해석학적 반성은 같은 사유의 방향을 설정하고 있는 친밀한 동반자 관계에 서 있다.

셋째로, 수사학과 해석학은 언어적인 것의 보편성에 관계하지, 특정하게 한정된 방법과 제작의 전문영역에 속하지 않는다. 따라서 수사학적 보편성요구와 해석학적 보편성요구는 임의적이고 추상화된 과학적 방법의 보편성요구에 의해 제한되거나 거부될 수 없다. 가다머에 따르면 수사학적 언설능력과 해석학적 이해능력은 인간의 언어적 보편성의 양면을 같은 정도로 구성한다. 따라서 그 둘은 지식 산출에 있어서 상호 전제한다. 여기에서 수사학과 해석학의 동근원성과 상보성이 확인된다. 수사학적 보편성요구와 해석학적 보편성요구는 인간적 언어성의 보편적 현상과 관련하여 적중되어진다. "해석학적 보편성은 수사학의 보편적 개념과 언어의 근본적인 수사성"에 관계된다. 그 둘의 보편성요구는 임의적이고 추상화된 과학적 방법론의 보편적 요구에 전적으로 대립한다.

넷째로, 수사학과 해석학이 공통으로 속해 있는 영역은 인간적 언어의 보편적 현상으로서 과학적 활동을 포함한 인간의 모든 실천적 활동의 자리이

51 Gadamer, GW2, 499.

다. 이것은 바로 실천적 지혜(실천이성)가 작용하는 영역이다. 여기서 이성적 논증과 사회적 실천의 비판적 반성이 수행된다. 이 영역은, "최종적 투명성 속에서 지식으로 파악되는 것에 앞서 있는 차원"을 말한다. 가시적인 측면에서 말하자면, 수사학과 해석학은 인문과학이라는 특정분야에서 탐구되고, 따라서 과학적 이론의 차원을 거부하지 않는다. 더욱이 그 둘은 그것을 넘어서서 과학 자체를 가능하게 하는 생생한 실천적 차원의 자리를 드러내고 있다. 해석학과 수사학이 바로 그 자리에서 서로 동근원적으로 공속 한다.

철학적 해석학뿐만 아니라 수사학의 보편성요구가 바로 그 점에 놓여 있다. 이런 영역을 서로 함께 구성하는 해석학과 수사학은 아리스토텔레스의 의미에서 어떤 특정한 전문분야에 속해 있지 않고, 대화를 가진 모든 분야에 봉사한다. 이런 의미에서 수사학은 해석학과 마찬가지로 더 이상 철학과 대립 또는 예속 관계에 있지 않고, 자립적인 것으로 그리고 철학적으로 합법화 될 것이다.

여기서 우리는 중요한 관점을 제시할 수 있다. 수사학과 철학적 해석학의 내적 연관에 대한 가다머의 견해는 두 가지 역할을 할 것이다. 하나는 그에 의해 복원된 수사학은 한편으론 플라톤에서 기인하고 역사적으로 전승되어 온 반수사학적 혐의에서 풀려날 것이며, 다른 하나는 수사학을 현대철학의 논의 속으로 긍정적으로 수용한 그러나 그것을 학적인 차원에서만 한정시켜 활용하고 있는 철학자들과 변별점을 가질 것이다.

툴민(S. Tulmin)은 수사학을 말치장하는 것으로 환원시키는 것을 반대하고, 비실용론적인 형식논리학의 전통에서 벗어난 논증이론을 전개했다. 그러나 그의 이성의 수사학은 사회적 실천 맥락과는 무관한 채 일반 논증행위 모델을 통해 논증의 형식적 논리적 구조를 파악하는 데 한정되어 있다.

하버마스(J. Habermas)는 자신의 "의사소통행위 이론의 구조"에서 반객관주의적으로 이성을 이성적 담론의 원리로 개념화하고, 그에 따라 이 원리로부터 절차적 이성 개념을 획득하고자 한다. 행위 평가 규범의 수용과 거부에 대한 합리적 결정은 강요적인 증명논리 대신 이성적인 논증의 지지를 받는 설득적인 담론에 의해 동기 지워진다. 따라서 수사학은 일반적 의사소통이론의 구조에서 긍정적인 기능을 발휘한다. 그러나 하버마스에게서 수사학은 "진리의 합의이론"이 형성되어 나오는 앞선 형식(Vorform)으로까지는 허용되지 않는다.

끝으로, 우리는 언어와 전통의 근본적인 신뢰 가운데서 철학적 해석학에 의해 복원된 수사학을 단순히 이론 또는 실천적 방법으로만 적용하는 것에 경계를 해야 한다. 우리는 수사학을 사회적 여론을 조작하기 위한 선동적 도구 및 이데올로기적 도구로 이용하는 것과 수사학을 철학의 대체물로 간주하는 시대적 사조에 대해서도 비판적인 태도를 취해야 한다. 오히려 수사학의 불가결성을 주장하는 비코가 강조하듯이 그리고 펠레만의 신 수사학과 현대의 탐구 수사학이 지향하듯이, 수사학의 전통에서 본질적인 의미로 함축되어 있었던 도야기능이 실천적 이성에 의해 제대로 발굴되어 인간교양 함양을 위한 교육에 활용될 수 있어야 할 것이다. "수사학과 해석학은 바로 인간실존 자체에 속해 있다."[52]

52 같은 책., 291.

제 4 장 수사학과 은유

"살아있는 은유에 대한 연구는 우리로 하여금
구조나 의미의 문제를 넘어서 대상 지시나 진리
주장의 문제를 제기하도록 이끌었다."[53] (폴 리쾨르)

1. 은유에 대한 이해의 다양성

고대에서 현대에 이르기까지 수사학적 문헌에서 은유에 대해 많이 언급하였다. 수사학은 발전하든, 비판과 축소를 경험하든 눈에 띌 정도로 언제나 문채를 다루어 왔다. 특히 수사학 문채들 중에서 은유는 탁월한 위치를 점유하고 있다. 담론에서 은유의 정의, 그것의 위치, 그것의 기능, 그것의 의미와 가치에 대해 전문가마다 의견들의 불일치가 상당히 크다. 더 나아가 은유적인 사용에 대한 다양한 철학자들의 견해들이 서로로부터 현저히 다르다.

53 폴 리쾨르, 『시간과 이야기 1』, 김한식, 이경래 옮김, 서울: 문학과 지성사, 1999, 9.

은유의 고전적인 정의는 아리스토텔레스의 『시학』(Poetica)에서 나타난다. 은유는 한 사물에 다른 사물의 이름을 전용하는 것이다. 즉 "은유는 유에서 종으로, 혹은 종에서 유로, 혹은 종에서 종으로, 혹은 유추에 의하여 어떤 사물에다 다른 사물에 속하는 이름을 전용하는 것이다."[54] 위의 인용문은 은유를 규정하면서도 은유법의 다양한 종류를 일정하게 분류하는 것을 말한다. 아리스토텔레스의 규정은 은유에 대한 거의 모든 탐구에서 반복해서 나타난다. 그것은 우리가 그 규정에 무제한적으로 동의하는 것을 의미하지 않는다. 그 반대의 경우이다. 은유의 불확정에 그 정의의 가장 큰 어려움이 있다. 그래서 전의(metaphora)는 즉 전용(epiphora)으로 불린다.

퀸틸리아누스에 의하면 은유는 더 간결한 비교이다(Metaphora est brevior similitudo). 이런 규정은 또한 무수한 문제를 제기하였다. 반 달레(Van Dale)에 의하면 은유는 하나의 비교에 근거하는 전의적이고 문채(文彩)적인 표현이다. 예를 들면, 낙타라는 명칭 대신에 사막배(Wüstenschiff)라고 표현한다. 우리는 이런 종류의 많은 다른 규정들을 인용할 수 있다.

립(H.H. Lieb)은 역사적 은유 개념의 범위라는 제목을 가진 자신의 박사학위 논문에서 125개의 다른 정의들을 다룬다. 그것 중 대부분은 다음의 단어들을 포함한다: ① 전의적인, 비유적인, ② 비교, 유비, ③ 본래적이고 비본래적인.[55]

은유를 정의하는 사람들 사이에서 은유의 자리와 기능, 의미와 가치에 대해 합의가 이루어지지 않고 있다. 많은 저자들은 은유를 오직 치장 또는 장식

54 아리스토텔레스, 『시학』, 천병희 옮김, 서울: 문예출판사, 2002, 124(21장).

55 IJsseling Samuel, Rhetorik und Philosophie, 167.

으로 여긴다. 그것은 아름다움, 우아함 또는 활기를 위한 순수한 부가물이다.

은유는 명료화 또는 설명에 봉사한다. 은유는 무언가를 강조하거나 관심을 불러일으키는 것을 겨냥할 수 있다. 다른 저자들은 은유를 강한 필연성으로 여긴다. 그것은 어떠한 부가물이 아니고, 무조건적이고 결코 단념할 수 없이 말함에 속하는 것이다.

2. 은유에 대한 상반성 넘어가기

은유적 언어사용에 대한 철학자들의 태도는 철저한 거부와 제한없는 찬미 사이에서 부유한다. 이 두 극단 사이에는 극도로 구별된 무수한 관점들이 존재한다.[56] 그것들 중에서 하나의 관점을 선택하고, 몇몇 특징적인 입장들

56 필립 윌라이트, 『은유와 실재』, 김태옥 역, 문학과 지성사, 1993, 42-43. 언어의 은유적 사용에 대한 무수한 관점들의 충돌을 윌라이트는 다음과 같이 기술한다: "언어는 개방성만으로는 불충분하다. 그것은 개방 언어가 지니는 이완성 · 애매성 그리고 비효율성 때문이다. 언어의 개방성은 어디까지나 잠재적 가치로서 언어에 생동감을 부여할 수 있는 한에서만 존재 가치가 있다. 개방 언어라 해서 다 생동적 언어라 할 수 는 없고 어느 정도 통어된 개방성만이 언어에 생명력을 부여할 수 있는 것이다.그렇다면 대체 언어가 살아 있다는 것은 무엇을 뜻하는가? 모든 생명의 유기체들은 상반되는 두 힘의 지속적이며 다양한 싸움을 겪고 있고 그러한 싸움 없이는 유기체의 생명은 죽어 없어진다. 헤라클레이토스는 '싸움은 만인에게 공통된 조건이며, 만일 신과 인간에게 싸움이라는 것이 없어진다면 이들의 존재 자체가 無로 화할 것이다' 라고 지적했다. 인간이 유기체로서 가지는 기본적 갈등은 여러 가지 긴장성으로 나타나며 이들은 아주 무의식적이거나 부분적으로만 의식될 수 있으니 자신 개인들, 자신과 물리적 환경, 애정과 증오, 충동과 이성적 사고판단, 삶에 대한 집념과 죽음에 대한 음산한 매료 등 사이에서 이를 볼 수 있다. 인간의 복합적인 성격과 복잡한 세계에 대한 인식을 표현하려고 할 때 인간이 추구하여 창조해내는 것은 표상적이며 표현적인 형식일 것이며(위 두 형용사는 동일한 노력이 지니는 두 상보적 국면을 가리킬 뿐이다), 이들은 늘 종국에 가서는 불충분하긴 하나 인간의 소란한 내부 의식과 소요스런 외계의 여러 가지 자질 · 힘 또는 기약 · 위협 등에 대해 어떤 암시를 줄 수 있을 것이다. 인간의 삶은 두 가지 상반된 끌림 사이에서 갈팡질팡하는 것으로, 디오니소스 상황에서 아폴론적 비전을 추구하며 때로 어떤 찰나에 이를 획득하는 수도 있다. 그러나 이러한 비전이 그저 도피성을 띠거나 현실을 있는 그대로 직시하기를 완강히 거부하는 것이 아니라면 그 비전을 낳게 한 경험의 긴장성과 문제성이 이에 어떤 흔적을 남겨줄 것이다."

만을 살펴보자.

메타퍼에 대한 하나의 관점이 있다. 그 관점은 한편에서 언어의 은유적, 비유적, 비본래적 그리고 전의적인 사용과 다른 한편에서 언어의 정확한, 적합한, 본래적 그리고 비전의적인 사용 사이에 철저하고 엄격한 구별이 존재한다는 것이다. 많은 저자들이 이 관점을 지지한다. 과학과 철학은 원칙적으로 은유적 언어사용을 배제한다. 철학은 적합하고 정확한 표현방식을 사용해야 하고, 또 사용할 수 있다. 과학자들이나 철학자들에 의하면, 은유는 비과학적 말함의 마지막이고 위험하며 동시에 매혹적인 유물, 즉 "신화에서 로고스"로 가는 도상에 있는 잔존물이다. 어떤 것이 은유적이다는 주장은 그것이 과학적이지 않고, 엄격히 철학적이지도 않다는 것을 말한다. 그럼으로 그 주장은 고발 또는 비난을 포함하고 있다. 그것은 하나의 결여 또는 제거되어야 하는 장애로 나타나고 있다.[57]

다른 저자들은-특히 낭만주의자들-은유적 언어를, 경우에 따라서 시적인 언어를 정확하고 엄밀한 과학적 언어와 구별하였다. 그러나 인간을 실제로 움직이게 하는 것을 표현하기 위해서는 오로지 시적인 언어만이 적합하다. 철학자는 "신들의 언어"를 말해야 한다. 우리는 이런 관점을 특히 노발리스에게서 발견한다. 시작(Dichten)은 그에게 최고도의 사유이고, 시적인 철학만이 진리를 표현할 수 있다. 횔더린 또한 이런 견해를 지지한다. 시작은 그에게 모든 과학의 시작과 끝이다. 우리는 또한 이런 유사한 관점을 형이상학을 지키려는 다양한 동시대적 사상가들에게서 종종 발견한다. 그들은 대부분 유비의 문제를 환기시키는데, 그 문제는 이미 아리스토텔레스에게서 은유법의 문제와 연관되어 있다.

또 다른 저자들은 언어 그 자체가 은유적이고, 본래적 언어와 비본래

57 IJsseling Samuel, Rhetorik und Philosophie, 168.

적 언어 사이의 구별은 아무 의미가 없다고 주장한다. 이 경우에 퀸틸리아누스의 말은 하나의 근거가 될 것이다. "우리가 말하는 모든 것은 비유적이다."[58] 우리가 이미 앞 장에서 보았듯이, 언어 그 자체가 은유적이고, 본래적인 표현과 비본래적인 표현 사이의 구별은 아무런 의미가 없다는 주장은 니체에게도 나타난다. 바젤대학 강의에서 니체는 수사적 문채 즉 은유, 제유 그리고 환유에 대해 반복적이고 명시적으로 말한다. 그는 여기서 또한 그것들을 정의한다. 아마도 다양한 동시대적 연구의 관점에서 보자면, 이 정의는 적절한 문제제기인 것이다.

하지만 그것은 여기서 그 이상 의미가 없다. 니체는 은유 개념을 대부분 모든 수사적 문채들을 위한 집합명사로 사용하는데, 수사적 문채들에는 의미의 전용, 이동 그리고 변화들이 반드시 따른다. 니체에 의하면 은유에서는 하나의 질서에서 다른 하나의 질서에로 이행이 일어난다. 예를 들면, 인간적 질서에서 비인간적 질서(산의 발)에로, 비인간적인 질서에서 인간적인 질서에로(인격, 주체), 시간에서 공간으로 등등. 제유는 하나의 표현이다. 이것을 통해 우리는 사태의 하나의 관점을 전체로 또는 사태가 일깨우는 하나의 특정한 인상을 사태 자체로 받아들인다("집" 대신에 "지붕" 또는 꿈틀거리는 움직임에 근거하는 "뱀"). 환유는 제유와 매우 유사하다. 환유에 있어서 중요한 것은 특히 원인과 결과를 뒤바꾸는 일이다. 그 반대도 마찬가지이다("노동" 대신 "땀", "작품" 대신 "저자").

그러나 니체에게 가장 중요한 것은 이런 문체들 각각에서의 이행, 즉 뒤바꿈과 전용이 일어난다는 점이다. "메타-퍼"(Meta-pher) 또는 "전용하는"(übertragend) 이란 말은 이점을 나타내고 있다. 이 이행은 의식적으로 문학적 과정으로 실행된다. 그러나 그것은 대부분 무의식적으로 수행된다. 더

58 Quintilianus, Institutio Oratoria, -Ausbildung des Redners, 9, 3.

나아가 이행이 가능한 빨리 잊혀지고, 그것의 흔적들이 희미해진다는 것은 그것의 본질의 한 부분이다. 후자는 그때마다의 표현의 잦은 사용으로부터 일어날 수 있다. 은유는 손에서 손으로 움직이는 주화처럼 소모된다. 그러나 흔적의 희미해짐은 우선 적극적인 망각의 결과이거나 일종의 밀어냄의 결과이다.

니체는 모든 말은 그런 이행의 결과라고 결론지어 주장할 것이다. 그는 말한다: "모든 말들 그 자체는 처음부터 그것의 의미와 관계하는 전의적 표현(술 대신에 바카스)이다. 오직 특정한 경우에만 전용될 본래적인 의미에 대해 전혀 말할 수 없다. 본래적인 말과 전의적 표현 사이에 차이가 없는 것과 마찬가지로 합당한 말들과 소위 수사적 문채 사이의 차이도 없다. 모든 말함은 본래 비유적 표현이다. 전의적 표현은 때때로 말들에서 발생하는 것이 아니고, 오히려 그것들의 가장 고유한 본성이다."[59] 말들의 체계로서 전체 언어는 니체에게 전의적 표현과 문채의 병렬이다. 본래적 표현과 비본래적인 표현 사이의 차이는 근거가 없는 것이다.[60]

니체만이 이 견해를 분명히 지지한 것은 아니다. 장 폴(Jean Paul)은 자신의 저서 『미학의 예비교육』(1804)에서 이렇게 쓰고 있다: "그러므로 모든 언어는 정신적인 관계를 고려해 볼 때 희미해진 은유들의 사전이다."(179쪽)

게오르그 룬체(Georg Runze)에 의하면 모든 말은 은유적이고, "개념"은 상상의 구성요소이다. 가장 추상적인 말들에서조차 우리는 결코 전적으로 벗어날 수 없는 신화의 잔존물과 아직도 마주친다. 그는 예들로 다음을 명명한다: 물질, 정신, 실체, 힘, 무거움 등. 장 폴에게서뿐만 아니라 룬체에게서도 말들의 발생 문제는 특별한 의미가 있다.

비제(A. Biese)는 하나의 흥미로운 관점을 가지고 있다. 그는 그의 저작

---

59 Friedrich Nietsche, Mus. Ausg., V, 299–300.

60 IJsseling Samuel, Rhetorik und Philosophie,

『은유 철학의 근본방향』 두 번째 장에서 언어는 전적으로 은유적이라고 주장한다. "언어는 전적으로 은유적이다. 즉 언어는 정신적인 것을 구현하고, 신체적인 것을 정신화시킨다. 언어는 모든 삶의 유비적 약어 은유인데, 이것은 육체와 정신의 상호작용과 내적인 융합에 근거를 두고 있다."[61] 언어는 비제에게 전적으로 은유적이다. 이것에 따르면 본래적인 또는 문자적인 의미를 비본래적인 또는 비유적인 의미와 대립시키는 것은 불가능하고 거짓이다. "왜냐하면 무지한 인간에게 본래적으로 나타나는 것은 탐구자에게 철저히 비유적인 것으로 나타나기 때문이다."[62]

비제는 은유의 문제 전체를 영혼과 신체의 대립 배경에서 또는 감각적 세계와 지적인 세계의 대립 배경 하에서 본다. 그 외에도 본래적인 언어와 비본래적인 언어를 구분하는 거의 모든 저자들은 이런 대립을 사용한다. 그러나 이런 대립은 비제에게 문제가 된다. 한편에서 감각성은 그에게 항상 정신적인 것이고, 신체성은 혼이 불어넣어진 것이다. 다른 한편에서 정신은 항상 질료와 융합되어 있다. 신체와 영혼, 질료와 정신의 상호작용은 언어로 표현된다. 그는 특히 철학 안에서 은유에 대해 말한다. 그는 헤겔을 정당하게 평가하지 않은 채, 그에 대해 직접적으로 반대 입장을 취한다. 그의 시각에서 볼 때 헤겔의 변증법은 순수 사유의 변증법이고, 이것은 단순한 망상이다.

순수사유는 단순히 존재하지 않는다. 헤겔은 의심할 여지없이 형이상학적 가상의 희생자이다. 모든 이념은 언어의 실체화이거나 의식되지 않은 형이상학적 인격화이다. 이것은 또한 스피노자의 실체(Substanz), 피히테의 자아(das Ich), 헤겔의 절대자(das Absolute), 쇼펜하우어의 의지(das Wille) 그리고 하르트만의 무의식자(das Unbewu ß te) 에도 해당된다. 비제는 다음과 같

61 Biese, A., Die Philosophie des Metaphorischen in Grundlinien dargesteelt, Hamburg-Leipzig, 1983, 22.

62 같은 책., 24.

이 쓰고 서술한다: "우리는 바로 언제나-사유에서가 아니라- '은유적인 차용'으로부터 생겨난다. 즉 은유의 역사는 인간 과오의 역사일 뿐만 아니라, 앎, 신앙 그리고 창작물의 한계를 가진 인류의 역사이기도 하다."[63]

철학의 역사는 비제에게 과오의 역사이다. 그는 특별히 언어회의론자이다. 그러나 그는 그것으로 끝나지 않는다. 그는 자신의 저서 끝 부분에서 다음과 같이 적고 있다: "은유적인 것이 질료의 지성화를 의미하는 한, 즉 그것이 자연 안에 정신을, 마비되고 죽은 것 안에 생명을 운반하는 한에서, 은유적인 것은 인간 안에 있는 신적인 것, 즉 참다운 창조적인 것이다."(224쪽) 은유는 창조적인 기능을 가지고 있다. 은유는 새로운 의미를 발생시키고, 새로운 가치와 의미(meaning)를 세운다.

비제 같은 저자들이 모든 말들이 근원적으로 그리고 최종적으로 은유라고 주장한다면, "은유"라는 말이 그 의미를 잃어버릴 위험이 발생할 수 있다. 우리는 "눈물의 바다"와 "영국과 유럽 대륙 사이에 있는 바다" 같은 표현들, 또 "사막의 배" 와 " 항구에 있는 배"와 같은 표현들을 구별할 가능성 결여하게 된다. 이 차이가 사라진다면, 우리는 어떤 철학자들을, 그들이 "오로지 은유적으로" 말하고 있다고 더 이상 비난할 수 없을 것이다. 그렇지만 비제는 헤겔에 대해 이렇게 비난한다. 니체는 이런 점에서 더 철저하다. 즉 그는 이런 비난과 관련된 어려움들을 잘 알고 있었다.

3. 은유의 보편성

니체, 장 폴, 룬체, 비제, 어느 정도에서 쉘링 그리고 게르버(G. Gerber),

63 같은 책., 115.

그루페(O.F. Gruppe), 뮐러(F.M.Müller) 그리고 마우트너(F. Mauthner)는 각각 자신의 방식으로 은유의 보편성을 확인한다. 그들은 전용된 말함과 본래적 말함 사이의 구별을 거부하고, 모든 말함은 근원적으로 그리고 결국에는 은유적이다고 주장한다. 이것은 그들 대부분에게서 어느 정도의 언어회의주의로 이어진다. 형이상학은 그들의 관점에서 볼 때 불가능하며, 또 적어도 가장 문제가 되는 사태이다. 은유론에 대한 그런 태도를 취하고 있는 또 한 사람의 사상가가 있는데, 그는 칼 야스퍼스이다. 그러나 은유론은 그에게서 결코 회의주의에 빠지지 않는다. 오히려 언어의 은유적 특징은 그의 시각에서 볼 때 공간을 개방시키는데, 그 공간 내에서 형이상학이 가능해진다.

야스퍼스는 그의 저서『진리에 관하여』(1947)에서 한 장을 언어에 대해 기록하였다. "은유의 보편성"(388-389)이란 제목을 가진 한 절에서 그는 본래적 의미와 은유적 의미를 가진 말들 사이에는 단지 상대적인 차이만이 존재한다고 주장한다. 본래적인 의미를 가진 말들은 사람이 그것들이 은유라는 것을 잊은 채 지속적으로 사용하는 말들이다. 그는 전적으로 동의하며 니체와 게르버(G. Gerber)를 인용한다: "모든 말들은 음성은유들이고, 그것의 의미 자체와 관련되어 있고 처음부터 전의적 표현들이다. 즉 '본래적인 말들'은 언어에 없다." 그에 따르면 말들은 소위 본래적인 의미를 가지고 있지만, 그러나 우리는 그것들의 근원을 잊고 있다. 언어의 근본특징에 대한 통찰을 통해 해석, 의사소통 그리고 언어의 "기호특징"에 대한 무수한 결론들이 나타난다. 말들은 결코 순수한(명백한) 기호들이 아니고, 그것들의 다의성에 근거하여 의미영역 전체를 개시한다. 언어는 매개체인데, 철학이 그 안에서 전개된다. 사유는 언어와 연관되어 있다. 의심할 여지없이 불충분한 수단이 중요하다. 그 때문에 사유는 자신의 한계를 가지고 있다. 그러나 이런 매개체는 고유한 재산을 소유한다. 왜냐하면 말들은 은유적이고, 환기의 전 영역을

개시하기 때문이다.[64]

야스퍼스는 한편에서 언어비판을 매우 유용한 것으로 간주한다. 왜냐하면 그것이 우리를 언어로부터 발생하는 많은 오류와 실수에서 벗어나게 해줄 수 있기 때문이다. 언어비판은 우리에게 말하지 않는 단어들, 용어의 애매성과 우월성을 가르쳐준다. 그것은 또한 우리를 넓게 퍼지고 있는 "언어망상"에서 해방시켜줄 수 있다. 언어의 지시특성은 그 언어망상 안에서 상실되어 있다. 그러나 언어비판은 다른 한편으로 한계가 있다. 언어는 철학이 수행되는 유일한 매개체이기 때문이다. 이런 언어는 당연히 은유적이다."[65]

수사학의 전 역사에 걸쳐서 은유에 대한 이미지는 부정적이었다. 은유는 일종의 행복한 여분의 말의 속임수, 말의 다채로운 속성을 활용하는 기회, 때로는 적합하지만 극도의 기술과 주의를 요하는 어떤 것으로 간주되어 왔다.

현대에 와서 은유에 대한 이런 부정적인 이미지는 새롭게 탈바꿈하기 시작했다. 이것은 니체의 영향임을 부정할 수 없다. 그렇지만 다른 한편에서 은유에 대한 새로운 이해는 수사학의 보편적 가치가 제대로 평가받는 것과 긴밀히 연관되어 있음을 부정할 수 없다. 은유는 우아함, 장식, 부가된 언어의 힘이라는 부차적인 이미지를 벗고, 은유가 언어의 편재적 원리로 부가되고 있다. 이보 암스트롱 리처드(Ivor Amstrong Richards, 1893–1797)는 은유가 언어의 편재적 원리라는 것을 강조한다: "은유 없이는 자유로운 일상 대화에서 말할 수 없다. 정밀과학의 정밀한 언어에 있어서 조차도 은유를 제거하

64 Jaspers Karl, Von der Wahrheit, Piper, München, 1947, 398–399.

65 IJsseling Samuel, Rhetorik und Philosophie, 171.

려면 엄청난 어려움이 수반된다. 미학, 정치학, 사회학, 윤리학, 심리학, 언어이론 등등의 반쯤 전문화된 분야에 있어서 우리들이 처한 지속적인 주된 난관은 은유를 어떻게 사용할 것이며, 고정되어 있다고 간주되는 단어들이 그 의미를 어떻게 변화하는가를 발견하는 일일 것이다. 무엇보다도 철학에 있어서 우리들과 청중들이 사용하는 은유를 지속적으로 인식하지 않고서는 한 발자국도 안전하게 옮길 수가 없다. 철학이 추상적이 될수록 우리가 의존하지 않는다고 표명하는 은유는 더욱 간절해질 것이다."[66]

66 Richards I. A., 『수사학의 철학』, 박우수 옮김, 서울: 고려대학교 출판부, 2001, 86.

에필로그

존재와 언어 사이에는 다양한 관계 방식이 존재한다. 사상적 전통을 살펴보면, 우리는 이 관계방식에 따라 진리인식이 달리해왔음을 알 수 있다. 근대는 인간 주체성을 강조한 시대이다. 그 시대에는 진리인식이 인간의 주관적 사고에 달려 있다는 것을 강조하였다.

우리가 언어를 마음대로 구사할 수 있다고 생각하듯이, 진리도 우리 마음대로 해석하고 조작하고 사용할 수 있다고 생각한다. 이것이야말로 인간이 저지를 수 있는 가장 큰 오만(arrogance)이 아닐 수 없다. 이런 오만은 모든 역사에 걸쳐서 나타났고, 특히 지금도 철학과 종교의 진영에서 행해지고 있는 것이다. 수사학도 마찬가지이다. 수사학이 진리의 매개 역할을 할 수도 있고, 비진리와 거짓을 위한 도구로 전락될 수도 있음을 역사는 절실히 보여주었다. 철학과 수사학의 동반길을 주장하는 수사철학은 수사학 본연의 임무가 진리의 매개에 있음을 해명하고 제시하는 것이다. 매개의 역할이 없다면 진리는 전달될 수도 또 알려질 수도 없는 것이다. 따라서 우리는 수사학에 대한 편중된 견해를 바로 잡아야 한다.

수사학을 폄하하거나 적어도 수사학이 철학에 의지해야 한다고 주장하는 철학자들은 수사학의 진리성을 인정하지 않는다. 그 대표자가 플라톤이다. 플라톤 이후 그의 견해를 지지하는 철학자들 – 베이컨, 데카르트, 칸트 등 – 은 수사학에서 진리는 조금도 찾아볼 수 없고, 그것의 가치는 정당함, 효용성, 아름다움이라고 말한다.

플라톤에 의하면 철학적(사태적) 지식에 기초하지 않는 수사술은 요리술이고, 단지 숙련됨에 불과하고, 더 나아가 청중을 속이고 오도하는 기술에 불과한 것이다. 베이컨에 의하면 말을 통해 사물과 상황을 지배하는 힘이 크지만, 그 힘은 인간의 삶과 현실에 하나의 위협이고 위험인 것이다. 이런 입장에서 철학자들은 말을 통해 인간을 지배하는 것보다는, 오히려 지식을 통해 자연을 지배하는 것이 중요하다고 주장하였다. 데카르트도 언어를 통해 존재를 이해하는 대신, 수사학과 무관하게 절대적으로 확실한 인식을 얻는 사유의 길을 중요시했다.

데카르트는 수사학의 위력과 아름다움은 인정하였지만, 이성의 확실한 지식을 얻기 위해 설득의 원리나 기술에 의지해서는 안 되는 것으로 여겼다. 플라톤과 마찬가지로 그도 진리인식에 있어서 언어의 불충분성을 지적한다. 데카르트의 관점에서 보면, 언어는 전적으로 중립적인 수단이다. 즉 언어는 인간이 자기 자신의 개인적이고 내적인 생각을 전달하고 표현하기 위해 마음대로 처리할 수 있는 하나의 도구(a tool)에 불과한 것이다.

언어는 필요할 때 마음대로 사용할 수 있는 하나의 수단에 불과하다. 언어는 더 이상 인간이 그 안에서 머무를 수 있는 중심(the center) – 하이데거적

의미에서 존재의 거주지—이 아니다. 스스로 판단하는 계몽적 이성을 주장한 임마누엘 칸트도 수사학에 대해 부정적으로 판단하였다. 수사학은 그에게 미적예술에 속한다. 설득술(ars oratoria)은 사람들의 약점을 자기의 의도를 위하여 이용하는 기술이다. 또 설득술은 악과 불의, 오류와 비진리를 아름다운 말로 감추는 데 사용될 수 있다. 이런 부정적인 판단은 이미 언어에 대한 불신을 전제한다.

플라톤이나 데카르트처럼 칸트도 언어의 부정적인 측면만 보았지, 진리 이해와 진리 전달에 있어서 언어의 역할과 중요성을 전혀 보지 못하고 있다. 칸트는 명석하고 분명한 통찰이 언어의 매개 없이 가능한가 하는 물음에는 전혀 관심을 보이지 않는다. 언어는 칸트에게 분명히 중립적인 수단이고, 인간이 자신의 힘으로 통제할 수 있는, 그리고 명석하고 분명한 이념을 표현하는 데 아무런 문제 없이 사용될 수 있는 적합한 수단이다. 그것은 당연히 자명하지 않다. 반대로 여기에 언어의 본질에 대한 오래되고 전승된 견해들과 확신들(doxa)이 작용한다. 칸트는 언어를 책임지지 못하고—그것을 알지 못하고 원하지도 않은 채—자신의 독자에게 언어에 대한 비판적 태도만을 강요하고자 한다.

현대에 와서 수사학에 대한 평가가 달라졌다. 수사학에 대한 근대 철학자들의 평가절하 또는 부정적인 평가는 편협한 시각 내지, 하나의 지나친 편견임이 밝혀지고 있다. 수사학에 대해 부정적인 평가를 내린 철학이 오히려 독단적이었음이 드러나고 있다.[67] 그러나 페렐만은 수사학의 문화적 협소화

67 Perelman Chaim., Das Reich der Rhetorik, 162: 이런 맥락에서 보자면, 개연성에 기초한 수사학적 추론이 부정확한 것으로, 또 진리와 무관한 것으로 의심받을 수 있다. 따라서 추론을 수사학의 고

에 반대할 뿐만 아니라, 근대 철학적–자연과학적 사유로부터 그것의 인식이론적 단절 또한 반대한다. 그는 "수사학의 과소평가 즉 논증이론의 망각은 실천이성을 부정하는 결과에 이르렀고, 따라서 행위의 문제는 지식의 문제, 진리 또는 개연성의 문제로 소급되었거나, 또는 이성 밖의 것으로 간주되었다."고 지적한다. 특히 수사학은 비진리의 도구이며, 진리의 가상(doxa)에 근거하여 청중을 현혹시킨다는 전통적인 견해를 프레망은 반박한다.

프레망은 "수사학이 철학의 훌륭한 방법이 될 수 있으며, 이러한 방법을 통해서만 철학은 실증주의에 갇힌 막다른 골목에서 빠져나올 수 있을 것이라"[68]고 주장한다. 수사학은 그 초기부터 철학의 동반자였다. 철학은 이점을 깊이 자각해야 한다. 철학자들이 진리인식 즉 진리를 사유하는 데에도, 또 사유된 진리를 전달하는 데에도 언어는 언제나 동반하였기 때문이다. 이것이 바로 수사철학의 관점이다.

수사철학의 관점이 플라톤에서 기인하고 역사적으로 전승되어 온 수사학의 평가절하를 다시 복원시키는 것은 정당한 일이다. 더 나아가 이런 수사철학의 관점은 현대철학의 안에서 폭넓게 수용되어 그 고유한 역할을 인정받아야 할 것이다. 수사철학의 관점을 통해 수사학도 철학도 모두 현대 문화와 사상의 자리에서 그 고유의 역할과 그 고유 가치를 발휘할 수 있을 것이다. "수사적 언어의 과제는 더 이상 논리적 진리를 위해 봉사하는 설득

유과제로부터 떼어내어 근대적 도구를 통해 새롭게 분석하려는 시도가 있어 왔다. 즉 수사학이 진리인식에 어떤 것을 기여할 수 있는가하는 고대적 논쟁은 적어도 데카르트 이후 수사학에 반대내지 축소시키는 결과를 초래했다. 16, 7세기 방법을 통한 인식의 확실성의 이상에 사로잡힌 철학 내지과학은 그들의 전체 주제를 명증적이거나 강제적 방식으로 증명하고자 하였다. 그 결과 모든 논증들은 수사학과 무관해졌고, 그것은 단지 철학의 수단으로 평가 절하되거나 비난 받게 되었다. 그러나 페렐만은 수사학의 문화적 협소화에 반대할 뿐만 아니라, 근대 철학적–자연과학적 사유로부터 그것의 인식이론적 단절 또한 반대한다. 그는 "수사학의 과소평가 즉 논증이론의 망각은 실천이성의 부정하는 결과에 이르렀고, 따라서 행위의 문제는 지식의 문제, 진리 또는 개연성의 문제로 소급되었거나, 또는 이성 밖의 것으로 간주되었다."고 지적한다.

68 올리비에 르불, 『수사학』, 165.

(persuasio)이 아니라, 수사학 자체가 본래적인 철학하기의 표현이 된다."[69]

프랑스 철학자 미셜 푸코는 파르헤시아(parrhesia, 솔직히 말하기)와 수사학의 차이를 말하면서 수사학 자체가 가진 한계를 지적한다. 수사학적 진실은 사태 자체의 진실도 아니고, 듣는 자의 측면에서 진리와 연동되는 진실도 아니다.[70] 이 진실은 말하는 자에 의해 알려지고 소유되고 제어된 진실이다.

이런 진실을 가진 수사가는 설득의 힘을 가지고 있고, 집단과 대중의 의결에 영향을 미친다. 이 때문에 수사학에서 영향은 듣는 자가 받지만, 가장 큰 혜택은 말하는 자에게 주어진다. 적어도 말하는 자와 듣는 자가 동시에 진실에 연동되고 혜택을 볼 수 있는 길은 말하는 자의 담론 안에 가공적 진실이 아니라, 사태적 진실이 담겨져 있어야 한다. 이것이 바로 수사철학의 길인 것이다.

69 그라시, 『수사학적 인문주의』, 168; 게르트 위딩, 『고전 수사학』, 133 재인용.

70 미셸 푸코, 주체의 해석학, 심세광 옮김, 서울: 동문선, 2001, 409. 푸코는 거짓에 의거하는 tekhne는 진정한 tekhne가 아니며, 효과적이지도 못한다고 수사학을 비판한다. 퀸틸리아누스는 다음과 같이 구분하는데 수사학은 분명히 하나의 tekhne이며, 결과적으로 진실과 관계하지만 이 진실은 말하는 자에 의해 알려진 바로서의 진실이지 말하는 자의 담론에 담긴 진실이 아니라고 말합니다. 따라서 훌륭한 장군은 실제로는 적들이 대수롭고 가공할 만하지만 자신의 군대에게 그들이 그렇지 않다라고 설득할 수 있어야 합니다. 훌륭한 장군은 그들에게 거짓을 설득할 수 있어야 합니다. 그는 어떻게 설득할까요? 한편으로 상황의 진실을 알고 다른 한편으로 진실이 되었건 거짓이 되었건 병사들을 설득시킬 수 있는 진정한 수단을 안다면 장군은 이 일을 해낼 수 있을 겁니다.

참고문헌 및 색인

참고문헌

국내문헌

게르트 위딩, 『고전수사학』, 박성철 옮김, 서울: 동문선 현대신서, 2003.

김현 편,『수사학』,서울: 문학과 지성사, 2000.

르네 데카르트, 『방법서설』, 이현복 옮김, 서울: 문예출판사, 2001.

리차드 I. A., 『수사학의 철학』, 박우수 옮김, 서울: 고려대학교 출판부, 2001.

미에치슬라브 마넬리, 『펠레만의 신 수사학』, 손장권 · 김상희 옮김, 서울: 고려대학교출판부, 2006.

미셸 푸코,『주체의 해석학』, 심세광 옮김, 서울: 동문선, 2001.

박성창, 『수사학』, 서울: 문학과 지성사, 2000.

쉴라이에어마허,『종교론』, 최신한 옮김, 서울: 한들. 1998.

아리스토텔레스, 『시학』, 천병희 옮김, 서울: 문예출판사, 2002.

안토니오 게레로, 『수사학의 역사』,서울: 문학과 지성사, 2001.

올리비에 르불,『수사학』, 박인철 옮김, 서울: 한길사, 1976.

윌리엄 브로드, 니콜라스 웨이드,『진실을 배반한 과학자들』, 김동광 옮김, 서울: 미래, 2007.

이희용, 『진리경험과 이해』, 서울: 세복, 2007.

파스칼, 『팡세』, 홍순우 역, 삼성문고 전집 12, 서울: 삼성출판사, 1983.

칸트, 『판단력 비판』, 이석윤 역, 서울: 박영사, 1994.

컨퍼드,『소크라테스의 이전과 이후』, 이종훈 역, 서울: 박영사, 1995.

키케로, 『수사학』, 안재원 편역, 서울: 길, 2007.
티모시 보셔스,『수사학 이론』, 이희복 외 옮김, 서울: 커뮤니케이션북스, 2007.
폴 리쾨르, 『시간과 이야기 1』, 김한식, 이경래 옮김, 서울: 문학과 지성사, 1999.

국내논문

박치완, "데카르트와 수사학", 한국해석학회 신춘 학술대회 발표문(2007. 04. 14/ 연세대학교).
이희용, 「철학적 해석학과 수사학의 내적연관성」,『해석학 연구 제19집』, 한국 해석학회, 2007.
정기철, 「리쾨르의 해석학과 수사학」,『해석학 연구 제22집』, 한국 해석학회, 2008.

외국문헌

Andersen Oivind, Im Garten der Rhetorik, WBG, Darmstadt, 2001.
Aristoteles, Peri hermeneias(Lehre vom Satz) in: Aristoteles phiosophische Schriften 1, Hamburg, 1995.
______, Rhetorik, Stuttgart, bers. und hrsg. von Gernot Krapinger. 1999.
Bubner Rüdiger, "Was ist ein Argument?", in: Klassische Rhetorik, Tübingen, 1998.
Calvin, J.(1960). Institutes of the Christian Religion, 2 vols. (J. T. Mcneil, Ed, and F. L. Battles, Trans). Philadelphia : Westminster Press.
Christian Tornau, Zwischen Rhetorik und Hintergrund, New York, 2006
Cicero, de orator– Über den Redner: Mitausführlicher Einleitung hrsg. von H. Merklin, Stuttgart, 1997.
Compier, D. H. (1999). What is Rhetorical Theology? Textual Practice and Public Discourse. Harrrisburg, PA: Yale University Press.

Fichte, Johann Gottlieb, Gesamtausgabe der Bayerischen Akademie der Wissenschaften, herausgegeben von Reinhard Lauth und Hans Jacob, Reihe I: Werke, Reihe Ⅱ:Nachgelassene Werke, Reihe Ⅲ: Briefwechsel, Stuttgart/Bad Cannstatt, 1962ff. ("GA")

Figal, Günter, "Philosophische Hermeneutik-hermeneutische Philosophie, in: Hermeneutische Wege, Hrsg. von G. Figal/D.J. Schmidt, Tübingen, 2000.

Gadamer Hans-Georg, Hermeneutik I: Wahrheit und Methode(GW1), Tübingen, 1986.

______, Hermeneutik II: Wahrheit und Methode(GW2), Tübingen, 1986.

______, Griechische Philosophie I, GW5, Tübingen, 1985.

Gomperez Heinrich, Sophistik und Rhetorik, Aalen, Scientia Verlag, 1985.

Hee-Yong, Lee, Geschichtlichkeit und Sprachlichkeit des Verstehens, Frankfurt am Main, 2004.

Heidegger, Martin, Sein und Zeit, Frankfurt am Main, 1977.

________, Grundbegriff der Aristotelischen Philosophie, Frankfurt am Main, 2002.

______, Holzwege, Klostermann, Frankfurt a, Main, 1957.

Heine, H., Schriften über die Deutschland, hrsg, von H. Schanze. Insel, Frankfurta.M., 1968.

Jaspers Karl, Von der Wahrheit, Piper, München, 1947.

Johnstone, Henry, "Rhetoric as a Wedge: A Reformulation." Rhetoric Society Qualrterly, 20, 1990.

Mckeon, Richard, Rhetoric: Essays in Invention and Dscovery, Woodbridge, CT: Ox Bow Press, 1987.

Herder, Johann Gottfried, Herders sammtliche Werke, herausgegeben von Bernhard Suphan, Berlin 1877-1913.

Hobson, T., The Rhetorical Word: Protestant Theology and the Rhetoric of Authority. Hampshire, England: Ashgate, 2002.

IJsseling Samuel, Rhetorik und Philosophie, Stutttgart-Bad Cannstatt,

1988.

James L. Kastely, Rhetoric & Emotion, in: A Companion To Rhetoric and Rhetorical Criticism, Ed by Jost & Olmsted.

Kant, Immanuel, Kritik der Urteilskraft, herausgegeben von Karl Vorlander, unveranderter Nachdruck der sechsten Auflage von 1924, Hamburg, Philosophische Bibliothek Meiner, Band 39a, 1974.

Knape, Joachim, Allgemeine Rhetorik, Stuttgart, 2000.

Mailloux, Steven, "Rhetorical Hermeneutics Still Again", in: A companion to Rhetoric and Rhetorical Criticism, edited by W. Jost and W. Olmsted, Blackwell, 2004.

Niehues-Pröbsting, Heinrich, Überredung zur Einsicht, Frankfurt am Main, 1987.Ni

Nitzsche Friedlich, Werke, B3, Darmstadt, 1955.

Perelman Chaim., Das Reich der Rhetorik, Rhetorik und Argumentation, mit einem Vorwort von Ottmar Ballew, München, 1980.

Platon. Phaidros, In: saetliche Werke, über. von F. Schleiermacher. Bd. 4 Hamburg, 1957.

Pöggeler Otto, "Gadamers philosophische Hermeneutik und die Rhetorik, in: Rhetorik und Philosophie, H. Schanze/J. Kopperschimidt(Hrsg.), München, 1989.

ein em Vorwort von Ottmar Ballew, München 1980.

Schleiermacher, Hermeneutik und Kritik, Hrsg von M. Frank, Frankfurt am Main, 1977.

Stephen H. Webb, Reviving the Rhetorical Heritage of Protestant Theology, in A companion to Rhetoric and Rhetorical Criticism, ed by Jost and Olmsted, Blackwell Publishing Ltd, 2004.

Tracy, D. (1975). Blessed Rage for Order. New York: Seabury Press.

Vico, Gian Battista, De nostri temporis studiorum ratione, Vom Wesen und Weg der geistigen Bildung, Ubertragen von Walter F.

Otto, mit einem Nachwort von C.F.v. Weizsacker und einem erlauternden Anhang von Fritz Schalk, unveranderter Nachdruck der Ausgabe Godesberg 1947, Darmstadt, Wissenschaftliche Buchgesellschaft, 1984.

Victor Ehrenberg, From Solon To Socrates, New York and London: Routledge, 1973.

Wiegmannn, Hermann, Rhetorik und ästhetische Vernunft, Bielefeld, 1990.

색인

진리와 수사학

수사철학의 관점과 이해

발행일 2013년 12월 30일
지은이 이희용
펴낸이 이정수
책임 편집 최민서·신지항
펴낸곳 연경문화사
등록 1-995호
주소 서울시 강서구 양천로 551-24 한화비즈메트로 2차 807호
대표전화 02-332-3923
팩시밀리 02-332-3928
이메일 ykmedia@naver.com
값 18,000원
ISBN 978-89-8298-157-9 (93100)

이 도서의 국립중앙도서관 출판시도서목록(CIP)은 서지정보유통지원시스템 홈페이지(http://seoji.nl.go.kr)와 국가자료공동목록시스템(http://www.nl.go.kr/kolisnet)에서 이용하실 수 있습니다.(CIP제어번호: CIP2014004627)